乡村振兴背景下乡村文旅产业发展规划研究

夏振鹏◎著

文化发展出版社
Cultural Development Press
·北京·

图书在版编目（CIP）数据

乡村振兴背景下乡村文旅产业发展规划研究 / 夏振鹏著. — 北京 ：文化发展出版社，2023.12

ISBN 978-7-5142-4221-8

Ⅰ. ①乡… Ⅱ. ①夏… Ⅲ. ①乡村旅游－旅游业发展－研究－中国 Ⅳ. ① F592.3

中国国家版本馆 CIP 数据核字 (2024) 第 016701 号

乡村振兴背景下乡村文旅产业发展规划研究

夏振鹏　著

出 版 人：宋　娜

责任编辑：侯　娜　　　　责任校对：岳智勇

责任印制：邓辉明　　　　封面设计：张　肖

出版发行：文化发展出版社（北京市翠微路 2 号 邮编：100036）

网　　址：www.wenhuafazhan.com

经　　销：全国新华书店

印　　刷：天津和萱印刷有限公司

开　　本：710mm × 1000mm　1/16

字　　数：230 千字

印　　张：14

版　　次：2024 年 3 月第 1 版

印　　次：2024 年 3 月第 1 次印刷

定　　价：72.00 元

I S B N：978-7-5142-4221-8

◆ 如有印装质量问题，请电话联系：010-58484999

作者简介

夏振鹏，男，山东泰安人，中共中央党校科学社会主义与国际共产主义运动专业博士毕业，法学博士，淮阴工学院马克思主义学院院长助理，讲师，硕士生导师，马克思主义基本原理教研室主任，基层社会治理研究所副所长，主要研究方向为乡村治理。在《领导科学》《安徽农业科学》《科学发展》等刊物上发表论文20余篇，主持市厅级课题4项，主持横向科研项目2项。

前　言

乡村振兴是当前我国经济社会发展的国家战略，通过提高乡村生产力和城乡融合发展水平，实现乡村现代化、智能化、绿色化和可持续发展。随着城市化进程的不断推进，城市旅游市场日益饱和，而乡村旅游则逐渐成为人们的新选择。乡村旅游不仅可以满足游客的休闲、娱乐需求，同时也能让游客了解到当地的民俗文化、风土人情等方面，推动文化传承和发展。在实施乡村振兴战略的背景下，乡村文化和旅游产业（以下简称“乡村文旅产业”）作为新兴产业形态之一，具有广阔的发展前景和巨大的经济价值、社会价值，能够促进乡村经济的发展，增加农民收入，推动乡村产业、人才、文化、生态和组织的全面振兴。

在当前我国大力推进乡村振兴战略的背景下，乡村文旅产业已成为新的经济增长点，成为许多地区重视的发展路径。然而，由于乡村地域广大、资源属性不同、发展现状不同、文化禀赋不同以及在乡村文旅产业发展实践中遇到的诸多问题等因素的影响，如何科学规划乡村文旅产业的发展格局，成了亟待解决的重要课题。因此，本书力求综合考虑各种因素，提出科学合理的乡村文旅产业发展规划思路与举措，旨在为各地区开展乡村文旅产业发展规划工作提供参考和借鉴，帮助乡村文旅产业得到更好的发展，加快乡村振兴进程。

夏振鹏

2023 年 7 月

目　录

第一章　绪论

乡村文旅产业作为乡村产业发展的新模式，能够有效提高农民收入水平，促进乡村产业融合，提高乡村经济发展水平，推动乡村全面振兴。在新时代，统筹规划乡村文旅产业发展对于实现乡村振兴、推动农业农村现代化具有重要意义。

第一节　研究的背景和意义

乡村地区独有的自然生态资源和传统文化资源是最大的资源禀赋优势，也是实现乡村振兴的关键。而发展乡村文旅产业正是通过挖掘乡村的资源优势，利用产业带动效应，让乡村的自然生态资源和传统文化资源有机融合，成为乡村经济发展的新的增长点，助力实现乡村振兴。

一、研究的背景

随着城市化进程的加快和人民生活水平的提高，越来越多的城市居民开始向乡村地区寻求休闲度假和文化体验。文旅产业是发达国家经济转型的重要成果，由于其附加值高、发展具有可持续性，日益受到各国的重视，已经成为推动经济增长的新动力。在我国，文化旅游已经成为当下的热门话题，近年来，文旅产业融合发展为国家带来了巨大的经济利益，文旅产业逐渐成为国民经济主导产业，受到了党和国家的高度关注。2017 年，党的十九大报告提出实施乡村振兴战略，这是推动我国全面建设社会主义现代化强国的重要一环，这一重大决策部署对我国经济社会发展具有十分重要的意义和价值。2022 年，党的二十大报告提出以中国式现代化全面推进中华民族伟大复兴，这一使命任务集中体现了我国社会发展新的阶段性要求，指明了解决当代中国发展问题的方向路径，也为文旅产业的发展提供了根本遵循。文旅产业作为中国现代服务业的主要组成部分，具有资源耗费少、经济拉动系数大、就业机会多、综合效益高等特点，在保就业、促增长、调结构等各方面发挥着重要作用。乡村文旅产业是现代农村产业体系发展的重要驱动力，能够促进和保障乡村持续发展繁荣，促使农民增收增产，生活更加富裕，已经成为推动农村经济发展、提高农民收入的重要途径。

随着乡村振兴战略的进一步落实，文旅产业已成为乡村地区的一大特色。然而，由于部分地区缺乏系统规划和科学引导，乡村文旅产业发展存在很多问题，如项目建设不精准、投资不合理、同质化严重、管理不规范等，这些问题的出现严重影响了乡村文旅产业的健康发展。因此，有必要开展乡村文旅产业发展规划研究，以制定科学有效的发展策略，推动乡村文旅产业健康可持续发展。

二、研究的意义

乡村文旅产业融合发展不仅可以带动拥有优质文旅资源的乡村经济转型升级，还能够促进全体人民共同富裕，助力乡村振兴。

（一）理论意义

目前国内外的学术研究大多集中在可规模化复制的城市文旅产业上，而对劳动密集型、难规模化的乡村文旅产业理论方面的研究不足。近年来，国内学者对乡村文旅产业发展过程中存在的内涵、特点和问题进行了总结和分析，并结合具体实践提出了相应的发展策略。但总体而言，研究成果相对较少，尚未形成理论体系。许多学者仍然根据西方城市文化旅游产业理论和发展模式来分析我国乡村文旅产业的发展现状，导致人们对乡村文旅产业的认识存在误区。因此，从理论层面对乡村文旅产业进行深入系统的研究是十分必要和迫切的。

本研究旨在充分认识乡村文旅产业发展的重要价值和意义，通过科学规划促进乡村文旅产业健康发展，助力实现乡村振兴。在深入分析我国乡村文旅产业发展的政策、文化、经济和社会环境，以及我国乡村地区、乡村旅游和乡村文旅产业的独特特点的基础上，采用跨学科的研究方法，结合经济学、社会学、管理学、旅游学、城乡规划学、生态学、文化人类学、法学等领域对我国乡村文旅产业发展的理论框架进行梳理和总结，以期在一定程度上丰富该领域的理论研究成果，为我国乡村文旅产业的研究提供新的思路。

（二）实践意义

乡村振兴是当前我国经济社会发展的重要战略，其中乡村文旅产业是乡村振兴中的重要领域，进行乡村文旅产业发展规划研究具有很强的实践意义。

1．为乡村旅游发展提供指导

随着城市居民对乡村休闲度假需求的增加，乡村文旅产业发展迅速，不断涌现出新的项目和模式。然而，乡村文旅产业的发展也面临着一些挑战，如规划不够科学、资源配置不合理、缺乏配套设施等。因此，制定科学有效的乡村文旅产业发展规划至关重要。制定科学有效的规划可以帮助政府和企业更好地了解乡村文旅产业的现状和发展趋势，从而优化资源配置效率，避免盲目投资和浪费资源。规划研究为乡村旅游行业提供了制定发展方向、整合资源的依据，有助于提高乡村旅游的整体规划和布局水平，更好地满足市场需求。

2．促进乡村文化保护与传承

每个乡村都有其独特的历史、文化和自然风光，具体包括农事体验、手工艺制作、传统美食等，这些浓厚的地域特色成了乡村文旅产业的重要资源和优势。在乡村文旅产业的开发过程中，传统文化和民俗传统可以得到更好的保护和传承，在旅游活动中，游客也可以更直接地感受到当地的文化底蕴，并与乡村居民互动交流，从而促进文化交流和创新。规划研究有利于挖掘和保护乡村文化资源，设计合理的旅游线路和旅游产品，使得游客在旅游过程中更好地体验当地文化，推动乡村文化的传承与弘扬。

3．提高旅游质量，增加农民收入

传统的农业生产模式已难以维持农村人口的生计及可持续发展。乡村文旅产业的发展，不仅可以创造新的经济增长点，提高农村居民收入水平，还可以促进乡村经济产业的转型升级，为农民提供更多的就业机会，有效缓解农村人口就业问题。通过制定有效的发展规划，不仅有助于提高项目建设质量和管理水平，还可以塑造品牌形象和加强营销推广，提升产业竞争力。此外，还将带动相关产业的发展，如餐饮、住宿、交通等，这些产业的发展将进一步提高乡村地区的综合服务水平和基础设施建设水平，提高旅游质量，拉动消费增长，增加当地收入，从而促进乡村旅游和文化产业的快速发展，有效助力乡村振兴。

第二节　国内外相关研究综述

一、国外研究现状

笔者通过 Web of Science™ 所有数据库① 查询主题为“rural cultural tourism industry”（乡村文旅产业）的文献，截止到 2023 年 5 月 29 日，共检索到 36 篇。利用 Excel 软件分析工具，结合研究内容，对国外乡村文旅产业的研究现状进行分析。

（一）总体趋势分析

经过检索可知，最早的文献开始于 2011 年，2021 年达到 11 篇，2013 年和 2015 年没有文献发表，其余年份均为个位数。图 1-1 为 2011—2022 年每年发表文献数量。

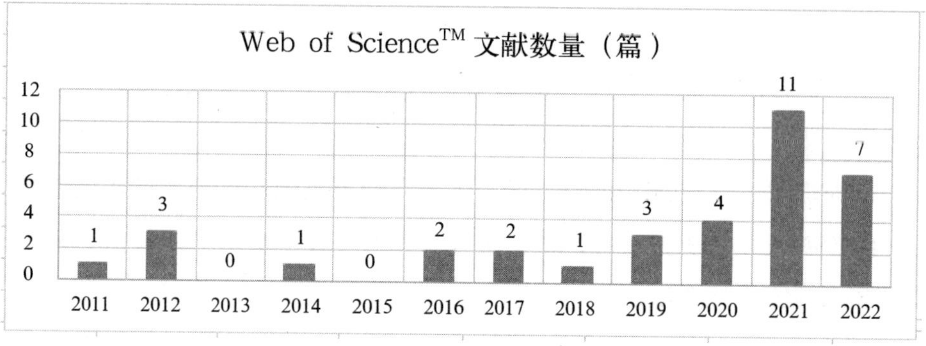

图 1-1　2011-2022 年 Web of Science ™数据库每年发表文献数量

① 包含 Web of Science 核心合集（1985—至今）、Derwent Innovations Index（1966—至今）、KCI—Korean Journal Database（1980—至今）、MEDLINE®（1950—至今）、Preprint Citation Index（1991—至今）、SciELO Citation Index（2002—至今）。为了不与国内研究现状重复，已去掉中国科学引文数据库 SM（1989- 至今）。

（二）高频关键词分析

根据检索结果，关键词出现频率较高的有旅游（16次）、生态服务系统（3次）、都市农业（2次）、数据包裹分析（2次）、集聚经济（2次）。由此可见，当前国外对乡村文旅产业的研究领域中，乡村旅游、乡村生态服务系统、都市农业、数字旅游、产业集聚等都是研究的热点。

（五）研究热点与前沿

通过出现频率较高的关键词分析，结合研究内容，可以得出当前国外乡村文旅产业的研究热点与前沿主要集中在三个领域：乡村旅游、可持续发展、产业发展。

1. 乡村旅游

Kazemiyeh F. 等（2016）考察了伊朗东阿塞拜疆省乡村旅游情况，研究结果表明，游客访问乡村旅游区的兴趣日益增加，省管理部门对乡村旅游日益关注，为发展乡村旅游制定适当的立法。① 加里森（Garrison S.）. 等（2021）研究认为，包括电影、电视、漫画、电子游戏和书籍在内的大众媒体是当代旅游业日益重要的一个方面，在苏格兰尤其如此，流行文化带动了苏格兰乡村旅游业的发展。② 普里阿特莫科（Priatmoko S.）. 等（2021）研究认为，不受欢迎的目的地仍有开发潜力，并通过实施全面的场所营造方法为当地经济带来更多利益。比如，通过改善基础设施，建立更多的创意旅游空间，可以让游客在目的地停留更长时间。③ Vázquez Vicente G. 等（2021）认为，旅游业已成为国家和区域发展政策的优先事项，并被认为是经济增长的来源，特别是在农村地区。其中，葡萄酒旅游是一种重要的旅游形式，已成为美国、澳大利亚、西班牙等国家很多农

① Kazemiyeh, F.; Sadighi, H.; Chizari, M. Investigation of rural tourism in East Azarbaijan province of Iran utilizing SWOT model and Delphi technique. J. Agric. Sci. Technol. 2016, 18, pp.1 13.

② GARRISON S, WALLACE C.Media Tourism and Its Role in Sustaining Scotland's Tourism Industry[J].Sustainability, 2021, 13(11): 1—13.

③ PRIATMOLO S, KABIL M, VASA L, et al.Reviving an Unpopular Tourism Destination through the Placemaking Approach: Case Study of Ngawen Temple, Indonesia[J].Sustainability, 2021, 13(12): 1—21.

村地区发展的依赖产业。①

2. 可持续发展

罗德里格斯（Rodr í guez C.）等（2020）研究认为，需要对旅游业与生态环境的交叉进行更多的研究，以便为更可持续的旅游业提供可能的解决方案。②莫利纳－特纳（MolinerTena M.Á.）等（2021）研究了难忘旅游体验与目的地可持续性之间的关系，基于对西班牙五个乡村目的地逗留的1034名游客进行了调查，采用结构方程模型进行多组分析，确定两种目的地类型之间的差异。结果表明，目的地环境可持续性影响难忘的旅游体验，年龄起着调节作用，游客年龄越小，目的地环境可持续性对难忘旅游体验的影响越大。③ 拉克尔（Raquel M R G）等（2021）认为，葡萄酒旅游作为一个地区经济可持续发展的典范，可以提高一个地区的竞争力，提高葡萄酒产量，尊重环境，改善乡村地区居民的生活条件。④ 克里斯托弗（Christopher M）等（2022）认为，可持续旅游业是南波罗的海地区（SBSR）的关键产业之一，强调文化和创意产业（CCIs）是可持续发展和经济生态系统（如旅游业）的重要贡献者，为政策制定者和企业揭示振兴该地区可持续旅游业的概念和实践途径。⑤ 巴希尔（Bacila M.F.）等（2022）认为，人口的快速增长和管理不善的经济增长、前所未有的人为气候变化、不可再生的自然资源枯竭、环境污染、社会不平等和文化完整性的丧失，在全球范围内迫切需要在包括旅游业在内的主要行业采取可持续发展方针。需要动员各级和

① Vázquez Vicente, G.; Martín Barroso, V.; Blanco Jiménez, F.J. Sustainable Tourism, Economic Growth and Employment—The Case of the Wine Routes of Spain. Sustainability 2021, 13, 7164. https://doi.org/10.3390/su13137164.

② RODRIGUEZ C, FLORIDO C, JACOB M. Circular Economy Contributions to the Tourism Sector: A Critical Literature Review[J]. Sustainability, 2020, 12(11): 1–27.

③ ÁNGEL M M, DIEGO M, BAUTISTA J F, et al. Destination Sustainability and Memorable Tourism Experiences[J]. Sustainability, 2021, 13(21).

④ RAQUEL M R G, OLGA M M. Wine as a Tourist Resource: New Manifestations and Consequences of a Quality Product from the Perspective of Sustainability. Case Analysis of the Province of Málaga[J]. Sustainability, 2021, 13(23).

⑤ CHRISTOPHER M, LAIMA G, MONIKA K. Creativity as a Key Constituent for Smart Specialization Strategies(S3), What Is in It for Peripheral Regions? Co–creating Sustainable and Resilient Tourism with Cultural and Creative Industries[J]. Sustainability, 2022, 14(6).

旅游利益攸关方重视并采取行动推动旅游可持续发展。[①] 拉尼娅（Raniah A）等（2023）认为，全球自然和人为事件暴露了旅游业的脆弱性及其对全球经济的影响，可持续和智慧旅游需要所有利益攸关方的合作，并全面了解全球和地方问题，以推动该行业以负责任和创新的方式转变行业增长方式。[②]

3. 产业发展

阿尔贝卡（Alberca P.）等（2020）研究发现，最高效的旅游目的地对应于混合或多样化的目的地：那些结合了文化旅游、乡村旅游和葡萄酒旅游等某些维度的目的地。[③] 亚历山德拉（Alexandra B,）等（2020）研究认为，在过去的二十年里，创意旅游旨在促进可持续发展和增加社区福祉，已经发展成为一个蓬勃发展的领域，在世界各地进行了广泛实践。[④] 马克拉（Maquera G.）等（2022）提出一个智能数字平台（IDP）的概念发展模型，其中旅游产品和服务与乡村旅游（CRT）的不同参与者进行可视化，从而提供个性化的旅游体验。IDP 这个概念是基于业务流程管理和业务模型画布（BMC）开发的。由于秘鲁的乡村旅游资源十分丰富，在旅游经营上也有着十分丰富的经验，但没有具体的乡村旅游平台，这使得秘鲁的乡村旅游发展经验的传播变为极为困难，因此开发了一个智能数字平台来实现预期目标。[⑤]

综上所述，当前国外乡村文旅产业的研究热点和前沿主要集中在三个领域。①乡村旅游方面，研究者在探索如何利用文化遗产、自然资源和特色产品等，提高乡村旅游的吸引力和竞争力。②可持续发展方面，研究者在研究如何平衡经济、社会和环境之间的关系，实现可持续发展。③产业发展方面，研究者在探索如何

① BACILA M F, RALUCA C, M.L S, et al.Content Analysis on Sustainability Dimensions in DMOs' Social Media Videos Advertising the World's Most Visited Cities[J].Sustainability, 2022, 14(19).

② RANIAH A, AHMED A, RASHID M.Smarter Sustainable Tourism:Data-Driven Multi-Perspective Parameter Discovery for Autonomous Design and Operations[J].Sustainability, 2023, 15(5).

③ ALBERCA P, PARTE L.Efficiency in the Holiday and Other Short-Stay Accommodation Industry[J].Sustainability, 2020, 12(22): 1-22.

④ ALEXANDRA B, CARLOS S, GUALTER C, et al.Creative Tourism on Islands: A Review of the Literature[J].Sustainability, 2020, 12(24): 1-25.

⑤ MAQUERA G, DA COSTA B B F, MENDOZA , et al.Intelligent Digital Platform for Community-Based Rural Tourism—A Novel Concept Development in Peru[J].Sustainability, 2022, 14(13): 7907.

提高乡村文旅产业的效益和降低成本，以及如何创新经营模式，开发更具吸引力和竞争力的产品和服务。这些领域的研究都对乡村振兴和文旅产业的可持续发展具有重要的意义。

二、国内研究现状

乡村振兴背景下乡村文旅产业发展规划研究是当前国内的热门研究领域，学者们对于乡村振兴背景下乡村文旅产业发展规划进行了深入的研究。笔者以中国知网为数据来源，以“乡村文旅产业”为关键词进行检索，截止到 2023 年 5 月 29 日，共检索到 610 篇文献。利用中国知网的可视化分析工具、Excel 软件以及 CiteSpace6.1.R6 软件，结合研究内容，对目前国内乡村文旅产业的研究现状进行了分析。

（一）总体趋势分析

通过检索得知，乡村文旅产业相关文献自 2011 年开始出现，在 2018 年之前都是个位数，2018 年达到 10 篇，2018 年之后快速增长，2021 年破百篇，2018 年是乡村文旅产业研究的分水岭，这也与 2018 年 3 月国家文化和旅游部的成立有密切关系。（见图 1–2）

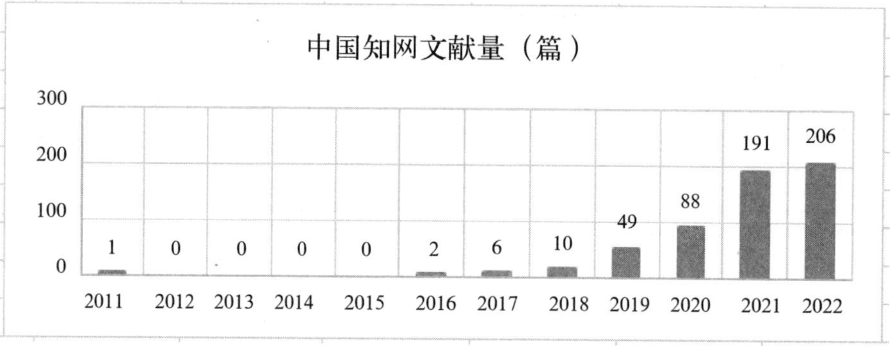

（二）高频关键词分析

根据检索结果，关键词出现频率较高的有文旅产业（200 次）、乡村振兴（138 次）、文旅融合（86 次）、乡村旅游（36 次）、高质量发展（35 次）、产业融合（34 次）、融合发展（26 次）、乡村振兴战略（22 次）、文旅康养融合发展（20

次)、产业融合发展（19 次)、发展路径（18 次)、乡村文旅（17 次)、乡村旅游产业（10 次)。由此可见，当前乡村文旅产业的研究领域中，文旅产业、乡村振兴、文旅融合、乡村旅游、高质量发展、产业融合等都是研究的热点。图 1-3 是 CiteSpace6.1.R6 软件对乡村文旅产业的关键词进行分析后得出的聚类图谱。

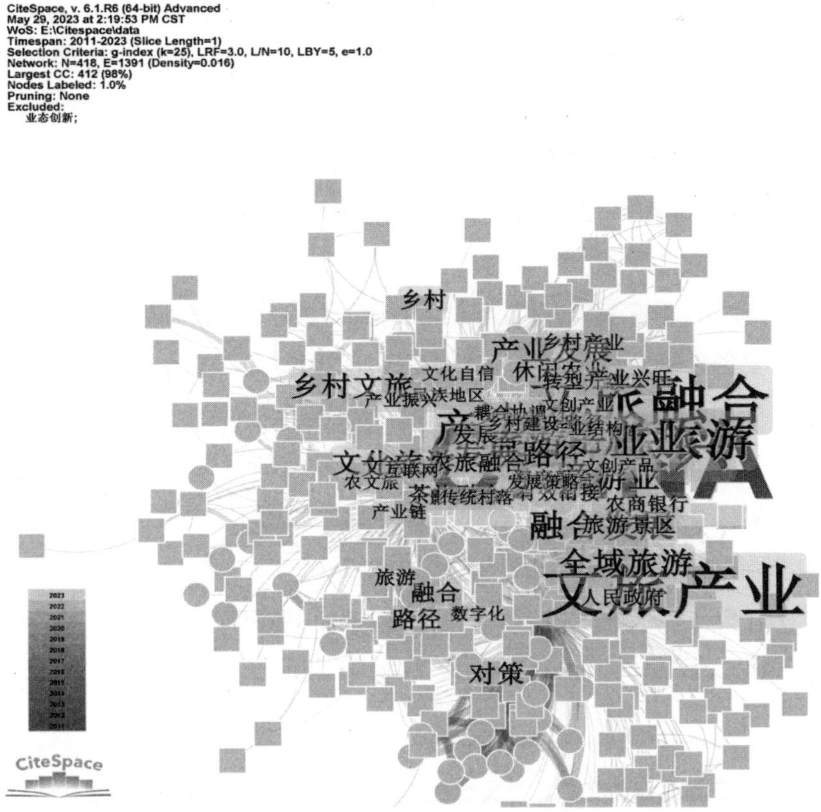

图 1-3　中国知网乡村文旅产业关键词聚类图谱

（三）研究热点与前沿

通过关键词聚类分析，结合研究内容，可以得出当前乡村文旅产业的研究热点与前沿主要集中在三个领域：乡村文旅融合发展、乡村文旅产业高质量发展以及乡村文旅产业助力乡村振兴。

1. 乡村文旅融合发展

（1）关于文旅产业融合内涵的研究

程锦等（2011）指出，旅游产业融合是指旅游产业与其他产业之间的融合，或者旅游产业内部不同行业之间的相互渗透和相互关联，最终形成新的产业。① 许秀文（2018）则认为，由于文化产业和旅游产业具有自身特性，两者自然而然地相互融合，形成的文化旅游业对促进经济发展具有内在的推动力，并已成为许多国家的支柱性产业。② 洪学婷等（2020）则认为，文旅融合是实现旅游体验深化和灵活应用文化资源的高效合理途径。③

（2）关于乡村文旅产业融合发展中存在问题的研究

薛茜茜等（2017）指出，我国农村文旅融合的主要问题在于政府在当地民俗文化和传统文化资源的开发方面存在欠缺。④ 杨俊杰（2017）认为，尽管乡镇文旅产业发展具备良好的环境基础，但许多企业缺乏两大产业融合发展的意识和相关思维，因此需要创新融合发展思路。⑤ 王韬钦（2018）从文化振兴的角度分析了乡村文旅融合所面临的矛盾，指出文化资源匮乏与旅游产业追求利润的矛盾、文化的严谨性与旅游的随意性的矛盾、不同地区禀赋特征下文化与旅游融合的差异化，以及乡村文旅融合规划的低层次性与可持续发展要求之间的矛盾。⑥

（3）关于阻碍文旅产业发展及融合的原因研究

一些学者在分析区域文旅产业融合时，也提出了具体的原因分析。例如，侯兵、周晓倩（2015）在综合已有研究和相关政策的基础上，构建了文化产业与旅

---

① 程锦，陆林，朱付彪．旅游产业融合研究进展及启示[J]．旅游学刊，2011，26（4）：13—19．

② 许秀文．文化旅游与城市经济协调发展的内在机制研究[J]．社会科学家，2018（8）：95—101．

③ 洪学婷，黄震方，于逢荷，等．长三角城市文化资源与旅游产业耦合协调及补偿机制[J]．经济地理，2020，40（9）：222—232．

④ 薛茜茜，莫维佳，易昱作．农村文化旅游产业发展的困境与出路——以四川省达州市北山镇为例[J]．旅游纵览（下半月），2017（18）：75—76．

⑤ 杨俊杰．乡村旅游与文化创意产业融合发展研究——以昆明市团结街道为例[D]．昆明：云南师范大学，2017．

⑥ 王韬钦．文化振兴视阈下乡村文化旅游融合发展的内生逻辑及路径选择[J]．科技促进发展，2018,14(12)：1186—1192．

游产业融合发展模型，并评价了长江三角洲地区的产业水平。他们发现，该地区文旅融合度很低，原因在于产业综合水平未能持续发挥作用、文化市场和文化产业呈现滞后态势，以及出现了产业同构化，特色不够鲜明。①

（4）关于影响乡村文旅产业融合发展路径的研究

针对文旅产业融合发展的路径研究，国内学者大多侧重于根据地区具体问题提出相应的解决方案。例如，钟晟（2013）以武当山为例，提出了武当山区域旅游产业与文化产业的融合路径：通过营造合谐的旅游环境、构建“一体两仪三区”的总体空间布局、形成特色文化旅游品牌并体现人类文明价值等方式。②李勇军等（2016）则认为，要想实现乡村文化与旅游产业的融合发展，就必须不断拓展融合发展主体及经营模式。③卢志海（2019）通过对佛山乡村旅游与文化创意产业融合发展现状与问题的分析，结合佛山乡村旅游实际情况，提出了传统村落、农家美食、农家特产、乡风民俗与文化创意融合发展的四大路径。④陈换、章牧（2020）以甘坑客家小镇为研究对象，提出了文旅产业融合路径的三个重要方面：第一，旅游以当地文化为核心；第二，通过增强文化可视性提高认同感；第三，塑造文化品牌从而优化旅游体验感。⑤

2. 乡村文旅产业高质量发展

（1）乡村文旅产业发展的困境

黎志勇、杨玉娟（2023）认为，当前乡村旅游产业面临“小、散、弱”的发展困境，主要表现在主导产业规模小、产业关联度不足、产业竞争优势弱、产业协同不明显等方面。⑥黄萍等（2022）认为，四川乡村文旅产业融合发展存在政

---

① 侯兵，周晓倩．长三角地区文化产业与旅游产业融合态势测度与评价[J]．经济地理，2015，35（11）：211—217.

② 钟晟．基于文化意象的旅游产业与文化产业融合发展研究——以武当山为例[D]．武汉：武汉大学，2013.

③ 李勇军，王庆生．乡村文化与旅游产业融合发展研究[J]．财经理论与实践，2016，37（3）：128—133.

④ 卢志海．乡村振兴背景下佛山乡村旅游与文化创意产业融合发展路径研究[J]．经济师，2019（6）：163—164；166.

⑤ 陈换，章牧．特色小镇文旅融合发展路径与机制研究[J]．特区经济，2020（6）：100—106.

⑥ 黎志勇，杨玉娟．乡村振兴背景下文旅产业集群高质量发展研究[J]．甘肃农业，2023（4）：37—40.

策引导不全面、基础保障欠完善、文化体验待提升、产业转化缺活力、市场推广需创新等困境。①李洪周（2020）认为，我国乡村文旅产业发展存在传统文化挖掘不足，主题雷同、形式单一；规划管理不健全，生态环境遭到破坏；乡村城镇化趋势显著，缺乏乡愁原味等困境。②

（2）乡村文旅产业高质量发展的路径

黎志勇、杨玉娟（2023）认为，要想推动乡村文旅产业集群的高质量发展，需要从资源禀赋出发，一要加强引导培育，打造核心主导产业；二要加强文化融入，促进文旅互动；三要提升服务质量，培育区域文旅品牌；四要推进创新驱动，打造文旅产业示范。③徐喆、陈植（2023）认为，为了实现乡村文旅产业高质量发展，需要加速数字化赋能和科技化改革。通过大数据的赋能，促进乡村文旅产业的数字化改革，借助科技的驱动来推动乡村文旅产业的升级和转型。④陈娟娟、郭永彦（2023）认为，在乡村振兴的发展大趋势下，职业教育可以为区域乡村文旅产业发展提供支持，通过深化产教融合，促进教育链、人才链、产业链和创新链的有机衔接。⑤秦宗财、高璞真（2022）认为，信息传播能够为乡村文旅产业带来新的创意和扩散途径，从而推动产业的创新和升级，为乡村文旅产业的高质量发展提供强有力的支持。⑥

3. 乡村文旅产业助力乡村振兴

芦人静、余日季（2022）认为，乡村文旅产业数字化转型有助于实现乡村全

---

① 黄萍，黎玲，胡珑川．乡村振兴下的四川乡村文旅融合：困境、路径及模式[J]．四川省干部函授学院学报，2022（4）：33—41；32.

② 李洪周．乡村振兴视域下我国乡村文化旅游发展面临的困境及对策[J]．乡村科技，2020，11（30）：21—22.

③ 黎志勇，杨玉娟．乡村振兴背景下文旅产业集群高质量发展研究[J]．甘肃农业，2023（4）：37—40.

④ 徐喆，陈植．共富背景下文旅融合赋能乡村振兴的对策研究——以“中国乡村旅游第一市”湖州为例[J]．通化师范学院学报，2023，44（5）：78—82.

⑤ 陈娟娟，郭永彦．产教融合带动乡村文旅产业高质量发展路径研究[J]．农村经济与科技，2023，34（6）：108—111.

⑥ 秦宗财，高璞真．新时代乡村文旅产业与科技融合路径研究——基于生产要素的视角[J]．经济与社会发展，2022，20（6）：52—60.

面振兴。[①] 何旭（2023）认为，国有企业应发挥自身的技术、人才和管理等方面的优势，为乡村挖掘和开发文旅资源提供支持，推动乡村文旅产业的发展，成为乡村振兴的重要动力。[②] 罗一萌等（2023）认为，深入挖掘乡村特色文化资源，将民间文化元素有机融入乡村文旅产业中，充分发挥旅游惠民的作用，为乡村振兴提供强有力的支持。[③] 卢晨晖、叶琪（2022）认为，随着乡村文旅产业与直播、电商、推广等多个产业的融合，农村旅游也带来了许多新的产业和业态。例如，白坭镇作为一个“网红乡镇”，以当地特色古香景点和河鲜美食为背景，通过网络直播的宣传吸引了大量游客，为当地农民创造了许多服务业岗位，增加了农民的收入来源，同时也为乡村振兴带来了新的活力。[④]

综上所述当前，国内乡村文旅产业的研究热点与前沿主要集中在三个领域。①乡村文旅融合发展方面，研究者在探索如何将传统文化、乡村旅游和现代产业相融合，实现文旅产业与其他产业的深度融合，打造具有特色和吸引力的乡村文旅产品和服务。②乡村文旅产业高质量发展方面，研究者在研究如何提高产业发展的效率、质量和水平，增强产业的核心竞争力和可持续发展能力。③乡村文旅产业助力乡村振兴方面，研究者在探索如何通过文旅产业的发展，推动乡村振兴和乡村经济的发展，实现城乡一体化和社会进步。

第三节 研究的思路和方法

一、研究的思路

按照“提出问题—分析问题—解决问题”的研究思路，首先确定乡村振兴背景下乡村文旅产业发展的研究现状，明确研究的理论基础，其次分析为什么要对

---

① 芦人静，余日季．数字化助力乡村文旅产业融合创新发展的价值意蕴与实践路径[J]．南京社会科学，2022（5）：152—158．

② 何旭．共同富裕视角下国有企业赋能乡村振兴的路径探索[J]．农村·农业·农民(B版)，2023（3）：49—51；55．

③ 罗一萌，谭兵，姚海雪．湖北来凤：以“舞”为媒 振兴乡村文化[N]．中国民族报，2023—03—03（004）．

④ 卢晨晖，叶琪．数字经济赋能我国农村共同富裕的机理与路径[J]．当代农村财经，2022（7）：5—9．

乡村文旅产业发展规划进行研究，最后探讨乡村振兴背景下乡村文旅产业发展规划的主要内容、典型案例经验借鉴和落实举措。如图 1-4 所示。

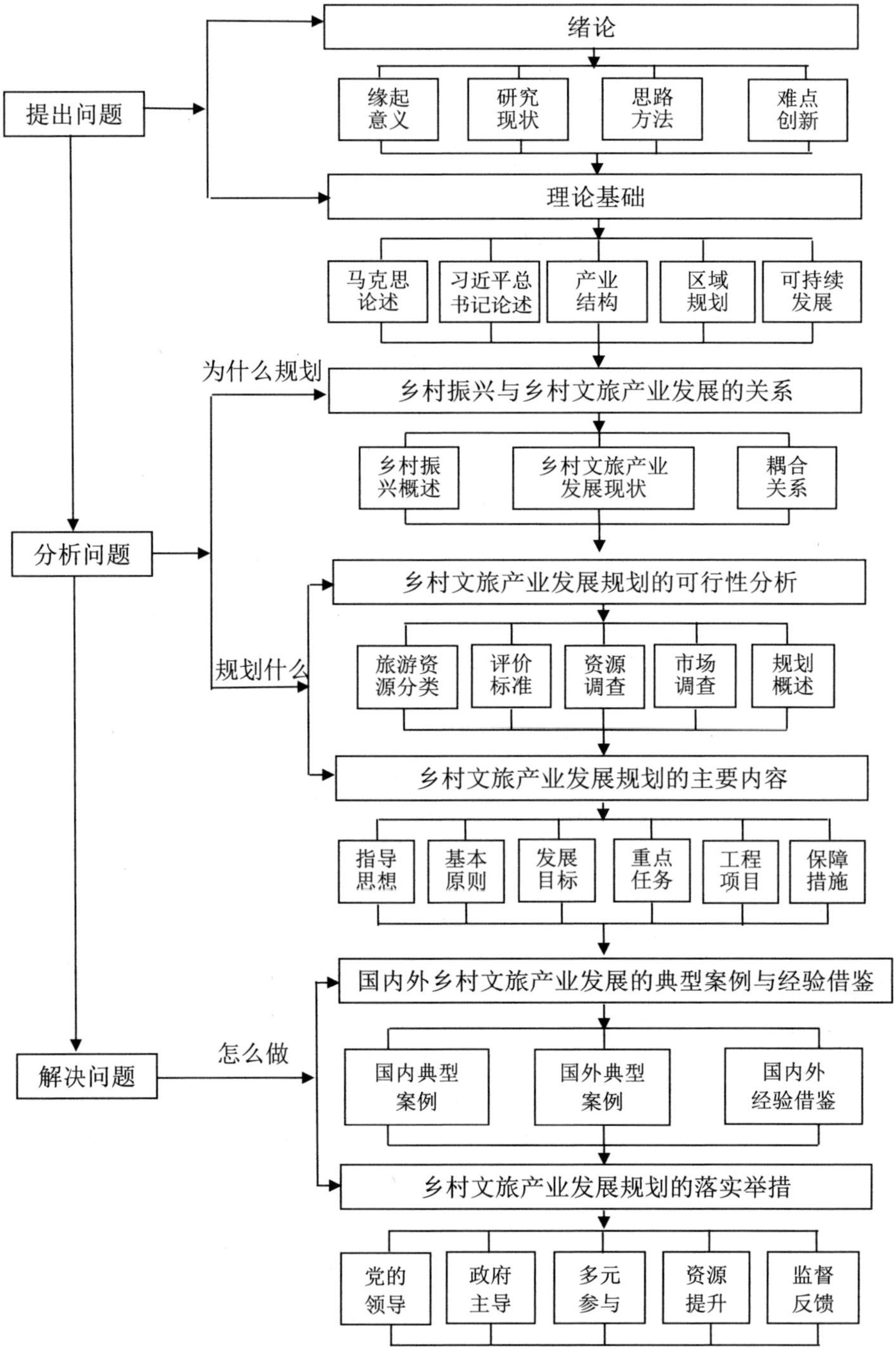

图 1-4　研究框架图

二、研究的方法

（一）文献研究法

通过对已有文献的系统收集、筛选和综述，可以深入了解乡村文旅产业的发展情况和问题，为制定科学有效的发展规划提供必要的基础和参考。

（二）实地调查法

通过实地考察和调查，深入了解当地的乡村旅游资源、旅游产品、旅游市场等情况，为后续研究提供基础数据和现场感性体验。

（三）案例分析法

对现有的、成功的乡村文旅产业发展案例进行深入分析和比较，总结其经验和教训，以对乡村文旅产业的发展规划提供参考和借鉴。

（四）跨学科研究法

乡村文旅产业发展规划研究需要跨越多个学科领域，如经济学、旅游规划、管理学、文化人类学、法学等，以综合、跨学科的方式分析和解决实际问题。

第四节 研究的难点和可能的创新

一、研究的难点

（一）规划主体面临的困难

乡村文旅产业发展规划主体面临的困难比较复杂，需要从土地规划、资金、市场环境、基础设施和沟通协调等方面综合考虑，通过制定科学合理的规划和政策，加大投入力度，激发地方创新活力，才能促进乡村文旅产业的健康发展。这对规划主体而言既是困难又是挑战，对于本研究而言同样也是研究的难点。

（二）概括归纳规划主要内容

由于乡村地区的特殊性和复杂性，不同地区的文旅规划主体往往存在差异，需要根据当地的实际情况和需求制定出符合本地区特点和发展需求的规划内容。因此，对乡村文旅产业发展规划主要内容的归纳，需要在充分了解乡村地区的实际情况的基础上，进行深入的研究和分析，根据当地的资源状况、市场需求和产业特点等制定出符合实际情况的规划内容。乡村文旅产业发展规划内容的归纳也是研究的难点。

（三）乡村文旅产业发展规划的落实举措

乡村地区的资源状况和市场需求存在差异，规划的落实举措需要根据当地情况进行调整和优化。针对不同地区的实际情况，落实举措也会有所不同。如何在政策层面和市场层面协调各方面的资源，如何在执行层面提高各方面的合作和协调能力，是实现规划的落实举措的难点。因此，要落实乡村文旅产业发展规划，需要充分调研当地实际情况，制定出符合本地区特点和发展需求的规划内容，同时加强协作和沟通，形成合力，共同推动规划的落实。

乡村文旅产业发展规划研究面临的难点较多，需要综合考虑各种因素，制订出针对性强、可行性高的规划方案，以推动乡村文旅产业的健康发展。

二、可能的创新

1. 研究思路上的创新

现有的乡村文旅产业相关研究在产业规划方面还不够丰富，本研究从“是什么—为什么—怎么做”的角度力求为乡村文旅产业发展规划研究从逻辑上理顺思路，找准问题症结和下手方向，研究内容可能存在疏漏，但是思路相对比较清晰，在这一点上可能有些许创新。

2. 研究内容上的创新

比如构建乡村文旅产业发展的软环境，从文化、管理等方面营造温馨的软环境，让游客身心愉悦，来了还想来，甚至可能会帮助该地区招商引资，促使游客在该地区置房置业等，帮助乡村文旅产业发展的同时促进地区经济发展。

第二章　研究的理论基础

乡村文旅产业发展规划研究要依据相关理论才能制定得更科学、更合理，本研究梳理了马克思生态休闲思想、习近平总书记关于文化和旅游工作的重要论述、产业结构理论、区域规划理论和可持续发展理论。

第一节　马克思生态休闲思想

在马克思行业恩格斯的著作中包含对注重人与自然的关系、充分利用自由时间以及实现人的自由全面发展的阐述，这些观点都反映了休闲思想，并且富含生态意蕴，形成了马克思生态休闲思想。[①]

一、注重人与自然的关系

马克思强调人与自然的关系，这是其生态休闲思想中至关重要的一环。当代英国思想家特里·伊格尔顿（Terry Eagleton）认为，维多利亚时代的思想家很少有人能像马克思那样惊人地预言了现代环保主义。[②] 马克思认为，自然界就它不是人的身体而言，是人的无机的身体，"人靠自然界生活……因为人是自然界的一部分。"[③] 这些观点明确了人的属性，人们各项实践活动都离不开对自然界的依赖，人们同时也从大自然中得到心灵的慰藉，因此需要与自然界负责任地进行互动。在《资本论》中，马克思强调人们可以通过闲暇时间来享受自然的美好，

---

① 石磊．马克思生态休闲思想研究[D]．苏州：苏州大学，2016．

② 伊格尔顿．马克思为什么是对的[M]．李扬，任文科，郑义，译．北京：新星出版社，2011：224．

③ 马克思，恩格斯．马克思恩格斯文集（第 1 卷）[M]．北京：人民出版社，2009：161．

但资本主义的社会制度和不尊重自然导致人与自然的不和谐。马克思呼吁人们在休闲时要尊重自然，避免破坏和污染环境。他甚至批评贵族的打猎爱好导致农民耕地被占用、土地变成荒地等不良社会现象，① 这表明他践行生态休闲思想的实际行动。

二、充分利用自由时间

充分利用自由时间是马克思生态休闲思想的核心。马克思在著作中提出了许多关于自由时间的理论，他曾指出"'可以自由支配的时间'，也就是真正的财富，这种时间不应被生产劳动所吸收"，② 他认为真正的财富是可以自由支配的时间，而这种时间应该用于自我发展和娱乐休息，而非被劳动所吸收。生态学是一门研究生物与环境相互关系的科学，关注生态系统的稳定性和健康性，休闲活动对于个人身心健康的调节具有重要的生态意义，积极的休闲活动可以促进人体内分泌系统的平衡，增强免疫力，降低患病风险。马克思的生态休闲思想强调了休闲活动对于人类的积极意义，反映了休闲活动与生态环境的密切联系，休闲不应该仅仅是简单地占用自由时间，而是应该积极地充分利用自由时间，去探索和发现世界、拓展知识和技能、实现人格完善等目标，促进人的身心健康和全面发展。

三、实现人的自由全面发展

人的自由全面发展是马克思主义的价值旨归。休闲离不开自由，没有一定程度的自由也无法实现休闲活动，休闲也是自由的具体体现。但现实生活中休闲活动的多样性与层次性，以及社会条件的限制，决定了休闲也只能是一定条件下的自由。马克思认为，资本主义生产方式下人们对物的崇拜影响和制约着人们的休闲，休闲失去本身应有的自由和意义。马克思认为，在共产主义社会里，人们可以自由支配时间正是一种理想的休闲状态。正如"直接的劳动时间本身不可能像从资产阶级经济学的观点出发所看到的那样永远同自由时间处于抽象对立中"。③ 在这种状态下，劳动与休闲不再是对立关系，而是融合在一起的，劳动中有休闲，

① 马克思，恩格斯．马克思恩格斯文集（第5卷）[M]．北京：人民出版社，2009：840.
② 马克思，恩格斯．马克思恩格斯全集（第26卷）[M]．北京：人民出版社，1974：280.
③ 马克思，恩格斯．马克思恩格斯文集（第8卷）[M]．北京：人民出版社，2009：203.

在休闲中劳动。此时的休闲才是真正的自由，真正以自身为目的，不再是可以花费或使用的商品，也不再是被外在力量所决定的被动选择。当然，受当前生产力发展水平的限制，现有的休闲活动还达不到马克思所说的理想状态。马克思生态休闲思想所展现的积极价值正是指向人的自由全面发展这一最终目的。生态休闲在服务于人的同时，又促进人的多方面发展，最终会随着生产力的发展、社会的进步走向人的自由全面发展。

随着休闲时代的到来，旅游成为人们节假日休闲的首选。近年来，乡村旅游备受欢迎，它是一种积极倡导人们主动亲近自然的生态休闲方式。生态休闲是在健康、文明、积极的休闲价值观引领下进行的休闲活动，这种休闲方式不仅能满足休闲者的需求，还有助于促进身心健康和可持续发展，日益受到人们的推崇。

马克思生态休闲思想对乡村文旅产业的理论指导作用在于提供了可持续性和环保性的指引。马克思主张人与自然和谐共处，生态休闲应该强调对自然的尊重和保护。乡村文旅产业作为一种自然体验型的产业，其发展需要考虑到自然环境的保护和可持续利用。马克思认为人们应该通过闲暇时间来享受大自然的美好，而乡村文旅正可以提供这样的机会，让游客在乡村中感受大自然的魅力，从而加强对生态环境的认识和尊重。同时，马克思的生态休闲思想也呼吁人们避免过度消费和浪费资源，这对于乡村文旅产业的可持续发展和生态保护具有深刻的启示。因此，在乡村文旅发展中，应该充分运用马克思生态休闲思想的理念，推动产业向着绿色、可持续的方向发展，实现生态、经济、社会效益的有机结合。

第二节　习近平总书记关于文化和旅游工作的重要论述

党的十八大以来，习近平总书记高度重视文化建设和旅游发展，对文化和旅游工作做出了一系列重要部署，深刻揭示了文化和旅游的内在联系，阐明了推动文化和旅游融合发展的重大意义，具有很强的思想性、指导性、针对性，为我们做好新时代文化和旅游工作指明了方向、提供了遵循。①

① 洪永平．做好文化旅游融合发展大文章 [EB/OL]．(2019—11—27) [2023—08—25]. http://theory.people.com.cn/n1/2019/1127/c40531—31476325.html.

一、习近平总书记深刻阐述了“为什么发展旅游”的问题

2013年3月，习近平总书记在俄罗斯中国旅游年的开幕式上致辞时指出，旅游业在传播文明、交流文化、增进友谊等方面具有重要作用，旅游业是综合性产业，对经济发展起到了重要的推动作用。自古以来，中华民族就将旅游和读书结合在一起，提倡“读万卷书，行万里路”，认为旅游是修身养性的好方式，也是增强人们亲近感的最佳途径。①

2020年6月，习近平总书记在贺兰县稻渔空间乡村生态观光园考察时指出，为了发展现代特色农业和文化旅游业，必须始终坚持以人民为中心的发展思想，注重突出农民主体地位，把农民利益放在首要位置。同时，需要探索建立更为有效、长期的利益联结机制，确保乡亲们能够持续从中获益。②

习近平总书记高度概括了旅游的功能和作用，阐述了“发展旅游为什么”的根本问题。发展旅游业的根本目的是提高人民生活水平。2012年11月，习近平当选为党的总书记后首次会见记者，就向全世界庄严宣告了党的奋斗目标：“人民对美好生活的向往，就是我们的奋斗目标。”③旅游正是人们对美好生活的向往之一。在温饱问题得到解决后，以旅游为代表的精神文化需求快速增长。现在，我国已经全面建成小康社会，进入大众旅游的中高级阶段，旅游已经成为人们日常生活中的常态化内容。此外，出境旅游的消费也成为拉动世界旅游增长的重要动力。综上所述，旅游不仅是人民生活水平提高的产物，也是人民生活水平提高的重要组成部分。

要坚持以人民为中心的工作导向，致力于满足人民日益增长的美好生活需要。发展乡村旅游的目的是满足人民的旅游需求，只有满足了人民的需求，才能使乡村旅游真正发展起来。乡村旅游涉及很多旅游资源的利用和管理，如果不以人民为中心，就容易忽视人民的利益，造成资源浪费和环境破坏等问题。因此，乡村

---

① 新华社．习近平在俄罗斯中国旅游年开幕式上的致辞[EB/OL].(2013-03-23)[2023-08-26].http://politics.people.com.cn/n/2013/0323/c70731-20888536.html.

② 新华社．习近平在宁夏考察时强调 决胜全面建成小康社会决战脱贫攻坚 继续建设经济繁荣民族团结环境优美人民富裕的美丽新宁夏［EB/OL］．(2020-06-10)[2023-08-267].http://jhsjk.people.cn/article/31742103.

③ 新华社．习近平等十八届中共中央政治局常委同中外记者见面[EB/OL].(2012-11-15)[2023-08-27].http://jhsjk.people.cn/article/19591246.

文旅产业发展规划必须以人民的利益为出发点和落脚点，做好旅游资源的保护和管理。乡村文旅产业发展规划以人民为中心，可以更好地促进乡村振兴。通过挖掘本地文化，打造特色旅游品牌，提高农村居民收入等方式，让人民分享旅游产业的发展成果，进而推动乡村经济的发展。乡村文旅产业发展规划以人民为中心，也是构筑和谐社会的重要举措。通过旅游，不仅可以增进居民之间的交流和情感，还可以促进城乡之间的交流和融合。只有在和谐的环境中发展乡村旅游，才能取得更好的社会效益。

当前和未来一段时间内，旅游业发展面临的根本问题是人民群众不断增长和变化的旅游休闲需求与相对滞后的旅游供给之间的矛盾。因此，旅游业发展需要在增加供给数量的同时，优化供给结构、提升服务质量、增强供给的有效性，以提高人民群众对旅游发展的满意度。近年来，我国在产品打造、公共服务提升、市场环境优化等方面做出了很多努力，使人民群众对旅游发展的满意度不断提高。但是，我们也必须看到现存的一些问题，如旅游公共服务体系不够完善，旅游过程中存在不文明行为、欺客宰客等不良现象，旅游发展过程中过于重视经济利益等。这些问题需要在发展中逐步解决，只有这样，旅游业才能更好地服务于提高人民生活水平的宗旨。

旅游业是综合性产业，发展旅游业能够带来多方面的效益。2014 年 3 月，习近平总书记在参加贵州代表团审议时指出，贵州要充分发挥其资源优势和生态优势，不断提高旅游业发展的层次和水平，把旅游业做大做强，使旅游业成为重要支柱产业。[①]2014 年 8 月，国务院印发《关于促进旅游业改革发展的若干意见》指出，旅游业是现代服务业的重要组成部分，带动作用大，加快旅游业改革发展是适应人民群众消费升级和产业结构调整的必然要求，能够促进经济增长、改善生态环境、提高人民生活质量。旅游业是一项综合性产业，涵盖了餐饮、住宿、交通、娱乐等多个领域，发展旅游业能够带来多方面的效益。一是促进经济增长。旅游业是一种消费型产业，可以刺激消费需求，促进商品和服务的销售。从宏观上看，旅游业的发展可以直接增加就业岗位，提高劳动力收入，缓解就业压力，进而增加居民的消费能力和购买力，推动国内生产总值的增长。二是促进区域协

① 戴斌．习总书记论旅游的理论内涵与时代意义［EB/OL］．(2017-08-01)［2023-08-27］．https://www.meadin.com/183199.html.

调发展。旅游资源往往分布在各地，旅游业的发展可以促进地方经济的转型升级，扩大区域内的就业机会，改善居民生活质量，实现城乡经济协调发展。三是推动文化交流和传播。旅游是一种跨越国界的文化交流方式，人们可以通过旅游了解不同国家和地区的文化背景、历史遗迹、风土人情等，增进了解和友谊。旅游也可以成为文化推广的一种途径，可以让更多的人了解地方文化、民俗风情等，推动文化产业的发展。四是促进国际合作和交流。旅游业是一个国际化产业，可以促进不同国家和地区之间的交流合作，推动世界各国的经济发展和文化交流。同时，旅游业也是国际贸易中的一项重要的服务贸易，可以促进国际贸易平衡和发展。

当前，旅游业具有不可替代的重要作用，对于国家的发展和人民的生活有着深刻的影响。因此，在旅游业的发展过程中，需要充分考虑各方面的利益和需求，采取适当的政策措施，推动旅游业健康稳定发展。现阶段，我国正在着力推动从景区旅游到全域旅游的转变，我们更应该深入体会习近平总书记关于旅游业的重要论述，充分发挥旅游业的综合功能，让旅游业为经济社会发展插上腾飞的翅膀。

二、习近平总书记深刻阐述了“依靠什么发展旅游”的问题

发展旅游最根本的依靠力量是人民群众。2012 年 11 月，习近平当选为总书记后在中外记者见面会上指出，“人民是历史的创造者，群众是真正的英雄。人民群众是我们力量的源泉”。[①] 习近平总书记的这一理念在他对旅游发展的指导中也得到了体现。习近平总书记去地方调研时，总是深入群众中去，了解群众的真实想法，并经常鼓励群众发展旅游业。2015 年 5 月，习近平总书记在浙江省舟山市调研时走进一个农家乐小院，了解相关情况后，对大家说：“你们看，这房子多干净啊，下次来了咱们就在这儿住。”听村民们说正在规划建设绿色生态旅游景区后，习近平总书记说：“这个好，在这儿待着还真不想走了。我在浙江工作时说‘绿水青山就是金山银山’，这话是大实话，现在越来越多的人理解了这个观点，

① 新华社．习近平等十八届中共中央政治局常委同中外记者见面[EB/OL].（2012—11—15）[2023—08—27]. 人民网，http://jhsjk.people.cn/article/19591246.

这就是科学发展、可持续发展，我们就要奔着这个做。”[①]当前在各地发展旅游业的中，一些地方过于注重招商引资，特别是追求大项目、大投资、大企业，导致广大人民群众被排除在旅游发展之外，甚至企业和当地居民之间出现了纠纷。这种现象应该引起足够的关注。我们应该按照习近平总书记的指示，充分调动人民群众的积极性，实现来自外部的企业与当地政府和居民之间的共赢。为此，一些地方提出了“党委＋公司＋农户”等发展模式，在推进旅游业发展方面取得了良好的效果。

发展旅游要把握旅游业的特性，实现综合发展。2013 年 3 月，习近平总书记在俄罗斯中国旅游年开幕式致辞中强调，旅游业是综合性产业。旅游业作为综合性产业，不仅意味着旅游业能够带动多种产业共同发展，而且意味着旅游业发展不能依赖一个部门，必须从综合发展入手整体发力。在我国旅游业的发展过程中，普遍存在着“小马拉大车”的问题。旅游行政主管部门成立时间较晚，权力有限，在管理这个领域时经常因为权力制约而无法有效地管理。近年来，社会上出现了一些影响较大的事件，如“天价鱼”“天价虾”等，单纯依靠旅游部门是难以达到有效管理的目的的。要解决以上问题，关键在于各部门要增强大局意识，不能将旅游发展视为旅游部门的事情，而应该将其看作推进经济社会整体发展、多个部门共同承担责任的事情。

发展旅游要依靠生态环境。2013 年 9 月，习近平总书记在哈萨克斯坦纳扎尔巴耶夫大学发表演讲时指出：“我们既要绿水青山，也要金山银山。宁要绿水青山，不要金山银山，而且绿水青山就是金山银山。”[②]2016 年 3 月，习近平总书记参加全国两会黑龙江代表团审议时强调，冰天雪地也是金山银山。[③]习近平总书记深刻阐明了生态环境保护和旅游发展的关系，优良的生态环境也能够发展经济，这对于今天的旅游发展极具指导意义。在旅游业发展的初期，人们出游的主要目的是探索新奇、寻找独特的景点和古迹，对于周边环境并不是很关注。但随着旅游

① 新华社．习近平到舟山考察[EB/OL]．(2015-05-26)[2023-08-27].http://jhsjk.people.cn/article/27055873.

② 新华社．习近平在哈萨克斯坦纳扎尔巴耶夫大学发表重要演讲[EB/OL]．(2013-09-08)[2023-08-28].http://jhsjk.people.cn/article/22843681.

③ 新华社．习近平参加黑龙江代表团审议：冰天雪地也是金山银山[EB/OL]．(2016-03-07)[2023-08-28].http://jhsjk.people.cn/article/28178832.

业进入大众化阶段，人们的旅游活动从单纯的观光转变为观光和休闲度假相结合，生态环境在旅游发展中的重要性也越来越凸显，良好的生态环境已经成为最可依赖的旅游资源之一。绿水青山、冰天雪地等自然风景已经成为吸引游客的核心因素，这不仅有助于促进旅游业的发展，还能带来巨大的经济效益和社会效益。

发展旅游要以文塑旅、以旅彰文，提升格调品味。习近平总书记非常重视旅游发展的内涵问题。2015 年 6 月，习近平总书记在贵州考察时提出："要把旅游业做大做强，丰富旅游生态和人文内涵。"[①]2021 年 4 月，习近平总书记在广西桂林考察时指出："要坚持以人民为中心，以文塑旅、以旅彰文，提升格调品位，努力创造宜业、宜居、宜乐、宜游的良好环境，打造世界级旅游城市。"[②]以文塑旅的发展模式，则是在保护和传承当地文化遗产的基础上，提供更加丰富、多样、高品质的旅游产品和服务，强化旅游目的地的品牌价值和市场竞争力。一方面，通过发掘乡村特有的文化遗产和传统手工艺，提升游客的文化体验和文化认知，在一定程度上可以满足游客对于文化探索的兴趣和需求，从而增加旅游目的地的吸引力和美誉度。另一方面，以文塑旅的发展也会带动当地的非遗产业和传统手工艺业的发展，促进当地传统文化的传承和弘扬，带动乡村经济的发展，增加当地居民的收入，改善人民的生活水平。2020 年 5 月 11 日，习近平总书记在山西省云冈石窟考察时指出，要"让旅游成为人们感悟中华文化、增强文化自信的过程"。[③]旅游是一种体验式的活动，游客往往对本地风土人情、文化习俗等感兴趣。以旅彰文是指旅游、展览和文化的综合体，而不仅仅是单一的旅游景点。在旅游中彰显文化自信需要深化文旅融合。旅游不仅能带来巨大的经济收益，而且能促进当地文化的传播和推广。

---

① 戴斌．习总书记论旅游的理论内涵与时代意义 [EB/OL]．(2017-08-01)[2023-08-28]. https://www.meadin.com/183199.html.

② 新华社．习近平在广西考察时强调 解放思想深化改革凝心聚力担当实干 建设新时代中国特色社会主义壮美广西[EB/OL]. (2021-04-27) [2023-08-28].http://jhsjk.people.cn/article/32089792.

③ 文化和旅游部资源开发司．2020 年国内旅游宣传推广优秀案例[M]. 北京：中国旅游出版社，2021.

三、习近平总书记明确了当前发展旅游业的若干重点任务

一是全域旅游。2018 年 4 月，习近平总书记在庆祝海南建省办经济特区 30 周年大会上明确指出："要实施更加开放便利的离岛免税购物政策，实现离岛旅客全覆盖，推进全域旅游发展。"[①] 全域旅游是在习近平新时代中国特色社会主义思想指导下，按照"五位一体"总体布局、"四个全面"战略布局和创新、协调、绿色、开放、共享的新发展理念的要求，于 2016 年 1 月在全国旅游工作会议上提出的旅游发展新模式。全域旅游是指将整个地域范围内的旅游资源、旅游产品和旅游服务有机地结合起来，实现全方位、多角度、立体式的旅游体验。全域旅游强调的是"全域"，即把一个区域内的所有旅游资源进行有机整合，形成一个完整的旅游生态系统。各种旅游资源之间互为补充、互相促进，从而提高旅游品质和居民生活质量。全域旅游的核心理念是"旅游 +"，即在旅游业的基础上，通过融合其他产业和资源，打造全新的旅游体验。这种新型旅游模式不仅包括传统的景点观光和文化体验，还融入了农业、美食、购物等丰富多彩的旅游内容，可以满足游客多维度的需求。全域旅游的发展需要政府、企业和社会各界共同努力。政府应该制定科学的规划，加大投资力度，引导和支持各类旅游经营主体，鼓励并保障居民参与旅游发展，提升整个地域的旅游品质。企业应该加强创新，推出更具特色的旅游产品和服务，提高管理水平和服务质量。社会各界应该共同维护地域生态环境，倡导文明旅游，形成良好的旅游氛围。全域旅游是一种新型的旅游模式，它强调整个地区内旅游资源的有机整合，打造更为丰富和多元化的旅游体验，促进了地域经济的发展和居民生活的改善。

二是厕所革命。2015 年 4 月，习近平总书记就厕所革命和文明旅游做出重要批示，我们需要从小处着手，从实际工作中入手，不断提高旅游品质，我们需要发扬钉钉子精神，采取有针对性的措施，一件接着一件地抓、把每个环节都抓好。通过不断地积小胜为大胜，逐步提升旅游服务水平，推动我国旅游业的持续健康发展。[②]2015 年 7 月，习近平总书记在延边朝鲜族自治州考察时指出，随着

① 新华社．习近平：党中央支持海南全面深化改革开放　争创新时代中国特色社会主义生动范例[EB/OL]．(2018—04—13) [2023—08—28].http://jhsjk.people.cn/article/29925624.

② 戴斌．习总书记论旅游的理论内涵与时代意义 [EB/OL]．(2017—08—01)[2023—08—28].https://www.meadin.com/183199.html.

农业现代化建设步伐加快，新农村建设也要不断向前推进，要实行“厕所革命”，让群众用上卫生的厕所。[①] 厕所是旅游景区最基本的设施之一，也是日常生活中不可或缺的公共设施。它看似是一个小事情，却影响着人们的出行体验和生活质量。因此，保障良好的厕所环境已经成为现代文明社会的必然要求。在我国，过去一些旅游景区和公共场所的厕所条件较差，存在着面积小、设施简陋、清洁不到位等问题。这不仅影响了旅游客户的旅游体验，也影响了当地居民的生活质量和当地的形象。因此，自 2015 年开始，国家旅游部门启动了“厕所革命”工程，通过改善厕所环境提升旅游品质。2019 年，全国乡村旅游监测点水冲厕所普及率已达 72.5%。然而，“厕所革命”并不是一个短期内就能完成的工程，还需要进一步加强管理和监督。我们需要从根本上优化厕所设施和服务，加大公共厕所的管控力度，提高卫生防护意识和水平，不断改善厕所环境，提升旅游品质和公共卫生水平，为人民群众创造更为舒适便捷、文明卫生的出行和生活环境。

三是旅游可持续发展。习近平总书记一向高度重视生态环境保护问题，并特别强调旅游发展与资源环境保护之间的协调。近年来，他在多个场合进一步强调了旅游可持续发展的重要性。例如，2013 年习近平总书记在视察海南时指出，绿水青山、碧海蓝天是建设国际旅游岛的最大本钱，必须倍加珍爱、精心呵护。在 2015 年视察浙江舟山期间，习近平总书记提到，绿水青山就是金山银山，只有坚持生态环境保护的发展才是科学和可持续的发展。

四是文明旅游。2014 年 9 月，习近平总书记在会见中国驻马尔代夫使馆工作人员、中资机构和华侨华人代表时指出：“也要教育我们的公民到海外旅游讲文明。矿泉水瓶子不要乱扔，不要去破坏人家的珊瑚礁。少吃方便面，多吃当地海鲜。”2015 年 4 月，习近平总书记专门就厕所革命和文明旅游做出重要指示，要像反对“四风”一样，大力整治旅游中各种不文明的顽疾陋习。文明旅游既是国人形象问题，也是关系到旅游业能否持续健康发展的重要问题。文明旅游不是一蹴而就的，需要旅游主管部门、从业人员、游客和社会各界持久的不懈努力。

五是旅游外交。习近平总书记非常重视旅游在国际交往中的重要作用。2013 年 3 月 22 日，习近平总书记在俄罗斯中国旅游年开幕式上致辞时指出：“旅游是

① 新华社．习近平总书记“如约”到延边[EB/OL]．(2015-07-17) [2023-08-28]．http://jhsjk.people.cn/article/27317641．

传播文明、交流文化、增进友谊的桥梁”，“旅游是增强人们亲近感的最好方式”。2017 年 5 月，习近平总书记在“一带一路”国际合作高峰论坛开幕式上演讲时强调：“国之交在于民相亲，民相亲在于心相通。”习近平总书记在多次出访和会见外国领导人时，都将旅游交流视为重要议题，亲自见证我国与相关国家和地区签署旅游合作协议，推动世界各国简化我国游客的签证手续，并保障我国游客的安全和合法权益。在习近平总书记的引领下，我国旅游外交在近年来蓬勃发展。近些年已经成功举办中俄、中韩、中印、中美、中国—中东欧、中墨、中瑞、中澳、中丹、中哈、中国—东盟等旅游年。2022 年 11 月，习近平总书记在巴厘岛会见意大利总理梅洛尼时指出，近年来中意两国互办文化和旅游年，并在中国成功举办了“意大利之源——古罗马文明展”，这些都是两国友好交往的有力证明。[①]2022 年 12 月，在利雅得的阿卜杜勒阿齐兹国王国际会议中心举行的首届中国—阿拉伯国家峰会上，习近平总书记提出了中阿务实合作的“八大共同行动”，其中包括推动 500 家中阿文化和旅游企业展开合作，以及为阿拉伯国家培养 1000 名文化和旅游人才。[②] 2023 年 3 月，习近平总书记会见来华进行正式访问的西班牙首相桑切斯时强调，中国和西班牙作为世界上有着重要影响的文明古国和文化大国，应该搞好中西文化和旅游年活动，推进全球文明对话交流，并在联合国、二十国集团等多边框架内保持密切沟通，为解决全人类面临的共同挑战作出积极贡献。[③]我国和世界旅游组织、亚太旅游协会等国际性旅游组织的交往日益密切，由我国发起成立的世界旅游城市联合会等旅游组织正在形成广泛的国际影响，我国还不断加强与“一带一路”倡议合作伙伴的旅游合作。随着我国入出境旅游的持续发展和国际旅游合作的不断深化，旅游行业将在新的国家开放格局中更积极地服务国家整体外交，努力探索旅游对外开放的新路径。

习近平总书记关于文化和旅游工作的重要论述深刻阐述了“为什么发展旅游”“依靠什么发展旅游”和当前发展旅游业的若干重点任务等旅游发展核心问

① 新华社．习近平会见意大利总理梅洛尼[EB/OL]．(2022—11—17) [2023—08—29]．http://jhsjk.people.cn/article/32568059.

② 新华社．习近平在首届中国—阿拉伯国家峰会上提出中阿务实合作“八大共同行动”[EB/OL]．(2022—12—10) [2023—08—29].http://jhsjk.people.cn/article/32584520.

③ 新华社．习近平会见西班牙首相桑切斯[EB/OL]．(2023—04—01) [2023—08—29]．http://jhsjk.people.cn/article/32655694.

题，是站在经济社会发展全局高度对文化和旅游发展工作做出的指导，具有丰富的思想内涵和巨大的理论价值。无论是对旅游业性质、定位和功能的论述，还是旅游发展要和资源环境保护相结合、注重品质提升、重视规划作用、坚持创新与继承相统一等观点，都体现了习近平总书记对旅游发展客观规律的深刻把握，对于我国旅游业持续健康发展和当前的改革创新具有非常重要的指导意义。习近平总书记关于文化和旅游工作的重要论述具有鲜明的中国特色，但同时又深刻反映了旅游发展的客观规律，是站在人类文明的高度和建设人类命运共同体的宏伟框架下提出的重要论述，对世界旅游业发展也具有指导意义。

第三节　产业结构理论

产业结构理论是指研究不同产业的相互关系和相互作用，以及产业结构在经济发展中的重要性和优化方向的理论体系。其来历可以追溯到英国古典经济学家亚当·斯密（Adam Smith）的《国富论》。在《国富论》中，亚当·斯密提出了“分工”和“比较优势”两个重要概念，认为这两个因素是导致国家财富增长的主要原因之一。他认为，分工可以提高生产效率，提高产品质量，从而促进经济发展；同时，在不同国家或地区之间存在着“比较优势”，即某些特定产业的成本和效益相对更具优势，因此应该专注于这些产业，从而实现各自收益的最大化。

随着经济全球化的加速和国际贸易的深入发展，产业结构理论也得到了进一步的发展和完善。例如，以美国经济学家保罗·克鲁格曼（Paul Krugman）[①]为代表的经济学家在20世纪80年代提出了“新贸易理论”，强调国际分工和贸易的重要性，认为在全球范围内，各国应该专注于自己相对优势的产业，以实现收益最大化。产业结构理论的发展，不仅为国家和地区的经济发展提供了重要的理论支持，也在企业的战略规划、市场分析等方面具有重要的参考价值。其主要内容包括以下几个方面。

① 2008年10月13日，由于其在“贸易模式上所做的分析工作和对经济活动的定位”方面取得的卓越贡献，被瑞典皇家科学院诺贝尔奖委员会授予2008年度诺贝尔经济学奖。

一、产业结构与经济增长的关系

产业结构是指一个国家或地区经济中不同产业的分布情况和比重，是经济增长的基础，对于经济发展具有非常重要的意义。在一个健康且适当的产业结构下，各个产业之间相互协调发展，将会带来更高效率的资源配置、更高质量的生产和更多的就业机会。理论上，产业结构的优化与调整可以实现经济增长方式的转换。例如，在传统的农业经济时代，农业产业的支配地位导致人民的生活水平较低。而新的工业化阶段为促进经济增长和人民生活水平的提高提供了更多的机会。当然，在过渡阶段和转型期间，需要付出巨大的努力和投资，以确保从旧模式向新模式的平稳过渡。在现代经济中，服务业和制造业是两个最重要的产业部门。其中，服务业已成为许多发达国家的主导产业。服务业的发展能够刺激消费需求、创造就业机会和促进国际贸易。另一方面，制造业也是经济发展中不可或缺的一部分，制造业在很大程度上推动了国家工业化和现代化的进程。

产业结构理论研究了不同产业之间的相互依存关系、它们在经济增长中所扮演的角色和作用。在实践中，政府对于产业结构的调整和优化具有重要的责任和作用。政府可以通过财政和税收政策等方式来支持某些产业的发展，或者限制某些产业的增长。此外，政府还可以通过建立特定产业领域的规则和标准，来促进某些产业的发展或者提供更好的保护。产业结构是一个国家或地区经济增长的基础，产业间的协调发展对于经济的发展至关重要。政府在进行产业结构调整和优化时，需要注意平衡各个利益相关者的利益，以确保经济增长的可持续性和稳定性。

二、产业结构优化的方向和途径

产业结构优化是提高经济效益和竞争力的重要手段，其核心是通过升级调整产业结构，实现从低端向高端转型升级。在当前国际环境下，对中国经济发展提出了更高标准和更严格的要求，因此加快推进产业结构优化成为一项紧迫任务。产业结构理论研究了产业结构优化的方向和途径，以及如何加快发展新兴产业、推进传统产业升级等。新兴产业的发展是产业结构优化的重点之一。随着科技的日益更新换代，新兴产业不断涌现，成为经济发展的主要动力之一。政府应加强对新兴产业的支持和管理，在政策、资金、资源等方面进行创新性的配合，积极引导企业投入新兴产业中去。同时，需要采取措施保护新兴产业，避免出现恶性竞争和过度依赖外部市场的情况。传统产业升级也是产业结构优化的重要方向之一。随着技术的日益普及，许多传统产业的生产方式和技术水平已经无法满足市场需求，需要进行升级改造。政府应加大对传统产业转型升级的支持力度，鼓励企业采取现代化生产方式和技术创新手段，提高产品和服务的质量和附加值。除此之外，政府还应采取其他措施推进产业结构优化。例如，制定更为开放的投资政策，吸引外资进入新兴产业；发展特色产业，打造区域性品牌，增强地方竞争力；鼓励并引导民间资本参与产业投资等。这些措施有利于营造一个良好的投资环境，促进各种产业之间的合作和协调，推动整个经济系统向着更高效、更具活力的方向发展。

需要指出的是，产业结构优化仍然面临着一些挑战和难题。例如，一些企业存在规模小、资金短缺、管理不善等问题，需要寻找针对性的解决方案；传统产业升级需要耗费大量的人力、物力和财力，需要探索更科学、有效的资金支持和技术转移机制。在实现产业结构优化的过程中，需要政府、企业和市场各方积极参与，形成合力。产业结构优化是提高经济效益和竞争力的重要手段，它不仅可以推动经济发展，也能够创造更多的就业机会和社会财富。为此，政府应该加强对产业结构优化这个命题的思考和实践，不断探索新的途径和方法，为中国经济发展注入新的活力和动力。

三、产业结构变迁的原因和机制

产业结构变迁是一个复杂的过程，往往受多种因素的影响。产业结构理论研究了产业结构变迁的原因和机制，包括技术进步、市场需求变化、国际竞争等因素的作用。技术进步是推动产业结构变迁的重要因素之一。随着科技的不断进步，新技术的出现和应用会对传统产业产生深刻的影响。例如，互联网、人工智能、物联网等新兴技术的发展，极大地改变了传统行业的生产和经营方式，推动了新产业和新业态的诞生。市场需求变化也是产业结构变迁的重要因素。随着社会经济的快速发展，人们对产品和服务需求的品质、品类、价格等方面提出了更高的要求。为满足这些要求，企业需要不断调整产品和服务的结构，并加大研发投入，以推动产业向更高端升级。国际竞争也是推动产业结构变迁的重要因素。在全球化背景下，各个国家和地区之间的产业竞争越来越激烈。在国际竞争中，先进的技术和管理经验、更高效的生产方式和优势资源等因素能够使某些产业获得更大的市场份额和竞争优势。

产业结构变迁是一个复杂的过程，具有多种原因和机制。产业结构理论为我们提供了更深层次的认识和分析方法。只有深入理解和把握这些原因和机制，才能更好地推动产业结构的变迁，促进经济的发展。同时，政府也应该采取积极的政策措施，引导和支持企业进行产业结构调整和升级，提高产业的综合竞争力。

四、产业集聚

产业集聚是指在某一地区内，一些相互关联且具有相似产业特征的企业和机构，通过密切的协作和互动实现集约化、专业化和规模化发展，形成相互联系、相互支撑的产业集群。这些企业同处于一条产业链上，呈现出纵向分工和横向拓展的格局。虽然它们之间存在相互合作的关系，但也存在一定的竞争。通过“溢出效应”，聚集在特定区域的企业或机构可以共享资源、资金、技术、人才、信息和政策等产业要素，实现资源的优化配置和促进生产效率的提高，从而提高产业集聚的竞争优势，促进产业升级和技术创新。产业集聚中的企业和机构可以通过交流和合作，不断推动技术创新和产品升级。同时，企业和机构可以共享市场信息和顾客需求，从而更好地适应市场变化，开发出更符合市场需求的产品和服务。产业集聚能够提高品牌知名度和市场竞争力。随着产业集聚的发展，企业和机构之间可以形成紧密的联盟，共同推广品牌知名度和市场影响力。这种联盟式的合作能够吸引更多的顾客和投资，提高产品和服务的市场占有率和竞争力，促进经济发展和产业升级。

当前，我国的乡村旅游、休闲农业、民间手工业、特色小镇、田园综合体等多种乡村文旅产业业态都呈现出产业集聚的趋势。政府和企业在建立产业园区时，应深入研究产业集聚理论，并积极吸收和借鉴相关有价值的理论成果和实践经验。此外，还需深入了解乡村文旅产业集聚的生命周期，及时预防可能出现的问题，以实现其可持续发展。

五、地区经济的产业结构调整

不同地区之间的产业结构差异较大，需要根据自身资源禀赋和优势产业进行产业结构调整。产业结构理论研究了如何在地区经济中实施产业结构调整，以及怎样促进不同地区之间的协同发展。实施产业结构调整需要政府引导和支持。政府应该制定相关产业政策，鼓励企业加大投入研发和技术创新，在培育新兴产业的同时，逐步淘汰落后产业。政府还可以通过财政、税收等措施为企业提供资金支持和减免税费，从而吸引更多的企业参与到产业结构调整中来。产业结构调整需要不同地区之间的协同发展。政府应该积极探索跨地区合作机制，制定产业协同发展计划，鼓励企业之间开展产业链合作和产业集群建设。这种协同发展能够最大限度地利用各地的资源禀赋和优势产业，实现资源共享和优化配置，推动产业向高端转型升级。产业结构调整需要注意不同地区之间的差异性，因地制宜地实施产业结构调整。政府应该充分考虑各地的资源禀赋、经济发展水平和市场需求等因素，制定具体的产业发展计划和政策措施。在实践中，政府还可以采取一些特殊手段，如发挥行业协会、企业联合等作用，促进不同地区之间的交流和合作。产业结构调整是推动经济发展和提高竞争力的重要手段。政府应该积极引导和支持产业结构调整，通过协同发展和因地制宜的实践，实现优势互补和资源共享，推动各个地区经济的协同发展和全面提升。

产业结构理论是一个涵盖面很广的理论体系，它不仅强调了产业结构和经济增长之间的关系，也探讨了从低端向高端转型升级的优化路径和途径，为促进产业结构升级和经济发展提供了理论支持。产业结构理论对乡村文旅产业发展具有重要的指导作用。首先，产业结构理论提出了经济增长的新动力是来自创新和新兴产业，这启示我们应该注重发掘乡村地区的创新资源，鼓励乡村地区开发新兴产业。文旅产业作为一种新兴产业，拥有广阔的发展空间，可以带动乡村地区的经济发展。其次，产业结构理论强调了产业集群对于经济发展的重要性。乡村文旅产业也不例外，建立起文旅产业集群，可以实现资源优化配置和互补，促进文旅产品和服务的升级和创新，从而更好地满足市场需求，提升乡村经济整体竞争力。再次，产业结构理论认为政府需要制定相关产业政策，推动产业升级。对于乡村文旅产业，政府应该加强对文旅企业和项目的引导和支持，鼓励投资方和企业进行技术创新和人才培养，推动乡村文旅产业向高端化、品牌化和智能化方向发展。最后，产业结构理论提出了因地制宜的产业发展策略。乡村地区的资源禀赋和市场需求与城市地区存在较大差异，需要根据乡村地区实际情况，有针对性发展文旅产业。政府应该根据不同地区的特点和需求，制定相应的发展计划和政策措施，推动乡村文旅产业健康有序发展。

第四节　区域规划理论

区域规划思想最早可以追溯到1898年，当时美国有学者提出了“城市绿带”的概念，倡导将城市周围的自然环境保护起来，作为城市的公共开放空间，以改善城市居民的生活质量。此后，随着城市规模的不断扩大，各种城市问题愈加突出，需要更为系统和科学的规划方法来应对。区域规划理论起源于20世纪初，当时城市化进程加速，城市面临着日益增长的人口、土地和资源压力。研究者开始关注如何通过规划来解决城市发展中的问题，从而形成了区域规划理论。随着“二战”后城市化进程的加快和城市问题的日益突出，区域规划理论逐渐得到了广泛应用和深入发展。在这一过程中，各国学者提出了不同的理论框架和方法体系，主要包括欧洲大陆的区域科学理论（regional science）、美国的区域经济学（regional economics）和区域规划（regional planning）等。

一、欧洲大陆的区域科学理论

欧洲大陆的区域科学理论起源于“二战”后的经济重建，形成于20世纪50年代。该理论注重分析各种社会、经济和政治因素对城市与区域发展的影响，强调实用性和多学科交叉，不断以实践为基础进行发展。该理论在区域发展、城市体系、创新理论、功能区划、可持续发展等方面均做出了一定的贡献。

（一）区域发展

主张区域发展应该基于其内在的发展潜力，需要利用现有的资源、技术和人力促进经济和社会发展，起到了区域发展战略和规划的基础指导作用，为战后欧洲国家的经济和社会发展提供了强有力的支撑。

（二）城市体系

从城市的相互作用和联结的角度出发，研究城市在不同层次之间的变化和发展规律。主张将城市相互独立的单元看作一个整体，并在此基础上进行城市规划，促进城市体系的整体繁荣发展。

（三）创新理论

指出创新是经济增长的关键所在，而大规模生产不断推动着创新的变革。该理论在欧洲大陆得到了广泛应用，推动了企业的技术创新，促进了经济的发展。

（四）功能区划

基于不同区域内资源、环境和居民等差异，对不同区域划分特定的功能类型。这种理论可以帮助规划者更好地理解社会和经济的发展差异，设计出更科学、合理的城市与区域规划方案。

（五）可持续发展

主张在满足当前世代需求的同时，顾及未来世代的需要，也就是说要在经济、社会和环境发展中实现平衡和协调。本质上是一种新的价值观，需要在规划实践中进行范式变更和方法创新。

区域科学理论为城市规划和区域规划的实践提供了重要的指导和方法，推动了欧洲城市和区域的发展和繁荣。

二、美国的区域经济学理论

美国的区域经济学理论起源于 20 世纪 50 年代提出的区域分析和城市发展理论，这些理论成果为区域经济学理论的建立和发展奠定了基础。20 世纪 50 年代，美国学者提出了“空间结构”“地方政治”与“城市形成”等概念。其中，有学者引入了“空间结构”概念并提出了“大小景观”理论，他们认为城市是由多个规模不同的“景观”组成的，每个景观在城市的结构和功能方面发挥不同的作用。这一理论被广泛运用于美国城市和区域规划实践中，直接促成了城市规划和区域规划建设的发展。美国的区域经济学理论主要研究经济和社会现象与地理区域之间的关系，旨在分析和解决区域经济问题，并促进区域的发展和创新。

（一）国内生产总值模型

国内生产总值模型是区域经济学的重要理论基础，主要包括横向／纵向三要素生产函数模型、投入产出分析模型和多区域模型等。这些模型基于区域内生产和消费的结构模型，可以实现区域经济增长的预测和分析。

（二）人力资本模型

人力资本模型是以人力资本为研究对象，以人力资本的积累对区域经济增长的影响为核心，探讨人力资本在促进区域经济发展和实现国家经济增长中的作用，包括教育、技能和经验等方面的影响与评估。

（三）区域经济政策

区域经济政策是应用区域经济学理论和方法，以促进地方发展和全国的经济增长为目的，旨在解决区域经济增长的不平衡和不协调现象。包括政策干预、投资优惠和企业搬迁等政策。

（四）创新理论

创新理论为区域经济提供了新的思路和方法，关注创新和技术革新对于区域经济增长的影响，以促进创新创业、推动高科技产业发展，以及引导下一代技术创新方案的实施。

（五）区域经济增长模型

区域经济增长模型旨在分析和预测区域内生产率和就业率增长的趋势，包括哈罗德－多马投资模型、出口基地模型、要素输出模型。通过不断调整该区域的资源结构、经济结构、市场机制，以实现区域经济增长。

美国的区域经济学理论研究从宏观和微观两个角度出发，分析和解决了区域经济发展的问题，如资源稀缺、环境污染、就业不足、经济萎缩等。同时，区域经济学理论也为美国的城市规划和区域开发提供了指导方法，被广泛应用于实践。

三、美国的区域规划理论

美国的区域规划理论可以追溯到20世纪20年代，主要是在解决当时美国快速城市化、社区和资源等问题的背景下逐渐发展起来的。1928年，美国政治学家沃尔特·利普曼（Walter Lippmann）提出了“城市与环境”概念，并宣传把规划赋予道德目的，以服务于社会和经济等方面的需求。1953年，城市规划师凯文·林奇（Kevin Lynch）提出了“认知图式”理论和“城市形态”概念，解释城市规划与公共决策中的韦伯理论，并开发了新颖地理信息系统，提出了城市形式的新解决方案。美国的区域规划理论主要以城市和区域空间的规划和管理为重点，旨在创造更具可持续性的社会和经济环境，在均衡发展城市与区域的同时，推进经济繁荣和社会进步。

（一）城市系统理论

城市系统理论是研究城市和城市组成部分相互关系的理论。它的核心思想是将一个城市看作整个系统的一个部分并揭示城市与其他城市、区域之间的相互关系。

（二）区域分析

区域分析是指对于某一个较大空间范围内的区域进行研究，在某一时间点上，该区域在经济、社会和自然等方面的现状和特点。通过这样的分析可以更好地了解社会现象的差异和问题，更好地设计区域规划策略。

（三）社区发展理论

社区发展理论主张通过公共协作、自我组织以及多种社会资源的协调机制来加强社区合作建设，并促进经济和社会的可持续发展。这一理论被广泛运用于家庭和社区发展中。

（四）公共参与

公共参与是指在制定规划、政策、项目和决策过程中，公民和他们的代表机构可以就涉及其日常生活的事项进行交流的机制和网络。这一理论非常重要，它通过公众参与来理解社区的期望和要求，考虑住宅、交通和公共设施的需求。

（五）可持续发展

可持续发展是指通过有效利用资源、保护环境、符合经济规律和社会要求等措施来促进经济社会的可持续发展。这一理论已经成为现代城市规划和区域规划的重要指导方针。

美国的区域规划理论包含多个方向和学科，主要包括城市与区域关系、社会学、政治学、环境科学、规划学以及创新发展等领域，在理论和实践中不断地发掘和创新，为促进城市和区域发展提供了现实指引和方法指导。

我国的乡村文旅产业发展需要充分考虑乡村的资源禀赋和区域特色，制定适合乡村的发展策略和规划，同时需要考虑乡村与城市之间的协同发展和互补性。

第五节 可持续发展理论

可持续发展理论的出现是源于世界各国对自然环境保护问题进行深入研究后提出的。可持续发展是既要照顾当代人的诉求，又不损害子孙后代诉求及需要的发展。可持续发展理论的形成经历了相当长的历史研究过程，该理论的核心是人类社会的永续发展，本质在于人与自然关系的处理问题。1972 年，在斯德哥尔摩举行的第一次人类环境会议通过的《人类环境宣言》要求人类及时采取措施保护环境，既要保护当代人的生存环境，也要满足子孙后代的自然发展需求。这种可持续发展思想要求将自然环境保护与经济社会协调发展。1992 年，在里约热内卢召开的联合国环境与发展大会上第一次提出了可持续发展行动纲领，大会呼吁全世界采取与生态环境发展相协调的经济社会发展战略，把可持续发展问题由之前的理论进一步深化为了具体的行动方案。1995 年，联合国教科文组织与世界旅游组织共同发布了《可持续旅游发展宪章》《可持续旅游发展行动计划》，明确指出乡村旅游发展要注重经济、社会和生态等方面的和谐共生发展。2002 年，联合国在约翰内斯堡召开的可持续发展大会上确定发展仍然是人类共同的主题。可持续发展与环境、经济和社会密不可分，要以可持续的良好生态环境和经济可持续性增长来推动社会全面发展。

我国是从 1992 年联合国环境与发展大会提出可持续发展行动纲领之后开始

推行可持续发展思想战略的，当时国务院随即批准发布了中国环境与发展的十大对策，其中第一条对策就是实行可持续发展战略。1994 年，国务院发布了《中国 21 世纪议程》，从中国具体实际出发制定了可持续发展战略构想，主要内容包括：可持续发展总体战略；经济、社会与人口可持续发展；资源和环境保护与可持续利用。1995 年，党的十四届五中全会提出必须把实施可持续发展战略作为一项重大战略。1996 年，《中华人民共和国国民经济和社会发展“九五”计划和 2010 年远景目标纲要》中把可持续发展列为国家战略。2001 年，在《全国生态环境保护纲要》中也是将全面推进可持续发展战略置于重要地位。2002 年，党的十六大报告把“可持续发展能力不断增强，生态环境得到改善，资源利用效率显著提高，促进人与自然的和谐，推动整个社会走向生产发展、生活富裕、生态良好的文明发展道路”作为全面建设小康社会的基本目标之一。党的十八大报告更是提出了要努力建设美丽中国，实现中华民族永续发展。党的十九大报告提出了加快生态文明体制改革，大力推进可持续发展战略。党的十九届四中全会又提出了坚持和完善生态文明制度体系。党的二十大报告指出，中国式现代化是人与自然和谐共生的现代化，我们要坚持可持续发展。由此可见，可持续发展思想正是在党和国家持续推进环境保护与生态文明建设的过程中不断得以深化。

可持续发展理论蕴含着三大原则，包括公平性发展原则、整体性发展原则和可持续性发展原则。公平性发展原则是可持续发展遵循人与自然、自然与社会的公平原则，促进代内公平和代际公平共同发展，注重资源分配的公正性。整体性发展原则是可持续发展从经济、环境与社会方面来共同协调平衡发展，实现人类共同利益的诉求。可持续性发展原则是核心原则，从自然环境保护、资源回收利用和生态补偿系统方面都要保证生态发展的可持续性。可持续性发展原则主要由经济要素、社会要素和生态要素三部分构成。经济要素主要考虑经济效益，将粗放式经济发展转变为集约式经济发展，通过利用科技手段，实现经济效益与污染防治的协调兼顾。社会要素是指在满足经济发展的前提下，考虑能否满足人类社会自身的需求，包括人口数量、质量和结构方面，如何做到合理控制人口数量、如何做到大幅提高人口质量和如何进一步优化人口结构，都是人类社会可持续发展的基本任务。人口问题实际上就是发展问题，像人民群众日常的吃、住、行等都与人口数量、质量和结构的改善息息相关。生态要素是将作为生产原材料的各类能源资源优化利用，尽量减少废弃物的排放与剩余，努力做到最大限度保护生态环境。当开发旅游资源和挖掘旅游潜在价值时，只有协调发展上述三要素，才能在发展经济的同时保护生态环境，从而持续满足人类社会自身的需要。

在对乡村旅游地进行规划开发时首先需要考虑生态要素，在充分挖掘旅游资源时，还要将周边的生态资源和旅游资源相结合，将生态环境的可承载能力考虑在内。当今，很多旅游资源属于不可再生资源，所以在对乡村旅游地进行开发时，需要以可持续发展理论为指导，综合考虑经济、社会、生态三个层面的指标，科学规划，合理制定监督评估机制，[①] 实现乡村文旅产业可持续发展，让自然、生态及人文环境可以被子孙后代永续利用。

① 刘佳雪．文旅融合背景下的乡村旅游规划与乡村振兴发展[M]．长春：吉林大学出版社，2022：72．

第三章　乡村振兴与乡村文旅产业发展的关系

发展乡村文旅产业是乡村经济转型、繁荣乡村文化、优化乡村环境、吸引人才回流、提升人民群众幸福感的重要途径，符合乡村振兴战略对新时代“三农”工作的总要求。乡村振兴战略也为发展乡村文旅产业提供了政策支持，指明了发展方向。乡村振兴与乡村文旅产业深度耦合，相互促进。

第一节　乡村振兴战略概述

党的十八大以来，以习近平同志为核心的党中央坚持把解决好“三农”问题作为全党工作重中之重，持续加大强农惠农富农政策力度，扎实推进农业现代化和新农村建设，全面深化农村改革，农业农村发展取得了历史性成就，为党和国家事业全面开创新局面提供了有力支撑。农业农村发展取得的重大成就和“三农”工作积累的丰富经验，为实施乡村振兴战略奠定了良好基础。习近平总书记在党的十九大报告上正式提出实施乡村振兴战略，开启了国家战略层面推动乡村振兴的新航程。

一、乡村振兴战略提出历程

20 世纪 80 年代末期，随着改革开放的持续推进，我国城乡经济差距逐渐拉大，农业产业结构落后，农民收入水平较低，农村人口空心化严重，乡村发展面临着严峻的挑战。因此，1999 年中央一号文件（《全国农村工作会议纪要》）上首次提出了“三农”问题，即农业、农村和农民问题，开始重视农业和农村经济的发展。

2013 年 11 月，党的十八届三中全会通过《中共中央关于全面深化改革若干重大问题的决定》，提出健全城乡发展一体化机制。

2017 年 10 月，党的十九大报告将实施乡村振兴战略，列为决胜全面建成小康社会、全面建设社会主义现代化强国进程中要推进的七大国家战略之一，具有划时代的里程碑意义，

2017 年 12 月，中央农村工作会议首次提出走中国特色社会主义乡村振兴道路，让农业成为有奔头的产业，让农民成为有吸引力的职业，让农村成为安居乐业的美丽家园。

2018 年 1 月，《中共中央 国务院关于实施乡村振兴战略的意见》中对实施乡村振兴战略进行了全面部署，明确了乡村振兴战略的目标任务。该文件是新时代推动“三农”工作的总抓手，是新时代党和国家对乡村振兴战略的重大总体部署，是实施乡村振兴战略的纲领性文件。

2018 年 3 月，习近平总书记提出“五个振兴”的科学论断，即乡村产业振兴、乡村人才振兴、乡村文化振兴、乡村生态振兴、乡村组织振兴。这是习近平总书记对实施乡村振兴战略目标和路径的明确指示，必将极大推进乡村振兴工作。

2018 年 9 月，党中央、国务院印发《乡村振兴战略规划（2018—2022 年）》，明确到 2020 年全面建成小康社会时和 2022 年召开党的二十大时的目标任务，细化实化工作重点和政策措施，部署重大工程、重大计划、重大行动，确保乡村振兴战略落实落地。

二、实施乡村振兴战略的重大意义

（一）有利于解决我国社会的主要矛盾

改革开放四十余年来，我国经济社会快速发展，人们的生活质量明显提高，当前我国社会主要矛盾已经转化为人民日益增长的美好生活需要和不平衡不充分的发展之间的矛盾。而城乡发展的不平衡是当前我国社会最大的发展不平衡，农村发展的不充分是最大的发展不充分。[①] 加快农业农村发展，缩小城乡差距，是乡村振兴的应有之义和目的所在，也是解决我国社会主要矛盾的关键。2015 年 7

① 张锦．乡村振兴战略背景下的乡村旅游规划设计 [M]. 太原：山西经济出版社，2021：9.

月，习近平总书记在吉林调研时指出，任何时候都不能忽视农业、忘记农民、淡漠农村，[①]要健全城乡发展一体化体制机制，加快建设现代农业，走出一条集约高效安全持续的现代农业发展道路。[②]我国是一个有着960万平方公里陆地面积、14亿多人口的大国，不论城镇化如何发展，从事农业生产的农村人口仍会占很大比重。当前我国经济比较发达的城市，城市基础设施建设相比比较完善，但是我国很多乡村地区与城市相比差距较大。因此，要协调推进农村经济、政治、文化、社会、生态文明建设，贯彻落实乡村振兴战略，逐步缩小城乡差距，满足农民群众对美好生活的向往。

（二）实现社会主义现代化强国奋斗目标的必然要求

党的十五大报告首次提出“两个一百年”奋斗目标：到建党一百年时，使国民经济更加发展，各项制度更加完善；到本世纪中叶建国一百年时，基本实现现代化，建成富强民主文明的社会主义现代化国家。此后，党的十六大、党的十七大均对“两个一百年”奋斗目标做了强调和安排。2012年，党的十八大描绘了全面建成小康社会、加快推进社会主义现代化的宏伟蓝图，向全国人民发出了向实现“两个一百年”奋斗目标进军的时代号召。“两个一百年”自此成为一个固定关键词，成为全国各族人民共同的奋斗目标。2017年，党的十九大报告清晰擘画全面建成社会主义现代化强国的时间表、路线图。在2020年全面建成小康社会、实现第一个百年奋斗目标的基础上，在2035年基本实现社会主义现代化；从2035年到本世纪中叶，在基本实现现代化的基础上，把我国建成富强民主文明和谐美丽的社会主义现代化强国。现在，我们已经实现了第一个百年奋斗目标，正在向第二个百年奋斗目标阔步前进。

农村是全国经济发展的重要组成部分，乡村振兴战略的实施能够在农村掀起一股榜样效应，激发农村居民的创业精神和创新意识，挖掘乡村地区的潜力，积极参与现代化进程。乡村振兴战略的实施，将助推乡村产业结构的升级、中小企业发展和城市化发展的去中心化，大力发展现代化农业、电子商务、乡村旅游等

---

① 人民网．人民日报：任何时候都不能忽视农业忘记农民淡漠农村[R/OL].(2015-08-13)[2023-08-29].http://opinion.people.com.cn/n/2015/0813/c1003-27455765.html.

② 人民网．让农村成为安居乐业的美丽家园[R/OL].(2016-01-28)[2023-08-29].http://theory.people.com.cn/GB/n1/2016/0128/c40531-28091027.html.

新兴行业，从传统农业生产向现代化、智慧化转型，加速要素经济向实物经济的转换。发展农业生产也能带动工业和服务业的发展，加速城乡一体化进程，实现城乡间优质资源的有序流动和再分配，打破传统城乡“二元结构”和贫富不均的困境。乡村振兴战略的实施也能够加快农村基础设施建设，建设美丽乡村，实现美丽中国的愿景，吸引更多人返乡创业，改变传统农村印象，推动农村文化、科技、教育等各方面的发展，使乡村地区变得更加具有活力和吸引力。

乡村振兴战略的实施是实现社会主义现代化强国奋斗目标的必然要求，是农业现代化、创新化、绿色化、产业化和人文化有机统一的新路径。

（三）实现全体人民共同富裕的必然选择

乡村兴则国家兴，乡村衰则国家衰。乡村振兴是实现全体人民共同富裕的必经之路。我国农业人口占总人口的比例虽然逐渐下降，但仍然占到了相当大的比重。当前，我国城乡发展差距仍然较大，许多乡村地区存在产业单一、技术含量低、产品质量差等现象，基础设施水平相对较低，农村公共服务供给还不够完善。通过乡村振兴，可以加强农村基础设施建设，改善乡村交通、水利等基础设施，提高农村公共服务供给水平，为农民创造更好的生产生活条件，从而推动整个农村经济的快速发展。

实现乡村振兴可以促进农业现代化、农村产业升级、城乡融合发展。推进乡村振兴不仅有助于解决城乡收入差距过大问题，还能够加速我国农业现代化进程，提高农产品的质量和品牌效应，宣传乡村旅游资源，拓展农村经济领域，为乡村注入新的活力。同时，乡村振兴还能促进城乡融合发展，打破城乡二元结构，缩小城乡差距，推动区域发展的均衡与协调，使得城市居民和农村居民都能共享国家发展的成果，实现全体人民共同富裕。

三、乡村振兴战略目标任务

党的十九大报告提出实施乡村振兴战略，并把这个战略写入党章，为农业农村改革发展指明了方向。2018 年发布的中央一号文件《中共中央　国务院关于实施乡村振兴战略的意见》明确提出，按照党的十九大报告提出的决胜全面建成小康社会、分两个阶段实现第二个百年奋斗目标的战略安排，实施乡村振兴战略的目标任务是：到 2020 年，乡村振兴取得重要进展，制度框架和政策体系基本形成；到 2035 年，乡村振兴取得决定性进展，农业农村现代化基本实现；到 2050 年，乡村全面振兴，农业强、农村美、农民富全面实现。

在实现乡村振兴战略目标任务的过程中，有许多的挑战需要我们面对。例如，乡村人口老龄化、产业转型难度大、土地资源不足、环境治理难度大以及资金、技术和人才资源短缺等。为了应对这些挑战，我们需要采取科学合理的措施。首先，需要加强乡村基础设施建设。一些地区的道路破损严重、水利及供电设施老化，因此需要整体规划并增加投资。其次，需要重视传统文化的继承和发扬，传承美丽乡村的美好风貌。通过弘扬中华优秀传统文化，鼓励民间文化交流，强化乡村文化的浸透力，提升乡村魅力，让乡村成为旅游胜地和生活乐园，吸引更多的人到农村发展、生活。此外，需要大力推进农业创新，引导农民从种植业向现代农业转型发展，通过科技创新和现代理念，提高农业生产的质量和效益，加速实现资源优化和产业结构升级。加强农业科技研发，培育新型农业经营主体和产业链，加强农产品品牌和市场开发，以改善农民的生活和财务状况。在乡村环境治理方面，我们应该重视农业生产的环保问题，加强农业工业化、规模化生产，推进绿色、低碳、可持续发展模式，开展农业环保宣传教育和技术推广工作，提高农业污染防治能力。最后，需要通过制定相关政策，建立完善的乡村振兴制度体系和政策支持体系，为乡村振兴提供强有力的支撑。因此，政府应当在小城镇和乡村地区制定差异化的产业政策，引领产业链和科技链的上下游产业协同发展。同时，政府应充分发挥金融的作用，通过引入现代金融工具和创新的保险、信贷等金融产品，为乡村振兴提供金融支持。

在实施乡村振兴战略的过程中，我们需要坚持多种方法相结合的原则，不断改革创新，走出一条适合当地发展的路子来，推动乡村全面振兴，让香村成为人民幸福生活的美好家园。

四、乡村振兴战略总要求

党的十九大报告提出了乡村振兴战略的总要求：要坚持农业农村优先发展，按照产业兴旺、生态宜居、乡风文明、治理有效、生活富裕的总要求，建立健全城乡融合发展体制机制和政策体系，加快推进农业农村现代化。

（一）产业兴旺

产业兴旺是任何一个国家经济发展的基础，乡村产业多样化可以降低发展的风险。文旅产业已经成为不少乡村地区的主导产业，但是仍然需要发展现代化的农业、林业、畜牧业、渔业、农产品加工制造业、服务业等其他产业，融入科技、管理、制度等诸多要素，形成紧密的产业链，提升乡村的经济韧性与活力，给农民带来更多的就业机会和收入增长的机会。

（二）生态宜居

习近平总书记指出："建设好生态宜居的美丽乡村，让广大农民在乡村振兴中有更多获得感、幸福感。"[①] 生态宜居是提高农村居民幸福感的重要条件，也是发展文旅产业的基础。乡村与城市相比，最大的优势在于自然生态环境。生态宜居是保障乡村发展质量的重要保证，涉及村容整洁、基础设施完善到生态系统保护等诸多方面，需要全社会共同关注，采取多项有效措施，以实现乡村人与自然和谐共生的目标。

（三）乡风文明

乡风文明是乡村社会的灵魂，引领着乡村形成文明、和谐、健康的生活方式。乡风文明程度也会极大地影响游客的旅游体验，从而影响到当地的形象，最终影响到当地文旅产业的可持续发展。在乡风文明建设中，需要提高村民的道德素质，加强社会主义核心价值观教育，杜绝欺客、拉客、宰客等不文明行为，也要杜绝假冒伪劣文旅产品和其他商品，营造文明、和谐的旅游环境。在乡风文明建设中，不能脱离现代社会的时代背景，我们可以借鉴其他国家和民族的乡村文明成果，创新乡风文明建设方式，让优秀传统文化与现代科技资源紧密结合起来，从而顺应时代的发展要求。乡风文明建设不是一朝一夕的事情，需要各级政府和广大农民群众的共同努力，只有在不断推进的过程中，才能取得实质性的进展，让乡村社会变得更加美好、文明、和谐。

（四）治理有效

在乡村振兴战略的实施过程中，乡村治理是一个关键问题。治理效果直接影

---

① 李根东．生态修复工程农村人居环境整治[M]．中国环境出版集团，2022．

响着乡村振兴战略的实施效果。现代化的科学治理能力关系到乡村文旅产业的可持续发展。在当前的乡村治理体制中，应该建立完善的党委领导、政府负责、社会协同、公众参与、法治保障的当代乡村社会治理体制，有效地推进乡村治理工作，为乡村振兴战略的实现提供有力的保障。要建立自治、法治、德治相结合的乡村治理体系，稳定乡村社会秩序，增强社会凝聚力，从而推动乡村全面振兴进程。

（五）生活富裕

让农民过上富裕的生活是实施乡村振兴战略的根本目标。要让农民生活富裕，就要确保他们的收入平稳较快增长，这就需要对农村的经济和社会发展进行综合性的布局和规划，尤其要注重发展农村的第二产业和第三产业，发展乡村文旅产业可以让村民唉旅游活动的吃、住、行、游、购、娱等方面获得增收机会。我国的乡村振兴之路还有很长的路要走，人民群众对美好生活的愿望也不会停止，因此需要全社会共同努力，不断改善农民的生活条件，实现共同富裕的目标。

五、乡村振兴战略具体路径

乡村振兴战略具体路径是乡村产业振兴、乡村人才振兴、乡村文化振兴、乡村生态振兴和乡村组织振兴。

（一）乡村产业振兴

为了促进乡村产业振兴和推动现代农业的发展，我们必须解决一系列难题，如谁来种地、谁来发展乡村产业等，并构建现代农业产业体系、生产体系、经营体系，提高国家粮食安全的保障水平。以农业供给侧结构性改革为主线，致力于转变农业的发展方向，从单纯的增加产量转向提高质量，进而增强国内农业的创新力和竞争力。这一举措有助于为建设现代化经济体系奠定稳固的基础，同时为农民提供更多的增收机会。

如何推动乡村产业振兴？为了解决这个问题，需要建立新型农业经营体系。当前，大多数乡村的产业主要由种植业和养殖业组成。随着养殖业规模化的发展，乡村产业的主要部分逐渐转向了种植业。然而，种植业仍然大多由小农户经营。

虽然小农户在我国农村长期存在，但要推动现代农业的发展，则必须将小农户与现代农业生产有机地结合起来。新型农业经营主体应该为小农户提供农机作业等社会化服务，解决劳动力不足、要素缺乏和利用效率较低等问题。最重要的是，让小农户分享现代农业发展的增值收益。这就要求加快健全紧密型的利益联结机制，让小农户通过土地流转、要素入股、劳动力就业、产销对接等形式参与新型农业经营主体发展乡村产业，多途径高保障持续增加广大农民收入。同时，围绕农村的第一、第二和第三产业的融合发展，促进农业内部的融合并延伸农业产业链，拓展农业的多种功能，发展乡村新产业和业态，促进乡村产业的发展，拓宽农民收入渠道。重点发展现代农业，加强农业生产能力的基础建设，实施重大的农业综合生产能力提升工程，以确保国家粮食安全和主要农产品的有效供给。加快农业转型升级，优化农业生产效率，调整农业结构，振兴特色优势产业，保证农产品的质量和安全，实施质量兴农重大工程，打造农业品牌，更好地应对农产品进口冲击和国际农产品市场剧烈波动的不利影响，满足农村居民食物消费升级的需求。

（二）乡村人才振兴

目前，我国农村劳动力人口向城市流动的趋势并没有改变，乡村人才普遍缺乏，许多留守老人和妇女等农业生产者面对生产力发展和市场竞争时能力不足。为了推动乡村振兴并增强农业农村内生发展能力，需要实行人才振兴策略，包括留住乡村优秀人才、吸引外出人才回乡以及吸引社会人才下乡。在此基础上，既要以财政项目为抓手自上向下推动，也要以人力资本开发为抓手增强乡村自我发展能力。此外，在实施乡村人才振兴战略时，要积极培育新型职业农民，加强农村专业人才队伍建设，并吸引更多社会人才投身乡村建设。

（三）乡村文化振兴

乡村是中华文明的基本载体，具有不可替代的重要作用，国人对乡村的依恋也根植于此。

为了促进乡村文化振兴，我们需要从优秀传统农耕文化中深入挖掘卓越的思想观念、人文精神和道德标准，并根据时代的要求，在保护和传承的基础上进行创造性变革和创新性发展。如果适当引入并融合现代城市文明，将有助于乡村建立在更为丰富的文化土壤之上，加强乡村的文化建设，更好地满足农民在精神、文化和生活方面的需要。

为了促进乡村文化振兴，我们需要建立和完善公共文化服务体系，并培育文明、良好的家风和淳朴的民风，让邻里互助、真诚守信、勤俭持家等文明之风吹遍农村。乡村文化振兴不仅能够为农村全面振兴提供动力，还能够将乡村的优秀文化与美丽环境结合起来，成为弥足珍贵的乡村旅游资源。

（四）乡村生态振兴

长期以来，我国很多地区仍在采用粗放型经济增长方式来发展农业，这不仅会对农产品的质量和安全带来潜在危害，还会导致农业面源污染。为了推动乡村生态振兴，我们需要加快农业转型升级，并减少农业化学品投入。同时，要实现农作物秸秆、畜禽粪污等资源的无害化利用以及农用薄膜的回收再利用，充分发挥农业在生态系统中的独特作用，让农业成为生态产品的主要供应者。

为了实现乡村生态振兴，需要以绿色发展为主导，严守保护生态环境的红线，推动农业和农村的绿色发展。同时，也需要加快整治农村人居环境，让良好的生态环境成为乡村振兴的支撑点，为农民群众建设安居乐业的美丽家园。

近年来，我国加快了农业绿色发展的步伐。在理念上，深入推广了“绿水青山就是金山银山”的思想。在政策上，取消了农业生产资料的综合补贴，并建立了耕地地力保护补贴政策；同时，还推进了新一轮的退耕还林还草还湿工程和加大了对环境友好的轮作休耕的补贴力度。在农业生产力布局上，更加注重了农林牧渔结合，有序发展了养殖业，使农业主产品和副产品形成了生态循环链，带来了经济生态多重效益。农业绿色发展不仅没有减少农民收入，反而增加了农民的收入，更好地满足了消费者对高质量农产品的需求，同时减少了农业面源污染并促进了农民生产、生活环境的改善。

为了促进乡村生态振兴，需要加强治理农村污水、垃圾等环境问题，改善人居环境，推动农村厕所革命，完善生活设施。针对乡村生态建设短板，全国已推行了农村人居环境整治行动，治理垃圾和污水，推进人居环境整治，让生态成为乡村最大的发展优势。

（五）乡村组织振兴

我国多年来一直实行基层群众自治制度，即由村民选举村委会、党员选举村党支部组成村两委来管理和服务村民事务以及带领农民致富。总的来说，这种制度在实现村民自治方面具有积极意义。然而，部分农村缺乏年轻党员，并且一些地方的农村党组织软弱涣散，导致他们在推动乡村振兴中难以发挥应有的领导核心作用。为促进乡村组织振兴并深化村民自治实践，一项重要举措就是完善以党组织为核心的基层组织体系，以更好地贯彻党的方针和指导思想，领导基层治理工作，动员广大农民参与，推动乡村全面振兴。

为了推进乡村振兴，需要着重加强农村基层党组织建设。这包括建设优秀的农村基层党组织队伍，强化农村基层党组织对于乡村振兴的领导作用，完善村民自治制度，发展农民合作经济组织并完善乡村治理体系，从而提高乡村治理的能力，使乡村社会变得充满活力，具备自我管理和服务的能力，从而确保广大农民能够安居乐业，农村社会安定有序。

推进乡村组织振兴，必须要强化农村基层党组织党员队伍的建设。为此，应从本村致富能手、外出务工经商人员、本乡本土大学毕业生以及复员退役军人等优秀人才中积极培养并选拔农村党组织带头人；同时，在青年农民、外出务工人员和妇女群体中加强新党员发展工作。还需要进一步改进村民自治制度，规范民主选举，完善村民议事、办事和监督等机制，推进乡村法治建设，提高乡村德治水平，并促进自治、法治和德治的有机融合。

乡村组织振兴是影响乡村治理和内生发展能力的重要因素，与乡村人才培养、乡村产业、文化和生态振兴密切相关。为了推动乡村振兴，农村基层党组织需要提升领导能力。促进乡村经济社会发展的重要手段就是乡村组织振兴，提升乡村地区的农业现代化、产业升级和生态文明建设水平，为乡村长期发展打下基础。

（六）乡村振兴具体路径之间的关系

乡村产业振兴、乡村人才振兴、乡村文化振兴、乡村生态振兴和乡村组织振兴互相依存、相互促进，共同推动农村经济社会的全面发展。

第一，乡村产业振兴是乡村振兴的核心任务之一。通过加强农业、林业、渔业等传统产业和乡村旅游、特色小镇建设等兴型产业的发展，提高农业生产效率和产品附加值，增加农民收入，实现农业农村现代化和乡村经济全面振兴。同时，乡村产业振兴也需要有足够的人才支撑。乡村人才振兴可以为乡村产业振兴提供人才保障。

第二，乡村人才振兴是推动乡村振兴的重要保障。乡村人才不仅包括外出返乡人才，也包括在本地就业的新型职业农民、农村专业人才等。他们不仅能够为乡村产业振兴提供技术支持和创新动力，也能够加强乡村文化建设、生态保护等方面的工作。此外，乡村人才振兴还可以促进农村社会结构调整和现代化建设，推动城乡融合发展。

第三，乡村文化振兴是乡村振兴的重要组成部分。乡村文化既包括传统文化的传承和弘扬，也包括现代文化的创新和发展。通过挖掘和宣传当地的文化资源，开展文化活动和进行产品开发等，可以提高乡村文化的影响力和吸引力，推动文化产业的发展，带动乡村经济的发展。

第四，乡村生态振兴是实现可持续发展的必要途径。乡村的生态环境是乡村振兴的重要基础。通过保护和修复生态环境，促进生态文明建设，可以实现生态优先、绿色发展，推动乡村经济和社会的可持续发展。

第五，乡村组织振兴是保障乡村振兴的重要条件。通过加强组织建设，提高农村社会管理水平和服务能力，可以增强乡村自治的能力和发展动力，促进乡村治理现代化和民主化，为乡村振兴提供坚实的组织保障。

乡村产业振兴、乡村人才振兴、乡村文化振兴、乡村生态振兴和乡村组织振兴相辅相成、相互促进，共同推动乡村经济社会的全面发展。在实践中，需要以乡村组织振兴为统领，统筹推进各项振兴任务，不断完善政策措施和制度体系，实现乡村振兴战略的各项既定目标。

第二节　乡村文旅产业发展现状

改革开放以来，我国文化和旅游产业有了长足的发展，经历了从规模小、实力弱、分布散的阶段到逐步成为各地经济发展的主导产业、支柱产业的过程，在创新中不断壮大。2009 年 8 月，文化部和国家旅游局联合发布了《关于促进文化与旅游结合发展的指导意见》，这是首份关于文化旅游结合发展的正式文件，“文化旅游”这一概念进入了人们的视野。[①]2010 年，文化部和国家旅游局推出以“文化旅游、和谐共赢”为主题的“中国文化旅游主题年”系列活动，充分展示了文化旅游结合的初步成果，引领了文化界和旅游界未来结合发展的方向。2012 年，党中央、国务院印发了《国家“十二五”时期文化改革发展规划纲要》，强调要积极发展文化旅游，充分发挥旅游对文化消费的带动作用。2014 年，国务院发布了《关于促进旅游业改革发展的若干意见》，明确提出要创新文化旅游产品。党中央、国务院大力度支持文化和旅游产业发展，陆续出台了一系列政策举措，绘就了我国文化和旅游产业发展的宏伟蓝图。各地根据中央的部署，因地制宜，依托自身文化和旅游资源的优势，出台相关政策，引进社会资本，吸引专业人才，文化和旅游产业风生水起。2018 年 3 月，十三届全国人大一次会议第四次会议决定，国家旅游局和文化部合并，正式组建文化和旅游部。随后省、市、县三级政府也组建文化和旅游主管部门，推动文化和旅游产业融合发展。[②]

近年来，文化旅游产业呈现出强劲的发展势头，已成为推动我国消费升级的主要引擎，国家相关部委出台了一系列产业规划和政策，引导和鼓励文化旅游产业实现可持续发展和高质量发展。在新时代全球化和城镇化的背景下，文化旅游产业正朝着全球化、区域化和产业化的新趋势发展，通过新场景、新技术、新产品和新模式实现“文旅＋产业”的多元化发展，为文旅产业策划和文旅产业开发提供了丰富的创新素材和资源。随着旅游消费不断升级，我国文旅产业已经从起步阶段迅速发展，并成为世界旅游市场中的主导力量之一，无论是客源市场还是营业收入都在稳步增长。大众旅游时代的到来，推动旅游需求呈现多元化发展特点，文化旅游产品不断丰富，文化和体验在旅游消费中变得越来越重要。

① 黄语嫣．文化旅游产业政策工具的选择偏好研究——基于贵州省的政策文本分析[D]．重庆市：重庆大学，2020.

② 钟栎娜，李群，信宏业．中国文化与旅游产业发展大数据报告（2022）[M]．北京：社会科学文献出版社，2022：2.

一、乡村文旅产业相关概念界定

（一）乡村文化

乡村是一个综合性的经济体，包含了社会风俗、政治、自然环境等多个要素，展示了人类与自然相互作用的发展历程。在中国古代，乡村文化与庙堂文化形成了鲜明的对比，而在现代，乡村文化则与城市文化产生了明显的分野。① 乡村文化字面意思是指乡村所蕴含的文化，但其内在含义在学术界尚无统一标准，不同学者从不同角度对其进行了阐释。

Kelliher 等（2018）指出，乡村文化是指乡村居民在长期农业生产生活过程中创造的所有物质和精神成果的总和。②

费孝通在《乡土中国生育制度　乡土重建》一书中将乡村文化定义为“乡土文化”，强调乡土社会是乡村文化的主要依托，着重突出了乡村文化的本土特征。他认为，乡土社会是生产生活方式固定的社会，乡村文化孕育在这个社会基础之上通过历史的变迁形成。③ 乡村文化可以分为广义和狭义两种。广义的乡村文化是指农民在农业生产劳动中创造的物质和精神财富的总和，具有外在性，反映在农民的物质生活中，如食物、住房、衣服、道路、语言、艺术等。狭义的乡村文化特指乡土社会历史发展所形成的精神文化和广大农民在生产生活中创造的精神文化，包括乡土社会变迁与革新下形成的思想观念和行为习惯、农民自身受熏陶的道德情感和经过历史变革下传承的民风民俗等。在传统乡土精神文化的基础上所形成的乡村公共文化体系、乡村群众文化、乡村文艺作品以及乡村非物质文化遗产等人为创造的智慧结晶都是乡村文化的集中体现。

李佳（2012）认为，乡村文化是民俗文化和传统文化的融合体现，通常与家族血缘和传统宗法观念联系紧密，依托于乡土而存在，具有强烈的地域特色。乡村文化包括物质层面的乡村山水风貌、建筑，行为层面的生活习惯、传统节庆和

① 刘真真．河南省乡村文化产业发展影响因素研究——手工艺行业的例证[D]. 郑州市：河南大学，2020.

② KELLIHER F，REINLL，JOHNSON T G，etal. The role of trust in building rural tourism micro firm network engagement：A multi—case study[J]. Tourism Management，2018，68（2）：1—12.

③ 费孝通．乡土中国　生育制度　乡土重建[M]. 北京：商务印书馆，2011：55.

文艺表演，以及制度层面的生产生活组织方式、乡规乡约和社会规范等。①

江丽（2019）认为，乡村文化是一种由一定村落共同体在长期的生产实践中形成的，内化于农民心理行为和价值观念，外化于乡村的组织方式和社会管理等的文化形态。②

朱泓全（2022）认为，中国的乡村文化是以中国传统文化为基础、社会主义核心价值体系为引领，通过乡村公共文化、群众文化、地域民俗文化和红色文化等多种表现形式，以古迹、文学、歌舞、绘画、戏剧、工艺等为载体所呈现的一种具有乡土性、地域性和复合性的文化形态。它依托农业生产生活，发挥乡土社会系统的优势，同时满足广大农民的精神需求，为广大农民提供乡村社会道德秩序。③

笔者认为，乡村文化是指在农村、农业社区和小城镇中形成的物质文化、行为文化、制度文化和精神文化的集合，在一定程度上反映了当地的自然环境、历史、民俗和人文风情。乡村文化一方面是农村社会的精神源泉，同时它又是农村经济的基础，具有广泛的历史、文化和社会价值。

（二）乡村旅游

19 世纪中叶，乡村旅游诞生于欧洲。有英国学者认为，乡村旅游不仅是农业背景下的旅游活动，而且是一个多层次的活动，国家不同、地区不同，其旅游形式也必然存在差异。该学者认为乡村旅游具有如下特点：乡村旅游位于乡村地区；旅游活动是建立在小规模地域上，空间开阔，与自然紧密联系，具有文化传统和传统活动等乡村特点；无论是建筑群还是居民区都是小规模的；社会结构和文化具有传统特征，变化较为缓慢，旅游活动常与当地居民家庭相联系，乡村旅游在很大程度上受当地文化影响；由于乡村自然、经济、历史环境和区位条件的复杂多样，乡村旅游具有不同的类型，除了农业背景下的假日旅游外，还存在一些特殊兴趣的自然资源、运动、健康类旅游活动等民俗活动。

还有学者将乡村旅游分为传统乡村旅和现代乡村旅游两种。该学者认为，传

① 李佳．从资源到产业：乡村文化的现代性重构 [J]. 学术论坛，2012，35（1）：77—81.

② 江丽．乡村文化振兴的路径及对策研究——以河南省为例 [J]. 管理工程师，2019，24（5）：49—55.

③ 朱泓全．吉林省乡村文化振兴研究 [D]. 吉林农业大学硕士学位论文，2022.

统的乡村旅游出现在欧洲工业革命以后，主要以一些来自农村的城市居民“回老家”探亲度假的形式出现。虽然传统的乡村旅游活动会对当地产生一定的经济影响，并增加城乡交流机会，但与现代乡村旅游相比存在显著的区别。传统乡村旅游主要集中在节假日进行，缺乏稳定性；同时，它并未有效地促进当地经济的发展，也未带来足够的就业机会和改善金融环境。传统乡村旅游与现代乡村旅游在发展模式、经济效益、社会影响等方面存在明显差异。

我国乡村旅游始于20世纪80年代，至今已经走过了40多年的发展历程，目前正处于新的发展阶段。1992年，国内学者杨旭将乡村旅游的概念界定为：“以农业生物资源、农业经济资源、乡村社会资源所构成的立体景观为对象的旅游活动。”① 之后，国内学者纷纷对乡村旅游概念进行界定。

杜江、向萍（1999）认为，乡村旅游是一种以乡村景观和乡村活动为吸引，面向都市居民作为目标市场，旨在满足旅游者娱乐、学习和追求自然回归等需求的旅游方式。②

肖佑兴等（2001）认为，乡村旅游是以乡村环境为基础，针对乡村独特的生产形态、民俗风情、生活方式、自然景观、民居建筑和文化遗产等为主要内容，运用城乡差异进行规划设计和产品组合，提供观光、旅游、娱乐、休闲、度假和购物等综合性服务的一种旅游形式，具有本土文化传承、知识性体验、娱乐性休闲、参与性互动、高效益低风险和回归自然的需求满足等特点。③

何景明等（2002）认为，从狭义上来说，乡村旅游是指在乡村地区的旅游，包括乡村的自然和人文等。他们认为乡村旅游包含两个层面：一是旅游活动在乡村地区发生；二是以乡村性为吸引，二者缺一不可。④

郭焕成（2006）认为，乡村旅游是一种利用乡村自然环境、田园风光、农业产业、民俗文化、古镇村落和农家生活等资源，通过科学规划、开发和设计，为城市居民提供观光、休闲、度假、体验、娱乐和健身等多样性的旅游服务。它不

① 杨旭．开发“乡村旅游”势在必行[J]．旅游学刊，1992，7（2）：38—41；61.

② 杜江，向萍．关于乡村旅游可持续发展的思考[J]．旅游学刊，1999（1）：15—18；73.

③ 肖佑兴，明庆忠，李松志．论乡村旅游的概念和类型[J]．旅游科学，2001（3）：8—10.

④ 何景明，李立华．关于“乡村旅游”概念的探讨[J]．西南师范大学学报（人文社会科学版），2002（5）：125—128.

仅包括农业观光旅游，还涵盖了民俗文化旅游、休闲度假旅游、自然生态旅游等多种形式，是一项独具地方特色、乡土情怀和综合性的新型旅游业。①

林刚等（2006）运用内容分析法，对中外当代16年（1991—2006年）内的20个乡村旅游概念进行了量化分析，归纳出乡村旅游概念所包含的6个标准：乡村地域、乡村田园风情、农业生产活动、民俗文化、农家生活体验、休闲观光游览度假活动。在这6个标准的基础上，认为乡村旅游是指在乡村地域范围内，以乡村田园风情、农业生产活动、民俗文化和农家生活等自然景观和人文景观为吸引的休闲、观光、游览和度假活动。②

世界旅游组织在《旅游业可持续发展——地方旅游规划指南》中对乡村旅游概念的界定是："旅游者在乡村（通常是偏远地区的传统乡村）及其附近逗留、学习、体验乡村生活模式的活动。该村庄也可以作为旅游者探索附近地区的基地。"

2010年8月，农业部、国家旅游局联合发布的《农业部 国家旅游局关于开展全国休闲农业与乡村旅游示范县和全国休闲农业示范点创建活动的意见》中给出了乡村旅游的官方概念界定：乡村旅游是以农业生产、农民生活、农村风貌以及人文遗迹、民俗风情为旅游吸引物，以城市居民为主要客源市场，以满足旅游者乡村观光、度假、休闲等需求的旅游产业形态。③

笔者认为，乡村旅游是一种旅游形式，指人们在城市生活压力下，前往乡村地区进行旅游、休闲、观光、度假等活动的一种旅游方式。乡村旅游具有自然环境、文化遗产、人文景观等优势，能让游客远离城市喧嚣，享受清新自然，感受乡土风情，享受健康、舒适的旅行体验。乡村旅游可以促进乡村经济和社会发展，增加就业机会，改善乡村居民生活，提高乡村居民的文化素养和生活品质。同时，乡村旅游也是一种有益于环境保护的旅游方式，可以推动环保理念的普及和采取有益于环境保护的旅游活动。乡村旅游的特点在于其独特的自然风光和人文特色，旅游活动主要包括体验田园生活、参与乡村文化活动、品尝地道农家风味、参观

---

① 郭焕成．发展乡村旅游业，支援新农村建设[J]. 旅游学刊，2006（3）：6-7.

② 林刚，石培基．关于乡村旅游概念的认识——基于对20个乡村旅游概念的定量分析[J]. 开发研究，2006（6）：72-74.

③ 农业部 国家旅游局关于开展全国休闲农业与乡村旅游示范县和全国休闲农业示范点创建活动的意见[EB/OL].（2010-08-20）[2023-08-30].http://www.moa.gov.cn/nybgb/2010/dbq/201806/t20180601_6150934.htm.

乡村民俗等，强调亲近自然、回归生活、感受生态与人文。

（三）文旅产业

文旅即文化和旅游的简称，2009 年 8 月文化部和国家旅游局联合发布《关于促进文化与旅游结合发展的指导意见》提出文化旅游结合发展以来，文化旅游成了“诗与远方”联合的代名词被人们所接受和称颂。2018 年，我国合并了文化部和国家旅游局，组建了文化和旅游部，文化和旅游就放在一起规划共同发展，促进文化产业和旅游产业加速融合。国内学者对文旅产业的内涵也开展了广泛的研究和探讨。

李云涛（2009）认为，文化旅游产业是一种由人文旅游资源开发而成的产业，它是为了满足人们对文化旅游消费需求而诞生的旅游产业的一个组成部分。其主要目的是提高人们旅游活动的质量，是旅游业深度开发的一个重要趋势。①

邵金萍（2011）认为，文化旅游产业是一种以文化为核心内容、以旅游为主要依托的综合性产业，其基本特征包括超综合性、延展性、载体性、体验性、创意性、精品性、民族性和国际性等方面。②

刘洋（2016）认为，文化旅游产业实质上是将文化产业与旅游产业相结合，在当地资源基础上，通过整合文化属性和旅游属性以及相关旅游经营者所提供的全套产业服务链来实现的。③

胡钰等（2018）认为，文化旅游产业是一种新型文化业态，其核心是将文化产业和旅游产业深度融合。该产业以文化创意为灵魂，以观光旅游为载体，重点关注新的场景打造。文化旅游产业具有低污染、高收益、高附加值、可持续性等特征，对于促进经济增长、经济结构转型升级、拉动消费、促进就业和传播文化等方面起到了重要的推动作用。④

漆颖（2019）认为，文旅产业是指将旅游、文化、娱乐和服务等产业相互融合形成的一种经济形态和产业系统，涉及人们的生活休闲、文化行为和体验需求。

---

① 李云涛．文化旅游产业发展的理性反思 [D]. 哈尔滨：黑龙江大学，2009.

② 邵金萍．再论文化旅游产业的特征、作用及发展对策 [J]. 福建论坛（人文社会科学版），2011（8）：29—32.

③ 刘洋．文化旅游与城市经济协调发展研究 [D]. 西安：西北大学，2016.

④ 胡钰，王一凡．文化旅游产业中 PPP 模式研究 [D]. 中国软科学，2018（9）：160—172.

文化旅游是以地域文化差异为基础，在旅游中实现不同文化主体之间的碰撞和互动，促进文化相互交流与融合。与传统旅游不同，文化旅游注重饱含文化内涵的旅游景区，通过文化沉浸来感受、吸收和传承文化。文化旅游能够激发文化共鸣，普及文化教育，寄托人文情感等作用。①

李信亭（2020）认为，文旅产业是指与人的休闲、文化、体验需求（物质的、精神的）密切相关的领域，主要是以旅游业、娱乐业、服务业和文化产业为核心形成的经济形态和产业系统。②

郭璇　（2021）认为，文旅产业是指与人的休闲生活、文化行为、物质需求、情感体验等密切相关的行业，是以旅游业、娱乐业、服务业和文化产业为主而形成的产业体系。③

侯金豆（2022）认为，文旅产业是指利用文化旅游资源打造的文化旅游产业。④

笔者认为，乡村文旅产业是指在乡村地区开展的旅游业和文化产业的统称，以乡村自然资源和人文资源为基础，利用特色文化、历史风貌、民俗特色等资源，通过旅游和文化活动，提高乡村地区的文化内涵和品质，推动当地经济发展、增加居民收入的一种产业。乡村文旅产业包括的主要业态有：乡村旅游、乡村民宿、乡村文化体验、乡村民俗展示、乡村生态游、乡村康养、农村游学、乡村休闲等。其中，乡村旅游是乡村文旅产业的主要业态之一，利用农村的自然和人文资源，结合乡村生活、传统文化、美食等元素，为游客提供丰富多样的旅游活动。乡村民宿是在乡村地区开展的住宿服务，通过提供有特色的住宿环境、传统餐饮、文化体验等，吸引游客前来体验乡村生活。乡村文化体验是指利用当地的文化资源，为游客提供丰富多彩、具有本土特色的文化体验服务，传统工艺、乡村民俗、历史古迹等。乡村康养是以乡村为背景，通过提供休闲度假、健身保健、农耕游等服务，让人们在自然环境中享受身心健康。乡村休闲是指通过各种活动，满足游

---

① 漆颖．“中国家风家训文化园”概念创意策划案[D]．武汉：中南民族大学，2019．

② 李信亭．ZL 文旅产业基金产业链投资策略研究[D]．北京：北京交通大学，2020．

③ 郭璇瑄．粤港澳大湾区文旅产业融合发展现状与对策研究——以大湾区内地九市为例[J]．长春师范大学学报，2021，40（11）：47—51；60．

④ 侯金豆．文旅产业与乡村振兴有效耦合的逻辑与策略优化[J]．湖北社会科学，2022，61（13）：252—256．

客在乡村地区的休闲需求。乡村文旅产业是一种基于乡村文化、休闲和旅游资源的产业，通过发展具有地方特色和差异性的旅游和文化活动，提高当地经济和文化水平，促进农民增收致富。

二、乡村文旅产业的特点

乡村旅游逐渐成为人们度假和旅游的首选，其独特的地域区位、旅游吸引物和旅游活动使得这一产业呈现出了许多特点。

（一）旅游资源分布的地域性

乡村旅游资源的分布通常呈现出区域性特征，如我国南方的水乡小镇、田园风光等，东北的农家乐、滑雪、温泉等，这些乡村旅游资源在特定的区域内具有相对的集中度和优势性。乡村旅游资源的分布与地理环境和自然景观密切相关。例如，山区的农家乐、森林公园，湖泊的度假村、渔家乐等，这些乡村旅游资源都是根据当地的自然环境和景观开发而来。乡村旅游资源的分布还与地方文化、历史和传统产业如古镇、古村落、文化遗址等乡村旅游资源密切相关。乡村旅游资源的分布与当地的经济条件密切相关，发达的经济条件和基础设施会促进该地区乡村旅游资源的开发，从而扩大该地区的旅游产业规模。乡村旅游资源分布的地域性特征是多种因素共同作用的结果，包括自然环境、文化历史、经济条件等，这些因素共同影响着乡村旅游资源的分布。

（二）旅游时间的季节性

自然资源和风景名胜是乡村旅游重要的吸引物，但它们很大程度上受气候影响，特别是在我国北方地区，四季分明，冬季漫长而寒冷，夏季则相对短暂。因此，以自然观光为主的乡村旅游项目仅适合有限的观光时间，产生了淡旺季。还有乡村旅游项目中的特色节庆、民俗活动及文化事件往往也具有很强的时间要求。受季节性因素的影响，一些乡村旅游项目往往只在旺季开展，而淡季往往缺乏适合本地旅游的项目，很多乡村旅游区推出的淡季旅游项目和旅游产品还难以达到旅游旺季项目对游客吸引的实际效果。

（三）人与自然的和谐性

乡村旅游强调保护自然环境，游客在旅游过程中需要遵守当地的环保规定，不随意破坏自然生态环境。乡村旅游的重要特点之一是，游客可以欣赏到大自然的原生态景观，领略到自然的美丽和壮观。乡村旅游倡导低碳环保旅游，鼓励游客选择使用环保的交通工具和住宿方式，减少对环境的影响。乡村旅游推广生态农业，可以使游客了解到农业生产对自然环境的影响，同时也了解到当地农村社会的发展状况。通过乡村旅游，游客可以了解到自然生态知识和野生动物保护措施，促进游客对自然环境的认识和理解，增强人与自然之间的和谐性。

（四）旅游产品的文化性

随着国民经济持续发展，乡村旅游的前景日益广阔，也为各地方政府和企业带来了无限商机。文化旅游产品的创新和开发，已成为乡村文旅产业的一大重要领域。在文化复兴和文化自信建设的背景下，我国的传统文化成为一个重要的文化符号。从茶文化、陶瓷文化、养生文化、丝绸文化、饮食文化、酒文化到其他地域文化，各地方政府和企业均融入了自己的文化特色，呈现出了与众不同的文化品牌，推出了一系列经典产品和文化 IP。在乡村文旅产业里，产品和服务的创新也是乡村文化向精细化发展的体现。文旅记忆、民宿、文化沙龙、乡村餐饮等，都是乡村旅游产品的不同形式。在这个过程中，乡村文旅产业逐渐从农家乐向文化创意、文化体验等多元产品发展，乡村文化 IP 也逐渐形成，吸引更多的游客。未来，乡村文旅产业仍有大量的发展空间，对于地方政府和企业来说，需要推出更多文化精品，为乡村文旅产业注入新的生机和活力。

（五）旅游经营的低风险性

乡村旅游经营相对于城市旅游经营具有更低的成本。由于乡村旅游资源的特殊性，很多乡村旅游业主可以利用已有资源和经验来进行小规模经营，从而降低了成本。乡村旅游经营具有更加灵活的经营模式，乡村旅游业主可以根据当地的季节特点和游客的需求来灵活调整经营策略，从而更好地适应市场变化。此外，乡村旅游经营的客户群体相对稳定。很多乡村旅游业主通过口碑营销和社交媒体等方式吸引游客，这些游客往往是个体游客或者小团队，和城市旅游的大型团队相比，客户数量不是很大，但相对稳定。

三、乡村文旅产业的发展现状

当前，乡村文旅产业发展已成为中国经济转型升级和实现乡村振兴的重要领域。随着旅游市场的不断扩大和旅游消费的升级，乡村旅游作为全新的消费形式和生活方式，得到越来越广泛的关注和认可。由于城市居民旅游消费需求的增加，乡村旅游已逐渐成为城市居民休闲度假的重要方式，并呈现出常态化、休闲化和多样化的趋势。自驾游的普及使得乡村旅游在产业深度链接方面具备更加坚实的市场基础。随着互联网和数字经济的快速发展，乡村旅游的营销传播手段也变得更加多样化，如借助短视频、自媒体等新的营销手段，各类网红乡村旅游点迅速崛起。

（一）乡村文旅产业得到政府高度重视和支持

为了推动乡村文旅产业的发展，各级政府在基础设施建设、宣传推广、扶持补贴等方面加大了投入。党的十八大以来，特别是2018年文化和旅游部组建以来，国家颁布了多项政策支持文旅产业发展。见表3–1，为党的十八大以来中国文旅产业部分相关政策汇总。

表3-1　党的十八大以来中国文旅产业部分相关政策汇总①

发布／修订时间	文件名称	文件类型	发文机关
2013年1月	《文化部“十二五”时期公共文化服务体系建设实施纲要》	规范性文件	文化部
2013年1月	《全国文化信息资源共享工程“十二五”规划纲要》	规范性文件	文化部
2013年1月	《全国公共图书馆事业发展“十二五”规划》	规范性文件	文化部
2013年2月	《旅游行政处罚办法》	部门规章	国家旅游局
2013年4月	《中华人民共和国旅游法》	法律	全国人大常委会
2013年9月	《文化部信息化发展纲要》	规范性文件	文化部

① 根据中华人民共和国文化和旅游部网站整理。其中，文件类型的划分来源于文化和旅游部官网，笔者未做改动。

续表

发布 / 修订时间	文件名称	文件类型	发文机关
2014 年 3 月	《藏羌彝文化产业走廊总体规划》	规范性文件	文化部、财政部
2015 年 2 月	《博物馆条例》	行政法规	国务院
2015 年 12 月	《艺术品经营管理办法》	部门规章	文化部
2016 年 2 月①	《营业性演出管理条例》	行政法规	国务院
2016 年 9 月	《旅游安全管理办法》	部门规章	国家旅游局
2016 年 12 月②	《旅行社条例实施细则》	部门规章	国家旅游局
2016 年 12 月	《中华人民共和国公共文化服务保障法》	法律	全国人大常委会
2016 年 12 月	《文化部“一带一路”文化发展行动计划（2016—2020 年）》	规范性文件	文化部
2017 年 3 月	《“十三五”全国旅游信息化规划》	规范性文件	国家旅游局
2017 年 3 月	《中国传统工艺振兴计划》	规范性文件	国务院办公厅
2017 年 3 月③	《中国公民出国旅游管理办法》	行政法规	国务院
2017 年 3 月④	《导游人员管理条例》	行政法规	国务院
2017 年 4 月	《文化部“十三五”时期文化产业发展规划》	规范性文件	文化部
2017 年 4 月	《文化部“十三五”时期文化科技创新规划》	规范性文件	文化部

① 《营业性演出管理条例》于 2005 年 7 月 7 日由中华人民共和国国务院令第 439 号公布，2016 年 2 月 6 日根据《国务院关于修改部分行政法规的决定》进行第三次修订。

② 《旅行社条例实施细则》于 2009 年 4 月 20 日国家旅游局第 4 次局长办公室会议通过，2016 年 12 月日进行修改。

③ 《中国公民出国旅游管理办法》于 2002 年 5 月 27 日由中华人民共和国国务院令第 354 号公布，2017 年 3 月 1 日根据《国务院关于修改和废止部分行政法规的决定》进行修订。

④ 《导游人员管理条例》于 1999 年 5 月 14 日由中华人民共和国国务院令第 263 号发布，2017 年 10 月 7 日根据《国务院关于修改部分行政法规的决定》进行修订。

续表

发布 / 修订时间	文件名称	文件类型	发文机关
2017 年 5 月	《“十三五”时期繁荣群众文艺发展规划》	规范性文件	文化部
2017 年 7 月	《文化部“十三五”时期公共数字文化建设规划》	规范性文件	文化部
2017 年 7 月	《“十三五”时期全国公共图书馆事业发展规划》	规范性文件	文化部
2017 年 8 月	《“十三五”时期全国古籍保护工作规划》	规范性文件	文化部
2017 年 10 月	《导游管理办法》	部门规章	国家旅游局
2017 年 10 月①	《中华人民共和国文物保护法实施条例》	行政法规	国务院
2017 年 11 月	《中华人民共和国公共图书馆法》	法律	全国人大常委会
2018 年 3 月	《旅游行政许可办法》	部门规章	国家旅游局
2018 年 5 月	《国家旅游人才培训基地管理办法》（试行）	规范性文件	文化和旅游部
2018 年 11 月	《关于在文化领域推广政府和社会资本合作模式的指导意见》	规范性文件	文化和旅游部、财政部
2018 年 11 月	《关于促进乡村旅游可持续发展的指导意见》	规范性文件	文化和旅游部等 17 个部门
2018 年 11 月	《文化和旅游部关于提升假日及高峰期旅游供给品质的指导意见》	规范性文件	文化和旅游部
2018 年 12 月	《国家级文化生态保护区管理办法》	部门规章	文化和旅游部

① 《中华人民共和国文物保护法实施条例》于 2003 年 5 月 18 日由中华人民共和国国务院令第 377 号公布，2017 年 10 月 7 日根据《国务院关于修改部分行政法规的决定》进行第四次修订。

续表

发布／修订时间	文件名称	文件类型	发文机关
2019 年 1 月	《文化和旅游部关于实施旅游服务质量提升计划的指导意见》	规范性文件	文化和旅游部
2019 年 3 月	《关于促进旅游演艺发展的指导意见》	规范性文件	文化和旅游部
2019 年 5 月	《文化和旅游规划管理办法》	规范性文件	文化和旅游部
2019 年 7 月	《曲艺传承发展计划》	规范性文件	文化和旅游部
2019 年 10 月	《文化和旅游部信访工作办法》	规范性文件	文化和旅游部
2019 年 11 月	《公共文化服务领域基层政务公开标准指引》	规范性文件	文化和旅游部、国家文物局
2019 年 11 月	《国家级非物质文化遗产代表性传承人认定与管理办法》	部门规章	文化和旅游部
2019 年 12 月	《国家级旅游度假区管理办法》	规范性文件	文化和旅游部
2020 年 4 月	文化和旅游部办公厅关于修订印发《国家全域旅游示范区验收、认定和管理实施办法（试行）》和《国家全域旅游示范区验收标准（试行）》的通知	规范性文件	文化和旅游部
2020 年 7 月	《在线旅游经营服务管理暂行规定》	部门规章	文化和旅游部
2020 年 8 月	《文化和旅游统计管理办法》	规范性文件	文化和旅游部
2020 年 10 月	《太行山旅游业发展规划（2020—2035 年）》	规范性文件	国家发展改革委、文化和旅游部

续表

发布／修订时间	文件名称	文件类型	发文机关
2020 年 11 月[①]	《旅行社条例》	行政法规	国务院
2020 年 11 月	《文化和旅游部政务数据资源管理办法（试行）》	规范性文件	文化和旅游部
2020 年 11 月[②]	《娱乐场所管理条例》	行政法规	国务院
2020 年 12 月	《粤港澳大湾区文化和旅游发展规划》	规范性文件	文化和旅游部、广东省人民政府等
2021 年 1 月	《文化和旅游部立法工作规定》	部门规章	文化和旅游部
2021 年 2 月	《冰雪旅游发展行动计划（2021—2023 年）》	规范性文件	文化和旅游部、国家发展改革委、国家体育总局
2021 年 3 月	《文明旅游示范单位要求与评价》	规范性文件	文化和旅游部
2021 年 4 月	《“十四五”文化和旅游科技创新规划》	规范性文件	文化和旅游部
2021 年 4 月	《“十四五”文化和旅游发展规划》	规范性文件	文化和旅游部
2021 年 5 月	《“十四五”文化和旅游市场发展规划》	规范性文件	文化和旅游部
2021 年 10 月	《文化和旅游市场信用管理规定》	部门规章	文化和旅游部
2021 年 11 月	《文化和旅游部关于废止〈旅游规划设计单位资质等级认定管理办法〉的决定》	部门规章	文化和旅游部

① 《旅行社条例》于 2009 年 2 月 20 日由中华人民共和国国务院令第 550 号公布，2020 年 11 月 29 日根据《国务院关于修改和废止部分行政法规的决定》进行第三次修订。

② 《娱乐场所管理条例》于 2006 年 1 月 29 日由中华人民共和国国务院令第 458 号公布，2020 年 11 月 29 日根据《国务院关于修改和废止部分行政法规的决定》进行第二次修订。

续表

发布 / 修订时间	文件名称	文件类型	发文机关
2021 年 11 月	《关于公布第一批国家级夜间文化和旅游消费集聚区名单的通知》	规范性文件	文化和旅游部
2021 年 11 月	《国家旅游科技示范园区管理办法（暂行）》	规范性文件	文化和旅游部
2021 年 12 月	《“十四五”旅游业发展规划》	行政法规	国务院
2021 年 12 月	《关于持续推动非遗工坊建设助力乡村振兴的通知》	规范性文件	文化和旅游部办公厅、人力资源和社会保障部办公厅等
2022 年 1 月 ①	《中华人民共和国水下文物保护管理条例》	行政法规	国务院
2022 年 3 月 ②	《互联网上网服务营业场所管理条例》	行政法规	国务院
2022 年 3 月	《关于推动文化产业赋能乡村振兴的意见》	部门规章	文化和旅游部、教育部等 6 部门
2022 年 10 月	《户外运动产业发展规划（2022—2025 年）》	规范性文件	文化和旅游部等 8 个部门
2023 年 2 月	《文化和旅游标准化工作管理办法》	规范性文件	文化和旅游部
2023 年 3 月	《文化和旅游部关于推动在线旅游市场高质量发展的意见》	规范性文件	文化和旅游部

① 《中华人民共和国水下文物保护管理条例》于 1989 年 10 月 20 日中华人民共和国国务院令第 42 号发布，2022 年 1 月 23 日中华人民共和国国务院令第 751 号第二次修订。

② 《互联网上网服务营业场所管理条例》于 2002 年 9 月 29 日由中华人民共和国国务院令第 363 号公布，2022 年 3 月 29 日根据《国务院关于修改和废止部分行政法规的决定》进行第四次修订。

续表

发布／修订时间	文件名称	文件类型	发文机关
2023 年 4 月	文化和旅游部关于印发《国家级文化产业示范园区（基地）管理办法》的通知	规范性文件	文化和旅游部
2023 年 5 月	文化和旅游部关于发布行政许可事项实施规范的公告	规范性文件	文化和旅游部

（二）乡村文旅产业逐渐成为支柱产业

1. 乡村旅游接待人数总量巨大

党的十八大以来，我国乡村旅游接待人数从 2013 年的 10 亿人次增长到 2019 年的 31 亿人次，年均增长率达 21%，为了更直观地了解我国乡村旅游接待人数的总体变化情况，将 2012—2021 年我国乡村旅游接待人数制作成图 3–1。

图 3-1　2012—2021 年我国乡村旅游接待人数[①]

从图 3–1 可以看到，我国乡村旅游接待人数总体呈现增长态势，2015 年出现爆发式增长，比 2014 年增长 83.3%，2016—2019 年仍然保持增长态势，但是速率明显放缓，说明我国乡村旅游接待人数在这一阶段进入了平稳增长期。2020

① 数据来源于国家统计局网站。

年，我国乡村旅游接待人数下降 54%，2021 年，我国乡村旅游接待人数呈现 14% 的增长态势，说明乡村旅游业仍具有强劲的发展韧性。①

2. 乡村旅游总收入规模巨大

党的十八大以来，我国乡村旅游总收入从 2013 年的 2800 亿元增长到 2019 年的 8500 亿元，年均增长率高达 23%，远超同时期我国国内生产总值的增长速度。2012—2021 年我国乡村旅游总收入见图 3–2。从图 3–2 可以看出，我国乡村旅游总收入在 2015 年出现爆发式增长，比上一年增长 37.5%，2016—2019 年仍然保持增长，但是增长速率明显放缓，2019 年同比增长 6.3%。但是，2020 年，我国乡村旅游总收入急剧下降 50.6%，2021 年，我国乡村旅游总收入取得了增长 50% 的优异成绩，说明乡村旅游对于经济发展仍然具有非常重要的推动作用。②

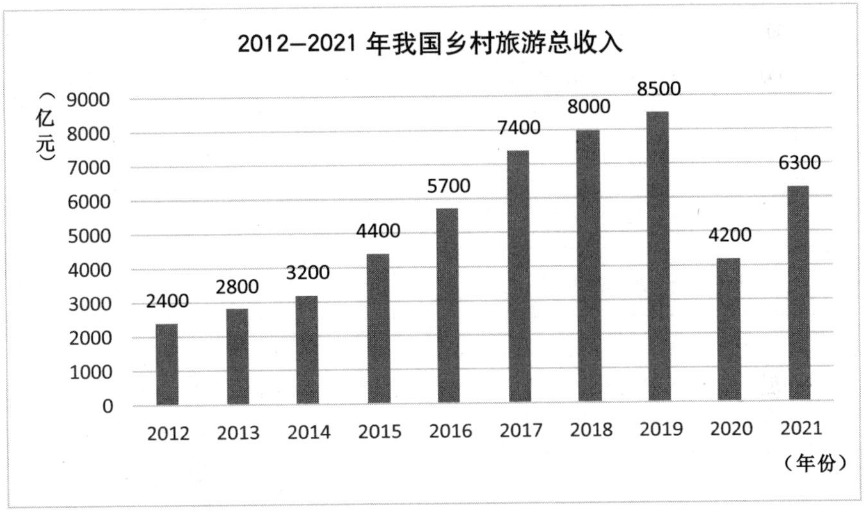

图 3-2　2012-2021 年我国乡村旅游总收入③

3. 乡村旅游是拉动经济增长的重要动力

笔者选取 2012—2021 年乡村旅游总收入和全国 GDP（见表 3–2），运用

① 司若，钟沈军．中国文旅产业发展报告（2022）[M]. 北京：社会文献科学出版社，2022：109.

② 司若，钟沈军．中国文旅产业发展报告（2022）[M]. 北京：社会文献科学出版社，2022：110.

③ 数据来源于国家统计局网站。乡村旅游营业收入在此视同为乡村旅游总收入。

SPSS25.0 软件，对乡村旅游总收入与 GDP 的关系进行皮尔逊相关性分析（见表 3-3），得出两者之间的皮尔逊相关性系数为 0.691，相关性显著，属于正向高度相关关系。利用 Excel 软件，制作了乡村旅游总收入与 GDP 的回归散点图（见图 3-3），计算得出我国 GDP 和旅游业收入之间的相关系数为 0.691，呈现高度正相关关系，得出线性回归方程为：GDP=47.783+63.002RT[①]，这说明乡村旅游（RT）每增加 1 元，带动 GDP 增加 110.785 元，由此可见，乡村旅游所创造的国内生产总值 GDP 乘数效应[②]很强，已经成为我国国民经济的新增长点。

表 3-2　2012—2021 年我国乡村旅游总收入与 GDP 数据对比

年份	乡村旅游总收入（万亿元）	GDP（万亿元）
2012	0.24	53.86
2013	0.28	59.30
2014	0.32	64.36
2015	0.44	68.89
2016	0.57	74.64
2017	0.74	83.20
2018	0.80	91.93
2019	0.85	98.65
2020	0.42	101.36
2021	0.63	114.92

① 乡村旅游 rural tourism 英文首字母大写简称。

② 乘数效应是一种宏观的经济效应，是指经济活动中某一变量的增减所引起的经济总量变化的连锁反应程度。

表 3-3　2012—2021 年我国乡村旅游总收入与 GDP 皮尔逊相关性分析

		乡村旅游总收入	GDP
乡村旅游总收入	皮尔逊相关性	1	.691*
	Sig.（双尾）		0.027
	个案数	10	10
GDP	皮尔逊相关性	.691*	1
	Sig.（双尾）	0.027	
	个案数	10	10
*. 在 0.05 级别（双尾），相关性显著。			

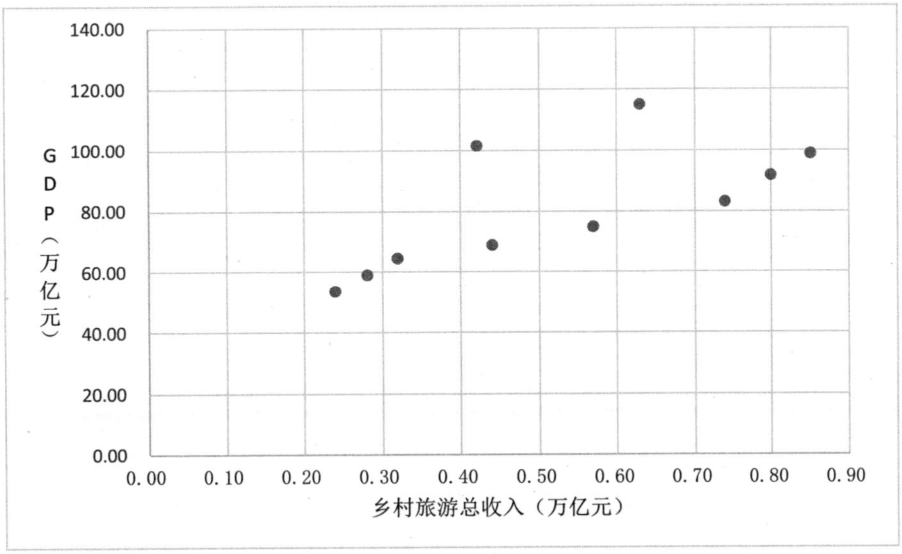

图 3-3　2012—2021 年乡村旅游总收入与 GDP 的回归散点图

（三）乡村旅游景区数量快速增加

目前，全国各地都在积极推进乡村文旅产业的发展。同时，在一些重点开发区域（如苏南、黄山等）和一些具有特色的乡村地区，乡村旅游的发展更加突出。近年来，乡村旅游景区数量快速增加，以观光、休闲度假为主要业态，同时也发展了农家乐等特色民宿和餐饮服务。这些景区的出现，为人们提供了更多种类、更丰富的旅游选择，并推动了当地经济的发展。根据农业农村部的数据，截至2019 年底，全国共有超过 290 万家休闲农业和乡村旅游经营单位。其中，休闲农庄、观光农园等各类休闲农业经营主体数量超过 30 万家，总数达到 320 万家以上。①

随着经济全球化和人民生活水平的提高，越来越多的人希望在度假时享受到舒适的自然环境，所以乡村旅游受到了大众的欢迎。许多省市都将发展乡村旅游作为地方经济发展的重要战略。例如，位于湖南省的凤凰古城是一个历史悠久的文化名城，吸引了众多的游客前来参观。而凤凰古城周边的蔡锷故居、冷水滩天门山、岳阳楼等景点，也成了当地乡村旅游的热门目的地。近年来，随着政府和企业的投入，凤凰古城的乡村旅游不断发展壮大，不仅有了更加完善的旅游设施，还涌现出了许多具有特色的民宿和餐饮服务。

同时，随着人们对旅游方式的要求越来越高，乡村旅游也在不断创新，提供更加舒适、个性化的服务。例如，贵州省台盘村“六月六”吃新节举办的篮球赛，经网友短视频宣传，被称为“村 BA”，迅速火爆全网，吸引众多游客前往观赛。“村 BA”带火了当地旅游市场，2023 年“五一”假期，台江县实现旅游综合收入 9.31 亿元，同比增长 348.83%，创历史新高。②

（四）乡村文化资源得到挖掘和利用

乡村文化资源是乡村旅游发展的重要支撑，近年来得到了越来越多的挖掘和利用。传统手工艺、民俗文化等成了吸引游客的亮点，这些文化资源不仅为游客提供了更加深入、全面的文化体验，也促进了当地文化的传承和发扬。

我国拥有悠久的历史和灿烂的文化，其中包含着丰富的乡村文化资源。例如，位于江苏省苏州市的周庄古镇是一座有着千年历史的水乡古镇，它的石桥、红墙、

① 搜狐网 . 农旅｜乡村旅游将在国家乡村产业振兴发展政策的加持下，实现爆发式增长 [R/OL]. (2021—05—15) [2023—08—29].https://www.sohu.com/a/466607480_645930.

② 央广网 .“村 BA”带火贵州台江旅游“五一”假期“吸金”超 9 亿元 [EB/OL]. (2023—05—07) [2023—09—01]. https://travel.cnr.cn/dsywzl/20230507/t20230507_526243559.shtml.

白墙、黑瓦构成了典型的江南水乡风貌。除了自然风光，周庄古镇还因其丰富的文化内涵而备受游客青睐。在旅游开发中，周庄古镇积极挖掘和利用本地文化资源，将传统手工艺、民俗文化等打造成为景区亮点，游客可以在这里欣赏到木雕、剪纸、绣球等传统手工艺品，还可以观看民俗表演、品尝当地美食。

乡村文化资源的挖掘和利用，不仅为当地经济和旅游业的发展注入了新的活力，也带动了乡村文化的传承和发扬。同时，在利用乡村文化资源时，需要注意对文化遗产的保护和传承，防止过度商业化和文化侵蚀。

（五）乡村旅游市场需求不断提升

近年来，随着城市化的不断推进，人们对于乡村生活的向往也日益增加，乡村旅游市场需求也不断提升。许多地区开始开发自己的乡村旅游资源，以满足人们对于乡村旅游的需求。这些乡村旅游资源往往包括具有浓郁地方特色的农家乐、田园风光、民俗文化等。通过将这些资源与旅游产业相结合，可以打造出一种独特的旅游体验形式，吸引更多游客前来观光、休闲和度假。

在乡村旅游的发展过程中，文化元素的融入至关重要。比如，在农家乐中，可以加入当地特色美食和文化展示，让游客品尝到正宗的地方美食，并了解当地的习俗。此外，在田园风光中，可以通过农业观光等形式，让游客更深入地了解当地农业发展现状及其历史传承。在民俗文化方面，可以设立专门的展示馆或文化活动场所，向游客介绍该地区的传统文化、习俗和手工艺等。

在乡村旅游市场需求不断提升的背景下，一些地方政府和企业也开始重视乡村文旅产业的开发，通过投资建设休闲度假区、农家乐、康养基地、民宿等项目，带动当地文旅产业的发展，创造新的就业机会，促进地方经济的发展。同时，这些项目也为游客提供了一个与城市生活不同的体验，让人们感受到乡村的自然风光和淳朴文化。

（六）乡村文旅产业数字化程度提升

乡村旅游是支撑乡村振兴战略的重要产业之一，同时也是促进文化交流和民俗保护的重要途径。然而，传统的乡村旅游方式已经无法满足人们的需求，数字化的时代已经到来，乡村文旅产业数字化程度也在稳步提升。

数字化的乡村文旅产业可以更好地满足游客多元化的需求，让游客通过互联网、短视频等数字化平台，全面了解乡村旅游信息。通过数字化平台展示的乡村旅游菜单，游客可以更好地选择符合自己需求的旅游线路，获取更为全面的旅游体验。数字化的产业平台，可以让广大游客足不出户就可以完成旅游产品预订、支付、附近景点以及其他信息查找，不仅节省了游客的经济成本，更节约了奔波的时间。例如，在落实数字乡村建设任务的基础上，赣州市加快推进智慧乡村文旅平台的建设，打造以赣州智慧旅游 App 和赣州智慧旅游平台为代表的智慧乡村文旅平台，并实现政府对数字文旅平台的统一监管，平台包含景区门票、农家乐、餐饮、酒店预订、自驾攻略等栏目，游客可以一键预定，给游客带来便捷的旅游体验。[①] 江西省庐山景区推出庐山“智慧游”项目，被文化和旅游部评为“2022 年文化和旅游数字化创新实践优秀案例”，游客可以通过手机 App 获取庐山文化、历史背景和景点介绍等信息，并借助 AR 技术实现虚拟漫游和真实场景互动，既满足了游客对于文化体验的需求，也为当地旅游企业带来了更多的商机。通过乡村文旅产业数字化程度的提升，可以更好地推动文化传承，让更多的游客感受到乡村文化的魅力，为游客带来更为优质的旅游体验的同时也能推动乡村文化的发展，共同助力实现乡村振兴目标。

四、当前乡村文旅产业发展存在的问题

乡村文旅产业是在保护和弘扬传统文化的基础上，以乡村旅游为内容，打造出的一种独特的现代化旅游业态。乡村文旅产业不仅促进了乡村地区的发展，也为城市居民提供了一种返璞归真的旅游方式。然而，乡村文旅产业的快速发展也带来了一些问题。

（一）缺乏整体规划，旅游产品同质化严重

乡村旅游的核心在于吸引城市居民通过乡村文化和自然风光进行观光旅游。然而，当前我国乡村旅游普遍存在缺乏市场分析和整体规划设计，未能实现精细化发展，导致乡村旅游项目过于单一、同质化现象严重，有些甚至模仿城市旅游，

① 卢毓蓉，马壮壮 . 绿色经济背景下乡村文旅产业融合发展研究——以赣州市乡村文旅产业为例 [J]. 山西农经，2023（3）：53-55.

缺乏对当地文化的深层次挖掘和创新文化呈现方式的探索。景区重视硬实力而忽视了软实力，只局限于简单呈现名人事迹和历史事件，未能挖掘当地文化资源的时代价值。另外，景区之间缺少联合建设，项目重复，景点分布散乱，且过于传统，无法吸引消费者。缺乏对科技手段的应用和创新驱动力，使得管理人员思维固化，难以创新和突破。旅游设施过于单调乏味，破坏了乡村旅游的自然和谐环境，游客难以获得真正的乡村文化和原生态旅游体验。①

（二）基础设施建设严重不足，服务能力有限

乡村地区的文化旅游产业基础设施不足，主要表现在环境、交通、安全保障和医疗卫生等方面。环境方面，大部分乡村地区的环境设施建设不完善，而文旅产业的发展会给环境保护带来更大的压力，同时景点的监管和管理投入也不足，导致许多景区出现脏乱差的现象。交通方面，乡村地区有许多文旅景点，但交通设施不完善，特别是在邻近居民区的景点，缺乏集中的停车区域，导致“停车难”的问题，交通混乱无序，影响游客的出行质量。②安全保障方面，一些乡村文旅景区的旅游安全管理机制不够完善，安全设施不够完备，可能会导致安全问题。医疗卫生方面，医疗和卫生设施的落后为游客增添了后顾之忧，特别是住宿条件和餐饮卫生是乡村旅游的基本要素，其服务水平和卫生状况将直接影响整体的旅游体验和质量水平。此外，乡村文旅景区的更新速度较慢，早期的规划不能根据旅游市场需求适时调整，这导致了一些原本推出的服务设施已经过时，无法满足当前的旅游市场需求。

（三）资金短缺，文化旅游发展长期受到制约

长期以来，文化旅游行业的发展受到了资金短缺的制约，特别是在前期融资和后期经营方面。一方面，文旅产业的建设周期长、投资需求大、收益难以即时显现，难以符合投资方的利益诉求，因此在前期吸引资金方面面临很大的压力。另一方面，在项目运营阶段，乡村文旅产业的消费点和营销模式单一、内生资金

① 张众．乡村旅游与乡村振兴战略关联性研究[J]．山东社会科学，2020（1）：134—138；119．

② 郭佳怡．乡村振兴背景下兰考县乡村文旅产业发展现状及对策研究[J]．现代农机，2023（1）：38—40．

缺乏，难以实现稳定盈利。这会影响到后期的宣传、设施改善和形式创新等方面，对提升项目知名度和吸引客流量造成了很大的困难。当前，各地都在积极发展文旅产业，申请政府财政资金支持的竞争也越来越激烈。

（四）专业性人才匮乏

随着乡村旅游的快速发展，人才匮乏问题日益突出。目前，大多数从业人员是本地农民，他们缺乏必要的专业知识和服务技能，对于乡村旅游产品的开发、旅游市场拓展和日常经营管理方面显得力不从心。尽管乡村旅游产业未来的发展前景广阔，但由于乡村基础条件和生活水平等限制，乡村旅游很难吸引到高素质的旅游管理人才。人才短缺更是制约了乡村旅游的持续性发展。例如，一些乡村地区的传统手工艺项目由于变现太难导致年轻人不愿意学习，在当地已经没有传承人，许多传统文化就这样被遗忘、遗失，很难再找回，也就无法以此为特色文化吸引游客。有相当一部分乡村地区的管理者水平较低，缺乏对文旅产业发展的理解和规划，乡村旅游标准无法得到保障。

（五）政府主导型项目居多，而市场化机制建设滞后

放眼世界，成功的乡村文旅融合项目主要有两种成长路径。一种是完全自发的市场化发展，政府只起到规范和引导的“裁判员”作用。另一种则是在项目发展前期，由政府通过制定政策、主导规划建设进行孵化，等项目成熟后再交给市场主导。我国乡村文旅融合产业更多采用第二种方式，即“政府搭台、市场唱戏”。政府主导乡村文旅产业发展，具有政策支持力度大、执行效率高、营销渠道通畅、对回报周期忍耐度高、能有效应对市场失灵、更注重生态环保和民生保障等方面的优势。然而，一味依赖政府也会出现追求大而全导致的资源浪费等问题，如果过度依赖政府的扶持，会极大地影响项目的自我生存和发展能力。同时，如果过度依赖政府“有形之手”，忽视了市场“无形之手”在资源配置中的决定性作用，那么规划建设、运营和市场就会脱节。此外，一些地方政府的不恰当干预也会导致乡村文旅市场出现不公正的“资源倾斜”，进而导致不公平竞争。

（六）经营不规范

近年来，我国乡村旅游发展迅速，但是随着乡村旅游市场的不断扩大，也出

现了一些乡村旅游经营不规范的问题。

首先，一些乡村旅游从业者缺乏专业的知识和管理经验，导致运营不善、服务质量差等问题。乡村旅游业的经营需要从事者具有专业的知识和技能，但是由于一些乡村地区的经济条件较为落后，从业人员的专业素质有待提高。很多从业者尚未掌握关于旅游服务的专业知识和技能，也缺乏企业管理经验，对市场的变化和需求的把握能力不足。

其次，一些乡村旅游从业者缺乏诚信意识，存在虚假宣传、价格欺诈、服务不到位等问题。在乡村旅游市场上，一些从业者为了吸引更多的游客，常常夸大其词，虚假宣传，对游客进行误导和欺骗。有些从业者计价不透明，存在价格欺诈现象，① 甚至存在拒绝提供服务的情况。

最后，一些乡村旅游从业者追求短期利益，忽略了对生态环境和文化遗产的保护，存在损害生态环境和文化遗产的问题。在追求短期利益的驱动下，一些从业者把生态环境和文化遗产当作可利用的资源，对其进行过度开发和利用，导致环境和文化被破坏。例如，有些旅游景区过度开发导致山水生态环境恶化，文化遗产被过度商业化，等等。

第三节　乡村振兴与乡村文旅产业发展的耦合关系

乡村文旅产业发展与乡村振兴的产业振兴、人才振兴、文化振兴、生态振兴、组织振兴五个方面是相契合的，二者之间存在耦合关系，可以以发展乡村文旅产业为契机来推动乡村振兴。

一、乡村文旅产业发展推动乡村产业融合，助力乡村产业振兴

促进文旅产业融合发展，是贯彻党的二十大精神的具体行动，对推动乡村振兴战略具有重要意义。在我国，乡村发展一直强调农业的核心地位。然而，在最近几年的乡村发展中，由于不同村庄要素聚集模式、区域特色化基础等条件的

① 韦飞．当代乡村旅游管理与规划设计研究[M]．北京：北京工业大学出版社，2021：10.

差异，一些村庄已经不再以农业为唯一或主要产业。乡村振兴战略中提出的产业兴旺不再局限于农业兴旺，意味着乡村经济产业体系的一二三产业融合发展要兴旺。为了实现乡村振兴，需要遵循我国乡村发展的规律，找到一二三产业融合发展的路径和模式。这种融合可以采用以农业为主导的“一二三”产业模式，也可以采用以加工业为主导的“二一三”“二三一”产业模式，以及外来消费为主导的“三二一”产业模式。有多种方式可以推动乡村产业振兴，其中几个主要的模式包括：由村集体经济组织牵头的带动模式、村集体经济和社会资本共同推进的撬动模式、外部资金引入促进的撬动模式、民宿业的发展模式、田园综合体发展模式、特色小镇引领模式、传统文化复兴模式、文旅产业为主导的模式及综合发展模式。

乡村文旅产业的发展在乡村振兴过程中扮演了重要角色，成了乡村产业振兴的重头戏。改革开放四十余年以来，乡村文旅产业已经从单一的农家乐形态转变为多元化的产业形态，并且更加注重旅游六要素“吃、住、行、游、娱、购”等衍生性消费。这种衍生性消费也催生出其他与之相配套的产业，促进了乡村产业实现由旧到新的转型。这种转型主要体现在两个方面：第一，文旅产业催生出乡村产业的新经营内容。乡村文旅产业的发展为农村带来了多样化的产业，与旅游相关的产业达到了 100 多种。① 随着生活品质的提高，旅游者更加注重消费产品的品质和特色，这也催生了乡村地区特色民宿产业、创意文创等可经营的新兴产业。第二，文旅产业激活了农村产业的活力，促进了文旅产业与其他产业的融合。由于乡村地区产业发展相对薄弱，许多贫困地区仍然以农业作为主要的生计手段，导致第一产业占主导地位，而第二产业发展薄弱，第三产业也比较欠缺。作为第三产业的重要形式，文旅产业与第一产业和第二产业之间存在着密切联系，可以促进第一产业、第二产业和第三产业之间的相互融合和发展，② 从而推动乡村产业形成全新的融合业态。

乡村文旅产业是在农业生产和文化资源禀赋基础上发展起来的新兴产业，可

---

① 张祝平．以文旅融合理念推动乡村旅游高质量发展：形成逻辑与路径选择 [J]．南京社会科学，2021 (7)：157–164.

② 黄凌云．乡村振兴背景下乡村旅游与农村三产融合发展路径研究 [J]．农业经济，2021 (11)：73–74.

以使乡村各种产业和经济活动产生集聚效应，从而取得“聚而强”的效果，改变长期以来乡村产业和经济活动分散造成的“散而弱”的局面，集中乡村的各股力量以点带面，带动乡村民宿、餐饮、娱乐、创意农业、物流、交通等关联产业的发展，推动乡村产业振兴目标的实现。

二、乡村文旅产业发展促进人才回流，助推乡村人才振兴

随着经济的不断发展和城市化进程的加速，乡村地区的人才不断流失，农村空心化和老龄化问题突出，留守的多半是老人、妇女和儿童，这也成为制约乡村振兴的重要因素之一。近年来，乡村文旅产业的发展成为促进乡村经济增长和提高乡村居民收入的重要路径之一，也在一定程度上推动了乡村产业升级和人才振兴。

首先，乡村文旅产业的发展为乡村地区提供了更多的就业机会。由于乡村地区相对城市而言，资源较为丰富，且人员流动性较低，因此乡村旅游的发展为当地的农民、返乡大学生等提供了较好的就业机会。通过挖掘当地的历史文化和民俗特色等资源，乡村文旅产业为当地居民提供了新的经济支撑，特别是对于一些产业萎靡的农村而言，乡村旅游和乡村民宿等新兴产业为当地资金、技术和信息等方面提供了新的渠道，增加了农村经济的活力和竞争力，吸引了众多城市人才回归乡村。①

其次，乡村旅游的发展也为当地吸引和培养了旅游从业人才。在乡村文旅产业的发展过程中，需要旅游从业人员提供相关服务和产品。通过吸引和培养更多的旅游从业人才，不仅能够提高当地居民的生活品质，也能为乡村文旅产业的持续发展提供强有力的人力资源支持。

最后，文旅产业的创新发展和乡村振兴需要人才支持。2022 年 3 月，文化和旅游部、教育部等六部门联合颁布的《关于推动文化产业赋能乡村振兴的意见》强调要建立有效的人才培养机制，并支持文化和旅游从业者发挥领导作用。② 文

① 侯金豆．文旅产业与乡村振兴有效耦合的逻辑与策略优化 [J]．湖北农业科学，2022，61 (13)：252-256.

② 文化和旅游部，教育部，自然资源部，等．关于推动文化产业赋能乡村振兴的意见 [EB/OL]．(2022-04-07) [2023-09-01].http://www.gov.cn/zhengce/zhengceku/2022-04/07/content_5683910.htm.

旅产业的发展需要农村技术，因此需要培养当地的农民以及文旅技术人才，并吸引外部人才。此外，文旅产业也需要服务型人才来提高当地的服务水平。同时，文旅产业的发展还可以吸引在外的人才回流。

三、乡村文旅产业发展传承创新乡村文化，助推乡村文化振兴

乡村文化是中华优秀传统文化的重要组成部分，是维系乡村社会秩序和乡土人情的重要基础。发展文旅产业可以更好地传承乡村文化，改善农村教育水平。乡村文旅产业发展可以传承乡村农耕、村俗、服饰、餐饮、宗祠、建筑、村规民约等物质和非物质乡土文化，推动我国乡村全面振兴。

一方面，乡村文旅产业发展可以促进乡村文化的传承。乡村文化是中国文化的重要组成部分，随着经济社会的快速发展和城市化进程的加快，很多乡村的传统文化已经面临着消失的危险。乡村文旅产业的发展可以带动村民自觉地发现、认同和守护传统文化，激活村庄内部的传统文化。发展乡村文旅产业可以通过开展各种文化活动和讲解，将乡村文化传递给游客，从而使乡村文化得到进一步传承。例如，位于江西省九江市庐山区牯岭东谷的庐山博物馆，就是一座融研究、展示和保护为一体的综合性博物馆，通过收集、保护和展示庐山的自然风光和历史文化遗产，吸引了大量的游客前来参观，从而推动了当地文化的传承。

另一方面，乡村文旅产业发展可以提高乡村的形象和认知度，增强乡村的文化自信。乡村旅游通过展现乡村的现状、文化和环境，向全国乃至世界宣传了我国的乡村文化和我国乡村的新面貌，让更多的人了解我国乡村的变革和发展。在乡村旅游过程中，“住农家屋、吃农家饭、干农家活、享农家乐”这种差异化的体验需求不仅满足了城市居民回归自然、享受田园风光的需求，而且还通过游客在农村生活中的“行动体验”“情感体验”和“关联体验”等方式，建立了游客与传统文化之间的情感联系。因此，文旅产业的发展不仅激活了乡村文化，实现了不同文化之间的碰撞和互动，同时也为游客在传统文化中寻找情感依托和价值取向提供了有效途径。例如，湖南省桃源县的桃花源景区，以陶渊明笔下《桃花源记》所描述的“世外桃源”真迹地文化为主打品牌，吸引了无数游客前往。当游客感受到当地浓厚的山水田园文化氛围和独特的自然风光时，必然会对当地的文化和乡村的风貌有更加深入的认识和感触。

乡村文旅产业的发展对于乡村文化振兴的推动具有非常重要的作用，可以促进乡村文化的传承、改善乡村的经济状况、提高乡村的形象和认知度。在今后的发展中，需要加强对乡村文化产业的规范和管理，通过共同努力，让乡村文化推动乡村文旅产业发展，而乡村文旅产业的发展又会为乡村文化振兴贡献更多的力量。

四、乡村文旅产业发展提升乡村生态文明，助推乡村生态振兴

习近平总书记指出："良好生态是乡村振兴的支撑点。"① 生态文明建设是乡村振兴的重要内容，是人与自然和谐共生的体现，是人民对美好生活向往的体现，也是乡村社会可持续发展的关键。乡村文旅产业是一种生态友好型产业，良好的生态环境是乡村文旅产业发展的基础资源。首先，乡村文旅产业的发展需要乡村环境质量达到一定标准。各地要整合开发地方生态资源，以实现生态价值最大化，从而提升乡村生态环境的整体水平。其次，村庄可以利用乡村文旅产业的整体建设和开发机会，改善村容村貌，打造特色田园乡村，提高人居环境。最后，将地方特色融入生态文旅模式，加强文旅产业对地方环境的保护。通过生态文旅的发展模式，达成乡村自然环境和社会经济可持续发展目标，同时实现人与人、人与自然、人与社会和谐互动的目标。乡村文旅产业的发展推动农村从家庭到乡村社区整体的环境优化，有利于提升乡村生态文明水平，从而助推乡村生态振兴。

五、乡村文旅产业发展调动村民积极性，助推乡村组织振兴

乡村文旅产业的发展需要村党支部和村委会的统筹协调安排部署，提高组织能力，从而促进各项工作的有序开展，让村民参与到文化旅游产业的发展中来，进一步提高村民的获得感和参与感。村党支部和村委会应该将乡村文旅产业发展工作上升为重要议事日程，并将发展旅游产业纳入村民议事会议题，听取村民的建议和意见，确定工作方向和具体措施。此外，村党支部和村委会还需要与政府相关部门积极进行沟通，争取政策和资金支持，切实做好乡村旅游事业。

乡村文旅产业发展在促进乡村发展的同时也会吸引人才回流，部分人才可以

① 中共中央宣传部，中华人民共和国生态环境部．习近平生态文明思想学习纲要[M]．北京：学习出版社，2022：44.

充实到村两委，壮大村两委的力量，这将有利于乡村组织的振兴。随着乡村旅游的发展和村庄环境的不断改善，越来越多的人开始关注到乡村文旅产业的生机与活力，这不仅为当地带来了资金和人流，也为乡村发展带来了人才。这些回流到乡村的人才，不仅带来专业技能和先进的管理理念，有的还可以通过选举进入村两委班子，带领村民共同致富。通过发展文旅产业，可以促进基层党组织强化党建引领，提高整合多方资源的能力，引导村民自主形成文明公约和自治公约等行为约束，营造多方主体共同参与、共享美好的乡村氛围，构建新型社区治理运行体系，助推乡村组织振兴的实现。

综上所述，发展乡村文旅产业可以促进乡村产业、人才、文化、生态、组织五个方面的振兴，实现多元化的乡村经济形态、高水平的人才队伍建设、完善的治理结构、传统文化的复兴以及生态环境的改善，有效促进村民创富增收，从而推动乡村振兴战略的顺利实施。

第四章　乡村文旅产业发展规划的可行性分析

为解决传统乡村旅游发展缺乏规划和部署的问题，地方政府应根据国家乡村振兴战略，科学规划本地乡村文旅产业发展。同时，为了防止重复建设和无序竞争，地方政府文旅部门要与农业、自然资源、林业等部门加强沟通协调，制定出体现本地特色且具有良好发展前景的乡村文旅产业发展规划。同一地区的不同乡村应在地方政府领导下，根据本地实际情况规划开发相关文旅项目，以推动乡村旅游健康可持续发展。然而，并不是所有乡村都适合进行旅游开发，需要进行可行性分析、综合研判，对适合开发文旅产业的乡村进行文旅产业发展规划，对那些暂时不具备文旅产业开发条件的乡村也应认清形势，避免盲目规划带来损失。

第一节　乡村旅游资源概述

科学评价分析本地乡村旅游资源禀赋情况，明确乡村文旅产业发展方向是规划工作的先决条件。只有充分了解本地的旅游资源特点和潜力，才能准确把握乡村文旅产业发展的方向和重点，避免盲目开发和无效投入。如果本地缺乏旅游资源或者旅游资源难以吸引游客，那么就不能开展乡村文旅产业发展规划。

一、乡村旅游资源概念界定

根据中华人民共和国国家标准《旅游资源分类、调查与评价》(GB/T 18972—2017)，将旅游资源的概念界定为：自然界和人类社会凡能对旅游者产生吸引力，可以为旅游业开发利用，并可产生经济效益、社会效益和环境效益的各种事物和现象。根据该定义，乡村旅游资源的概念可界定为：乡村地区凡能对旅游者产生吸引力，可以为旅游业开发利用，并可产生经济效益、社会效益和环境效益的各种事物和现象。

需要强调的是，旅游资源是一个发展的概念，随着旅游业的发展，旅游资源范围将不断扩大，对旅游资源概念的认识也会不断深化。就旅游规划与开发而言，对旅游资源概念的全面认识应从三个方面去把握。首先，旅游资源应该是旅游吸引物，这是衡量旅游资源的一个重要标准。其次，旅游资源的内容在不断发生变化。随着科技的进步以及旅游者对旅游吸引物的要求越来越高，旅游资源的科技含量也在逐步增加，旅游资源的内容越来越广泛，而且不断地丰富和扩大。最后，旅游资源能够为旅游者带来积极健康的物质和精神感受，① 给当地带来一定的经济效益、社会效益和环境效益。

二、乡村旅游资源的分类

由于旅游资源的内涵非常丰富，因此往往需要对旅游资源进行分类评价。分类评价的核心在于确定分类标准。从旅游资源分类的现状来看，为了方便和实用起见，学者们常从各自的研究目的和研究视角出发对旅游资源进行分类。比如：(1) 根据是否可以再生，分为可再生旅游资源和不可再生旅游资源；(2) 根据目前的存在状态，分为现实的旅游资源和潜在的旅游资源；(3) 根据旅游资源的基本属性，分为自然旅游资源和人文旅游资源；(4) 根据旅游资源内容属性，分为自然旅游资源、人文旅游资源和社会旅游资源；(5) 根据吸引力级别，分为世界级旅游资源、国家级旅游资源、省级旅游资源和地区级（市县级）旅游资源；(6) 根据功能的不同，分为观光游览型旅游资源、保健疗养型旅游资源、购物型旅游资源和参与型旅游资源等；(7) 根据旅游资源的成因，分为自然赋存形成的旅游资源、人类历史形成的旅游资源、天然和人工结合的旅游资源、人工创造的旅游资源；(8) 根据旅游资源的景观组合分类，分为自然景观旅游资源、人文景观旅游资源、历史遗产景观旅游资源、社会风情景观旅游资源；(9) 根据旅游资源特点与游客体验，分为市场推动型旅游资源、资源依托型旅游资源、资源－市场兼顾型旅游资源等。这些有关旅游资源的分类方法，虽然观点各异，但对于科学认

① 王庆生．旅游规划与开发（第 2 版）[M]. 北京：中国铁道出版社，2016：136—137.

识旅游资源的类别划分问题仍具有重要的指导和借鉴意义。目前，在旅游资源分类方面权威性较高、影响较大的是国家标准分类法。①

根据国家标准《旅游资源分类、调查与评价》（GB/T 18972—2017），旅游资源分为 8 大主类、23 个亚类和 110 个基本类型。根据前文所述乡村旅游资源的概念定义以及相关政策文件和学者的研究成果，将乡村旅游资源划分为乡村自然生态资源和乡村文化旅游资源 2 大类。其中，乡村自然生态资源包括：地文景观、水域景观、生物景观、天象与气候景观等 4 大主类；乡村文化旅游资源包括：建筑与设施、历史遗迹、旅游购品、人文活动等 4 大主类。详细分类见表 4-1。

表 4-1　乡村旅游资源基本分类②

大类	主类	亚类	基本类型
乡村自然生态资源	地文景观	自然景观综合体	山丘型景观、台地型景观、沟谷型景观、滩地型景观
		地质与构造形迹	断裂景观、褶曲景观、地层剖面、生物化石点
		地表形态	台丘状地景、峰柱状地景、垄岗状地景、沟壑与洞穴、奇特与象形山石、岩土圈灾变遗迹
		自然标记与自然现象	奇异自然现象、自然标志地、垂直自然带
	水域景观	河系	游憩河段、瀑布、古河道段落
		湖沼	游憩湖区、潭池、湿地
		地下水	泉、埋藏水体
		冰雪地	积雪地、现代冰川
		海面	游憩海域、涌潮与击浪现象、小型岛礁

① 谢春山，邹凯．旅游学[M]．北京：北京理工大学出版社，2017：74.

② 根据中华人民共和国国家标准《旅游资源分类、调查与评价》（GB/T 18972—2017）整理。

续表

大类	主类	亚类	基本类型
乡村自然生态资源	生物景观	植被景观	林地、独树与丛树、草地、花卉地
		野生动物栖息地	水生动物栖息地、陆地动物栖息地、鸟类栖息地、蝶类栖息地
	天象与气候景观	天象景观	太空景象观赏地、地表光现象
		天气与气候现象	云雾多发区、极端与特殊气候显示地、物候景象
乡村文化旅游资源	建筑与设施	人文景观综合体	社会与商贸活动场所、军事遗迹与古战场、教学科研实验场所、建设工程与生产地、文化活动场所、康体游乐休闲度假地、宗教与祭祀活动场所、交通运输场站、纪念地与纪念活动场所
		实用建筑与核心设施	特色街区，特性屋舍，独立厅、室、馆，独立场、所，桥梁，渠道、运河段落，堤坝段落，港口、渡口与码头，洞窟，陵墓，景观农田，景观牧场，景观养殖场，特色店铺，特色市场
		景观与小品建筑	形象标志物，观景点，亭、台、楼、阁，书画作，雕塑，碑碣、碑林、经幢，牌坊牌楼、影壁，门廊、廊道，塔形建筑，景观步道、甬路，花草坪，水井，喷泉，堆石
	历史遗迹	物质类文化遗存	建筑遗迹、可移动文物
		非物质类文化遗存	民间文学艺术、地方习俗、传统服饰装饰、传统演艺、传统医药、传统体育赛事
	旅游购品	农业产品	种植业产品及制品、林业产品与制品、畜牧业产品与制品、水产品及制品、养殖业产品与制品
		工业产品	日用工业品、旅游装备产品
		手工工艺品	文房用品，织品、染织，家具，陶瓷，金石雕刻、雕塑制品，金石器，纸艺与灯艺，画作

续表

大类	主类	亚类	基本类型
乡村文化旅游资源	人文活动	人事活动记录	地方人物、地方事件
		岁时节令	宗教活动与庙会、农时节日、现代节庆
2	8	23	110

基于上述分类，乡村文旅产业发展规划部门对本地旅游资源调查分析就有了依据。

三、乡村旅游资源的特点

乡村旅游资源和城市旅游资源相比，有自身独特的特点。

（一）物质性与文化性交融

乡村旅游资源的物质性和文化性交融是其魅力所在。乡村旅游资源一方面表现为各种各样的自然物质景观。在乡村旅游中，可以欣赏到大自然的壮观景象，如山水、森林、湖泊等美景，还能近距离接触各种动植物。另一方面，乡村旅游资源也表现为包含各类文化、精神和习俗的深厚的文化底蕴。① 乡村地区有着独特的传统文化和历史遗迹，如民俗、手工艺品和当地风味美食等。在乡村旅游中，可以近距离观察、体验并了解这些独特的文化元素。比如，在一些村落里，可以看到保存完好的传统建筑和古老的民居，还能加入当地的庙会和民俗活动，实现亲身感受传统文化的目的。这些文化元素既具有物质性，又具有独特的文化内涵和精神内核。

（二）多样性和广泛性并存

乡村旅游资源还具有多样性和广泛性并存的特点。在农业景观方面，乡村旅游资源涵盖了种植、畜牧、渔业、林业等多个领域，具有较大的丰富性和多样性。

① 朱孟玲．“乡村振兴战略”背景下乡村旅游资源开发路径[J]．商业观察，2022（2）：44—46．

这些景观不仅能够满足游客对于乡村生态环境的需求，也为当地农业经济发展提供了新的动力。在民俗文化方面，乡村旅游资源包括了各种历史悠久的音乐、舞蹈、传统手工艺品以及乡村节日等不同的文化元素。这些元素的多样性和广泛性不仅能够吸引更多的游客，也能够帮助本土文化得到更好的保护与传承。

（三）民风淳朴、地域性显著

乡村地区民风淳朴和地域性显著，是其又一个独特的特点。相较于城市，乡村地区通常保留着更为传统、自然、原始的生活方式和文化传统。在这里，人们之间的交流更加密切，社区意识更为强烈，乡土精神也得到了更好的传承和发展。此外，不同地区的乡村文化也表现出了明显的地域性特征。因地制宜，各地乡村都有着自己的特色和魅力。游客可以通过品尝当地美食、参与当地庆典等方式，更好地了解和感受这些地域性文化差异。在乡村旅游中，游客与当地居民的互动也是一大亮点。在聊天、合作农事等过程中，游客可以更好地体验到乡村人的淳朴、善良、热情等特质，享受到家庭式的温馨服务和关爱。

（四）旅游体验多样化

乡村旅游体验多样化，是其又一个吸引人前往的特点。在乡村旅游中，游客可以通过不同的方式探索和体验当地的文化、风俗、自然风光等。比如，可以参观农家乐，品尝当地美食，了解当地的生活方式；可以进行采摘、垂钓、徒步旅行等户外运动，亲身感受大自然的魅力；还可以学习手工艺、传统技艺等，深入了解当地的文化底蕴。在乡村旅游中，旅游产品也越来越丰富，覆盖面和特色也越来越广泛。除了传统的景区游览和文化体验外，还有草原呼啦圈、民族歌舞晚会、露营、农事体验等更加富有个性化的旅游项目。这些项目不仅能够满足游客的需求和期望，也能够带给他们更为难忘和独特的旅游回忆。

（五）价格较低，消费方式简单

乡村旅游的价格较低，消费方式简单，适合追求回归自然和放松身心的人群。在乡村旅游中，游客可以选择住在当地民宿或是农家乐，享受家庭式的温馨服务和关爱。同时，乡村美食价格实惠，游客可以大快朵颐，尝遍各种特色美食。

在乡村旅游中，游客也可以体验到一种与众不同的消费方式。不用拘泥于商业化的旅游项目和产品，游客可以根据自己的兴趣和需求，选择适合自己的旅游活动和线路，不断探索和发现乡村的魅力。这不仅能够满足游客的旅游需求，也可以为游客带来更为轻松和愉悦的旅游体验。

第二节　乡村旅游资源评价标准

为了摸清乡村旅游资源现状，需要组织调查组进行详细的调查分析，根据国家标准《旅游资源分类、调查与评价》（GB/T 18972—2017）评分要素和评分标准，采用打分法对各类乡村旅游资源进行评价。评价项目分为三个方面：资源要素价值、资源影响力和附加值。评价因子包括 8 项，其中资源要素价值分为 5 项，共计 85 分，资源影响力包括 2 项评价因子，共计 15 分，附加值不包含具体分值，但会根据环境保护与环境安全评价因子对乡村旅游资源单体进行加分或减分，详见表 4–2。

表 4-2　乡村旅游资源评价赋分标准[①]

评价项目	评价因子	评价依据	赋值
资源要素价值（85 分）	观赏游憩使用价值（30 分）	全部或其中一项具有极高的观赏价值、游憩价值、使用价值	30～22
		全部或其中一项具有很高的观赏价值、游憩价值、使用价值	21～13
		全部或其中一项具有较高的观赏价值、游憩价值、使用价值	12～6
		全部或其中一项具有一般观赏价值、游憩价值、使用价值	5～1

① 根据中华人民共和国国家标准《旅游资源分类、调查与评价》（GB/T 18972—2017）整理。

续表

评价项目	评价因子	评价依据	赋值
资源要素价值（85 分）	历史文化科学艺术价值（25 分）	同时或其中一项具有世界意义的历史价值、文化价值、科学价值、艺术价值	25～20
		同时或其中一项具有全国意义的历史价值、文化价值、科学价值、艺术价值	19～13
		同时或其中一项具有省级意义的历史价值、文化价值、科学价值、艺术价值	12～6
		历史价值、或文化价值、或科学价值、或艺术价值具有地区意义	5～1
	珍稀奇特程度（15 分）	有大量珍稀物种，或景观异常奇特，或此类现象在其他地区罕见	15～13
		有较多珍稀物种，或景观奇特，或此类现象在其他地区很少见	12～9
		有少量珍稀物种，或景观突出，或此类现象在其他地区少见	8～4
		有个别珍稀物种，或景观比较突出，或此类现象在其他地区较多见	3～1
	规模、丰度与概率（10 分）	独立型旅游资源单体规模、体量巨大；集合型旅游资源单体结构完美、疏密度优良；自然景象和人文活动周期性发生或频率极高	10～8
		独立型旅游资源单体规模、体量较大；集合型旅游资源单体结构很和谐、疏密度良好；自然景象和人文活动周期性发生或频率很高	7～5
		独立型旅游资源单体规模、体量中等；集合型旅游资源单体结构和谐、疏密度较好；自然景象和人文活动周期性发生或频率较高	4～3
		独立型旅游资源单体规模、体量较小；集合型旅游资源单体结构较和谐、疏密度一般；自然景象和人文活动周期性发生或频率较小	2～1

续表

评价项目	评价因子	评价依据	赋值
资源要素价值（85分）	完整性（5分）	形态与结构保持完整	5～4
		形态与结构有少量变化，但不明显	3
		形态与结构有明显变化	2
		形态与结构有重大变化	1
资源影响力（15分）	知名度和影响力（10分）	在世界范围内知名，或构成世界承认的名牌	10～8
		在全国范围内知名，或构成全国性的名牌	7～5
		在本省范围内知名，或构成省内的名牌	4～3
		在本地区范围内知名，或构成本地区名牌	2～1
	适游期或使用范围（5分）	适宜游览的日期每年超过300天，或适宜于所有游客使用和参与	5～4
		适宜游览的日期每年超过250天，或适宜于80%左右游客使用和参与	3
		适宜游览的日期每年超过150天，或适宜于60%游客使用和参与	2
		适宜游览的日期每年超过100天，或适宜于40%游客使用和参与	1
附加值	环境保护与环境安全	已受到严重污染，或存在严重安全隐患	5
		已受到中度污染，或存在明显安全隐患	4
		已受到轻度污染，或存在一定安全隐患	3
		已有工程保护措施，环境安全得到保证	3

根据表4–2，可以清晰了解评价内容和赋值方法。

一、评价内容

基于乡村旅游资源评价标准的评价因子，乡村旅游资源的评价内容包括以下方面。

（一）观赏游憩使用价值

乡村旅游资源的观赏游憩使用价值，主要体现在以下三个方面。首先，乡村旅游地区独特的自然景观和人文景观，如湖泊、山川、农田、古建筑等，可以带给游客视觉上的愉悦和美感。其次，乡村旅游地区的娱乐和休闲活动，如采摘、徒步、露营、钓鱼等，可以让游客放松身心，恢复精力和活力。最后，乡村旅游地区的生态价值也是不可忽视的，通过保护自然生态系统，促进生态可持续发展，为当地居民和游客提供更加健康、安全、美好的旅游环境和体验。

（二）历史文化科学艺术价值

乡村旅游资源的历史文化科学艺术价值主要体现在以下四个方面。首先，乡村旅游地区的历史价值。乡村地区往往保存着许多具有历史意义和代表性的建筑、古迹、文物等，如古代城池、庙宇、古堡等。这些历史遗迹可以为游客提供深入了解当地历史和文化的机会，让人们更好地了解人类文明的发展历程和文化传承的重要性。其次，乡村旅游地区的文化价值。每个乡村地区都有其独特的文化元素，如民俗、手工艺品、食俗等，这些文化元素代表了当地居民的生活方式和精神追求，通过参与和了解当地文化活动，游客可以深刻感受到乡村文化的魅力和丰富性。再次，乡村旅游地区的科学价值。农业是乡村地区的主要产业，游客可以通过参观农场、农家乐等方式，了解到农业技术、种植养殖等方面的科学知识，也可以更好地了解和关注农业发展与生态环境的关系。最后，乡村旅游地区的艺术价值。在乡村地区，人们有着自己独特的艺术表现形式，如民间音乐、舞蹈、绘画等。这些艺术元素不仅代表了当地的文化特色，也给游客带来了视觉和听觉上的享受。

（三）珍稀奇特程度

乡村旅游资源的珍稀奇特程度，在不同地区和场所之间存在很大差异。有些乡村地区拥有独特的自然环境和生态系统，如丹霞地貌、湿地、森林、草原等，这些自然景观通常是由自然环境和地质变化等因素形成的，具有非常高的珍稀奇特性。游客可以通过赏花、摄影、野外探险等方式，深入了解和体验这些珍稀奇特的自然景观。此外，乡村旅游地区也拥有众多珍稀奇特的文化元素，如传统手工艺品、民俗表演、古建筑等。这些文化元素经过历史沉淀和传承，独具特色，往往难以在其他地区找到类似的表现形式。除了自然和文化元素，乡村旅游地区还存在着一些珍稀奇特的乡村旅游产品，如草原呼啦圈、驯鹰表演、少数民族歌舞表演等，这些产品常常源于当地传统文化和生活方式，具有独特的风格和表现形式，能为游客带来难忘的旅游体验。

（四）规模、丰度与概率

乡村旅游资源所涵盖的范围通常非常广泛，可以包含一个小村庄，也可以是一大片农田或山林。其规模大小和丰度多与地理位置、气候环境、历史文化等因素有关。独立型旅游资源通常指单一的景点或活动，如某一座寺庙或某一种传统手工艺品。而集合型旅游资源则指多个资源组合成的旅游区域，具有较高的单体结构疏密度。此外，乡村旅游资源也有其自然景象和人文活动周期性发生等特点。比如，采摘季节、草原祭典、传统节日等都是乡村旅游中重要的活动节点，能够吸引大量旅行者前来参加。

（五）完整性

乡村旅游资源是乡村地区自然、人文等各种资源的集合体，包括农业、自然风光、乡土文化、民俗风情等多种元素。这些资源的完整性有两个方面，一是形态上的完整性，即各种资源之间的相互依存和统一性；二是结构上的完整性，即乡村旅游资源的组成要素之间的平衡和协调。在乡村旅游开发中，必须保证资源的完整性，否则会对旅游景区的质量和可持续发展产生负面影响。例如，如果只开发某种单一的旅游资源，而忽略了其他资源的整合，就难以吸引不同类型的游客，也会导致旅游产业的单调化和缺乏竞争力。因此，在乡村旅游开发过程中，需要综合考虑资源的形态和结构的完整性，积极开发和利用各种资源，优化资源组合，提高旅游产品的质量和市场竞争力。

（六）知名度和影响力

乡村旅游资源的知名度和影响力是评价其发展情况和市场竞争力的主要内容

之一。知名度指的是乡村旅游资源在广大消费者心中的知晓程度和认可度，包括旅游景点、旅游线路、旅游产品等方面。影响力则是指乡村旅游资源对当地经济、社会、文化以及环境等方面的影响程度。在评估乡村旅游资源时，知名度和影响力是非常重要的指标。如果某个乡村旅游资源知名度高、影响力强，就能够吸引更多的旅行者前来游览，进而带动当地旅游业的蓬勃发展。反之，如果知名度和影响力不高，可能会导致旅游业的停滞和发展困难。评估乡村旅游资源的知名度和影响力需要综合考虑多个因素，如旅游资源的丰富性、景区的品质和服务水平、旅游产品的创新性和差异化、旅游推广和宣传的效果等。

（七）适游期或使用范围

适游期或使用范围是乡村旅游资源评价的重要内容之一。适游期指的是乡村旅游资源最佳的旅游区间，其受到气候、地理等因素的影响。不同的季节和天气状况会影响旅游者的旅游体验和安全情况。而使用范围则是指不同类型的游客适合前往的乡村旅游资源，如亲子游、情侣游、团队游等。评估乡村旅游资源适游期或使用范围需要考虑多方面因素。对于适游期，需要了解当地气候、地理、环境、历史文化等方面的因素，制定出最佳的旅游时间段。同时，也需要根据具体的旅游产品和服务，进行相应的风险评估和安全控制，确保旅游者的安全和舒适。对于使用范围，需要考虑不同类型游客的需求和偏好，以及乡村旅游资源的特点和限制，为不同类型的游客提供更加优质、个性化的旅游服务。例如，对于家庭旅游，可以提供亲子游、亲子互动等项目；对于年轻人，可以设计刺激、有趣的旅游活动等。

（八）环境保护与环境安全

环境保护与环境安全是乡村旅游资源评价的重要内容之一。一个好的乡村旅游资源必须具备良好的自然环境和安全保障，否则会影响旅游体验和旅游市场竞争力。因此，在评估乡村旅游资源时，需要对其环境保护和环境安全情况进行评价与打分。在评估乡村旅游资源的环境保护方面，如表 4−2 所示，如果已受到严重污染或存在严重安全隐患，则会被扣除 5 分；中度污染扣 4 分，轻度污染扣 3 分；如果已有完善的环保措施，则可以加 3 分。通过评价格与打分，可以鼓励乡村旅游开发主体和管理部门积极采取环保措施，保护自然环境和促进旅游资源的可持续发展。同时，也能够提高乡村旅游产品和服务的质量和安全性，为旅行者提供更加优质、满意的旅游体验。

二、赋值方法

根据表 4–2，乡村旅游资源评价的赋值方法是打分法。打分法是一种常用的评价方法。在打分过程中，需要特别注意以下事项。首先，评价指标和标准必须明确，评价内容必须全面、准确、科学，以免影响评价结果的客观性和可信度。其次，在进行打分时，应该依据实际情况和专业知识进行判断，避免主观性和随意性。同时，不同的评价者也可能会存在个体差异，因此需要提前进行统一培训，保证打分的一致性和公正性。最后，应该及时将评价结果反馈给相关部门，并作为未来改进工作的重要参考。

在打分法中，由谁来打分是一个关键问题。通常情况下，对于乡村旅游资源的评价，可以从政府、专业机构、旅游企业和旅游者等多方面进行。政府和专业机构可以从宏观角度出发，对乡村旅游资源的整体环境和服务质量等方面进行评价；旅游企业可以从商业角度出发，对乡村旅游产品和服务等方面进行评价；旅游者可以从消费者角度出发，对旅游体验、服务满意度等方面进行评价。由于不同评价者的背景和角度不同，因此对乡村旅游资源的评价结果也可能存在一定差异。

评价结果的运用也是打分法中需要关注的重要问题。应该及时将评价结果反馈给相关部门，以便对评价结果加以分析和改进。针对评价结果中发现的问题，可以采取相应措施，如加强环境保护、改进服务质量、做好安全管理等，以提高乡村旅游资源的质量和市场竞争力。同时，可以在宣传推广中使用评价结果，帮助旅游者更好地了解乡村旅游资源的品质和特点，提高其选择的准确性和个性化程度。

总之，乡村旅游资源评价的赋值方法是打分法，在打分过程中需要注意评价指标和标准的明确、评价内容的准确性和客观性、打分者的一致性和公正性以及评价结果的及时反馈和运用。通过科学、客观、全面的评价，能够为乡村旅游资源的可持续发展提供有效的支撑和保障。调查时根据乡村旅游资源分类内容和评价标准有针对性地开展调查，并根据调查结果对乡村旅游资源的要素进行评价，评估是否具有旅游开发的可行性。

三、评价结果

根据对乡村旅游资源的评价得分情况，将其分为五级，从高到低依次为：五级旅游资源，得分值域≥90分；四级旅游资源，得分值域≥75～89分；三级旅游资源，得分值域≥60～74分；二级旅游资源，得分值域≥45～59分；一级旅游资源，得分值域≥30～44分。此外，还有未获等级旅游资源，得分值域≤29分。

在该评价方法中，五级旅游资源被称为“特品级旅游资源”，四级、三级旅游资源被统称为“优良级旅游资源”，二级、一级旅游资源被统称为“普通级旅游资源”。[①] 等级越高，乡村旅游资源开发的价值越高，具体的规划开发也要根据旅游资源评级制订相适应的规划方案。未获等级的旅游资源则不具备旅游开发潜质，不宜进行乡村文旅产业发展规划。

第三节　乡村旅游资源调查

在明确乡村旅游资源的分类和评价标准之后，就可以开展相应的调查工作。调查需要明确调查主体、调查内容、调查方法和调查步骤。通过精心组织和实施调查工作，可以更全面地了解当地旅游资源的现状和潜力，为乡村旅游的开发和管理提供科学依据和有效支持。

一、调查主体

乡村旅游资源调查通常涉及多个主体，包括政府部门、专业机构、旅游企业、学术研究者和当地群众等。政府是乡村旅游资源调查中不可或缺的主体之一，负责协调相关部门开展调研工作、出资支持和规划编制等，同时政府还能够通过政策引导和投资扶持等方式，推动乡村旅游资源调查工作的顺利进行；专业机构，如旅游规划设计机构、旅游咨询公司等，可以为乡村旅游资源调查提供专业的技术支持和服务，能够对乡村旅游资源进行全面评估和分析，提出科学合理的规划方案，从而为乡村旅游产业的发展提供有益的参考；旅游企业是乡村旅游资源调

① 王庆生．旅游规划与开发（第2版）[M]．北京：中国铁道出版社，2016：158.

查中具有重要影响力的主体之一，可以通过对资源的挖掘和整合，打造新的旅游产品和线路，还能够了解市场需求和客户需求，为调查提供有效的反馈和建议；学术研究者一般根据课题的要求对乡村旅游资源进行调查研究；当地群众通常是乡村旅游资源调查中最重要的主体之一，他们熟知当地的自然、文化和历史资源，能够提供丰富的信息和资料，还能够通过与旅游企业合作，将资源更好地开发利用起来。

不同的调查主体因其所做调查的目的不同，因而在调查内容、调查方法以及调查结果运用等方面也存在差异。

二、调查内容

由于乡村旅游资源调查的信息来源非常广泛，调查的内容可以从乡村旅游资源本身和乡村旅游资源外部环境两个方面着手。

（一）乡村旅游资源本身的调查

根据国家标准《旅游资源分类、调查与评价》（GB/T 18972—2017）以及前文所述的乡村旅游资源分类，调查当地旅游资源的类型、数量、结构、规模、级别、成因以及相关的重大历史事件、名人活动、文艺作品等基本情况，形成文字、照片、录像、专题地图等有关资料。

（二）乡村旅游资源外部环境的调查

1. 地理位置调查

地理位置不仅决定了乡村地区的自然与人文环境，还直接影响了乡村旅游的交通便捷程度、周边景观和自然环境等，进而影响了乡村文旅产业的规划和发展。交通便捷程度对乡村地区的发展至关重要。如果该地区的交通不够便捷，那么游客前来旅游的热情就会大打折扣。因此，在进行地理位置分析时，需要考虑到该地区的道路、铁路、航空和水上交通等多种交通方式，并评估它们的便捷性和安全性。例如，若该地区有高速公路或铁路，是否能够与其他城市快速联通？当地是否需要建设更多的航空港口，以方便长途游客到达旅游地？这些问题都需要在地理位置调查中进行详细的探讨。

2．社会经济调查

区域的社会和经济情况会直接影响乡村文旅产业的发展。在社会经济调查中，需要了解该地区的人口、收入水平、就业状况等方面的特点，以便更好地制定适合旅游消费者群体和旅游产品的定位。

3．环保状况调查

因为乡村地区作为自然资源和人文景观相结合的重要旅游目的地，其生态环境对于旅游业的可持续发展至关重要。在环境保护状况调查中，需要评估乡村地区的污染源、环境影响、治理措施等方面的情况，以便制定合理的环境保护政策和管理措施，促进乡村旅游的可持续发展和加强生态保护。

4．竞争对手调查

竞争对手调查是乡村文旅产业发展规划的必要部分，旅游从业者应该了解当前的竞争环境，了解竞争对手的优点和缺点。每个地区都有独特的优势和缺陷，对于竞争对手的分析应特别关注对手的特色，形成自己的差异化竞争优势，并在此基础上挖掘潜在的市场机会。

5．技术创新环境调查

当前新的技术和趋势不断涌现，如人工智能、云计算、物联网、区块链、虚拟现实等新兴技术正逐渐渗透各行各业中，乡村文旅产业也不例外。技术创新与发展已经成为乡村文旅产业的重要组成部分，要调查区域内科技开发的重点、科技转化为生产力的速度等，以便于后期利用新兴技术提高产品质量和客户体验，为乡村文旅产业的创新发展提供依据。

三、调查方法

在乡村旅游资源调查过程中，需要选择合适的调查方法，或者将几种调查方法相结合，以提高调查效率和调查效度。常用的调查方法有以下几种。

（一）实地考察法

实地考察法是乡村旅游资源调查中最直接有效的一种方法。通过到现场进行实地考察，可以了解当地的自然风光、文化背景和人文景观，从而为后续的规划和开发提供科学依据。实地考察法通常包括以下步骤：(1）选择调查区域。在乡村旅游资源调查中，需要有针对性地选择调查区域。这个区域可以是整个乡镇，也可以是一个特定的景点或景区。考察时需要综合考虑如交通、社会经济状况、自然条件等因素来选择调查区域。(2）明确实地考察目标。在实地考察前，需要明确考察的目标。比如，要考察当地的文化遗产物、自然景观、旅游配套设施等方面的信息，以便更好地收集和整理相关资料。(3）数据收集与记录。在实地考察中，需要进行大量的数据收集和记录。这些数据包括当地的自然环境、社会经济状况、历史文化背景等信息。特别是对于一些潜在的旅游资源，需要进行详细的描述和记录，以便后续的评估和判断。(4）现场拍照和测量。在实地考察中，需要进行现场拍照和测量。通过拍摄图片和录制视频等方式，可以更全面地记录当地的自然和文化景观。同时，还需要进行一些特定的测量工作，如地形图绘制、地貌特征标注等，以便后续数据分析和模型构建。

（二）现代科技调查法

在乡村旅游资源调查中，有些地区的地理位置较偏僻，周边可能存在大规模的山脉、森林、草场等自然景观。此时，采用遥感技术可以更全面地收集多种比例尺、多种类型的遥感图像和与之相匹配的地形图、地质图和地理图等，以便更好地发现和分析潜在的乡村旅游资源。遥感技术不仅可以对乡村旅游资源的类型进行定性，还可以通过定量表述使分析结果更科学和准确。通过遥感技术，可以快速捕捉到一些其他调查方法不易发现的潜在旅游资源，如特殊的自然景观、文化遗产物等。

同时，遥感技术对于资源的动态监测也非常有效。比如，在某些自然景观变化很快的地区，持续使用遥感技术进行检测和监控，能够及时发现资源变化，为制定适当的保护措施提供科学依据。

（三）问卷调查法

问卷调查法是乡村旅游资源调查中收集信息的一种常用方法。通过设计调查问卷，向受访者询问其对于乡村旅游资源的需求和评价，以了解相关信息。

问卷调查法可以通过网络等多种形式进行，无论是线上还是线下，都能够快速地收集到大量的问卷数据，从而获得更全面、更准确的信息。问卷调查法允许受访者匿名提交问卷以保护个人信息，使得受访者更加愿意填写问卷，并且更容易说出真实想法。设计调查问卷时，问题的设计更灵活，可以根据调查目的和研究对象的不同而定制问题，从而更全面地了解受访者的需求和态度。

在使用问卷调查法时，问卷设计要清晰明了，问卷内容要简单易懂，问题不能过于复杂，避免产生歧义；选择的样本要具有代表性，能够代表整个受访人群，以便获得更准确的结果；数据分析需要专业工具支持，问卷调查所获得的数据比较庞大，需要使用统计学、可视化等多种工具对数据进行分析和处理，从而得出更加科学和准确的结论。

（四）座谈访问法

座谈访问法是乡村旅游资源调查中是常用的调查方法之一，主要是通过与当地居民和旅游从业者进行面对面交流来获取有关当地旅游资源的信息。

在座谈访问中，调查人员可以与当地居民和旅游从业者进行深入交流，了解他们的观点和体验，并从中获得有关乡村旅游发展的重要信息。这种方法的优点在于能够获得详细、具体的当地情况，特别是一些潜在的旅游资源信息，如文化遗产、传统手工艺等，更容易被发现和挖掘。座谈访问中需要注意以下几点：(1) 调查人员应该做好事前准备。在座谈访问前，需要了解当地情况，对访问对象有一定的了解，以便更好地开展调查工作。(2) 座谈访问应该有针对性。座谈访问的内容应该围绕调查问题展开，避免无关话题或者走题。(3) 座谈访问应该有计划。座谈访问要有合理的时间安排和议程，避免过长或者过短的时间安排。(4) 座谈访问应该有记录和整理。座谈访问过程中需要详细记录有关信息，避免遗漏或者失误。然后还要整理有关信息，以便更好地分析和利用。

（五）文献资料法

文献资料法是乡村旅游资源调查中一种常见的调查方法，主要是通过搜集和分析相关文献资料，如历史文化遗迹的资料、地图、统计数据等来了解当地旅游资源资料及历史文化背景。在乡村旅游资源调查中，利用文献资料法可以获取到历史文化、社会经济、自然环境等方面的数据，可以更全面、准确地了解当地的旅游资源状况；利用文献资料法可以掌握到历史信息、文化传承等方面的基础信息，从而为后续规划和开发提供科学依据；利用文献资料法获得的信息通常比较稳定，因此能够提供比较可靠的数据支持。在使用文献资料法时，需要注意以下几点：(1) 资料搜集应该全面。在使用文献资料法时，需要综合考虑多个来源的资料，尽可能全面、深入地了解当地的情况。(2) 资料分析应该准确。使用文献资料法搜集的数据需要进行分析和评估，从而得出更准确、科学的结论。(3) 资料更新应该及时。由于文献资料可能有一定的时效性，因此在使用时需要注意查询资料的时间和来源，并在必要时进行更新或者补充。

（六）统计分析法

统计分析法是乡村旅游资源调查中一种常用的方法，主要是通过搜集、整理和分析数据来了解当地的旅游资源状况及发展潜力。在乡村旅游资源调查中，使用统计分析法得到的数据比较准确可靠，可以为后续规划和开发提供科学依据；使用统计分析法可以获取到各类旅游资源数据，如自然资源、文化遗产、人文景观等，更为翔实全面；使用统计分析法获得的数据和结论相对客观公正，不受个人主观影响。在使用统计分析法时，需要注意以下几点：(1) 调查数据应该准确。使用统计分析法分析的数据需要足够准确和全面，以保证得出的结论具有科学性和可靠性。(2) 分析方法应该得当。使用统计分析法时，需要选择合适的数据处理和分析方法，如 SPSS、Excel 等，从而得出更为准确的结论。(3) 结论应该有实际意义。使用统计分析法得出的结论需要具有实际应用价值，为后续的规划和开发提供科学依据。

四、调查步骤

乡村旅游资源调查的步骤可以分为准备阶段、调查阶段、分析阶段和总结阶段。

（一）准备阶段

1. 成立调查小组

小组成员可以包括相关政府部门、第三方旅游规划机构、旅游企业代表、乡村居民代表、学者专家等。要明确调查的任务，并将任务落实到每个成员，调查前要开展业务培训，配备数码相机、录音笔等设备。

2. 搜集相关文献资料

调查前要搜集一些与规划区域地方文脉相关的文献资料，通过各种途径搜集规划区域内的旅游资源信息，选取合适比例尺的地形图将旅游资料较为详尽地标注上去，以便在调查过程中核实和补充。

3. 确定调查目标

在进行乡村旅游资源调查前，需要明确调查目标，包括确定调查范围、调查内容和要解决的问题等。明确调查目标有助于提高调查效率和准确性，更好地了解当地旅游资源状况和开发潜力。例如，调查目标可以包括了解当地的自然环境、人文景观、旅游设施、旅游需求等方面的情况，以便确定后续开发规划和措施。

4. 制订调查计划和相关调查表格

调查前需要制订详细的调查计划，包括调查时间、调查区域、调查人员、数据搜集方式等。同时，还应考虑到当地政策法规、社会文化背景等因素，确保调查计划的可行性和有效性。为了准确获取调查数据，还要设计相关的调查表格、调查问卷和访谈提纲，内容应该针对不同类型的乡村旅游资源进行设计，并从不同角度对资源类型、数量、质量、保护状况等进行全面调查。另外，在设计调查工具时，还应注意语言表述的准确性和易懂性，以便被调查者能够正确理解调查问题并提供准确的回答。

5. 选择调查方法

在进行乡村旅游资源调查前，需要根据调查目标和条件选择合适的调查方法。常用的调查方法包括实地考察法、现代科技调查法、问卷调查法、座谈访问法、文献资料法和统计分析法等。在确定调查方法时，需要结合具体情况和调查目标选择合适的方法并组织专业团队进行调查，以保证调查结果的准确性和可靠性。

（二）调查阶段

在进行乡村旅游资源调查时，需要按照制订好的调查计划采用相应的调查方法进行数据搜集。针对不同的调查对象和调查内容，可以采用多种调查方法，如实地考察、网上问卷、座谈访问、文献搜集等。实地考察是直观了解当地旅游资源情况的有效途径，可以采集更丰富的信息；网上问卷可以快速获取大量数据，并且便于统计和分析；座谈访问可以深入了解当地居民和相关从业人员的意见和建议；文献搜集则有助于搜集历史、文化等方面的数据。此阶段也包括对乡村旅游资源的评价，主要是召集相关主体根据乡村旅游资源调查结果进行打分。

（三）分析阶段

在完成乡村旅游资源调查后，需要对所搜集到的数据进行整理、分类、汇总和分析，以得出具体的数据结论。数据整理是将搜集到的原始数据进行清洗、归类和筛选，使其更加明确和规范；数据分类是将数据按照不同的维度进行划分和组织，以便于后续的分析和处理；数据汇总是将分类好的数据进行合并和统计，形成全局的数据概览；最后还需要对数据进行深入分析，解读数据背后的含义和规律，并依据分析结果制定相关的旅游资源开发和管理策略。

（四）总结阶段

在完成乡村旅游资源调查并对数据进行整理、分类、汇总和分析后，需要整合结果形成调查报告。调查报告应当清晰地呈现调查结果和分析结论，包括当地旅游资源的现状、发展潜力和存在的问题，并提出相应的建议和意见。调查报告是对乡村旅游资源开发和管理的重要参考，具有指导意义。因此，在编写调查报告时，需要注意调查报告的可读性和实用性，使其易于理解和推广。

乡村旅游资源调查是一个复杂的过程，需要多方面的专业知识和技能。为了确保调查结果的科学性和可行性，通常会由专家或权威机构对调查结果进行审核。专家或权威机构的审核主要是针对调查报告中所呈现的数据和分析结论，并从理论和实践角度出发，评估其科学性和可行性。如果在审核过程中发现不足或错误，需要及时进行修正或补充，以提高调查结果的准确性和可靠性。

乡村旅游资源调查完成后，需要向利益相关方反馈调查结果和建议，以确保调查成果的有效落实。利益相关方包括当地政府、乡村旅游从业者和当地居民等。通过及时反馈调查结果和建议，可以让相关人员更好地了解当地旅游资源的状况和发展潜力，并制定相应的管理和开发策略。此外，还可以加强与相关人员之间的沟通和交流，促进共同协作和合作。

总之，乡村旅游资源调查是一个系统性、复杂性的过程，需要逐步有序地进行，以保证调查过程科学、系统和全面。在调查前需要明确调查目标和条件，制订具体的调查方案；然后选择相应的调查方法进行数据搜集，并对数据进行整理、分类、汇总和分析；接着整合结果形成调查报告，由专家或权威机构审核调查结果的科学性和可行性；最后向利益相关方反馈调查结果和建议，以确保调查成果的有效落实。通过有序的调查步骤，可以获得可靠的数据和结论，为后续的规划和开发提供有效的支持，促进乡村旅游的健康发展。

第四节　乡村旅游市场调查

在制定乡村文旅产业发展规划之前还需要进行乡村旅游市场调查，通过市场调查可以了解游客对于乡村旅游的需求和喜好，包括旅游方式、景点类型、住宿设施等方面的需求，便于制定更符合市场需求的旅游产品和服务，从而提高乡村旅游的吸引力和竞争力。

一、旅游市场的概念

旅游市场作为旅游产品的直接消费对象，也称之为客源地市场。营销意义上的旅游市场是指一定时期内，某一地区中存在的对旅游产品具有支付能力的经常购买者和潜在购买者。①

二、旅游市场的结构

旅游市场的结构内涵非常丰富，包括旅游者的年龄构成、收入水平和受教育程度等。针对旅游市场结构进行的调查是旅游规划必不可少的内容，搜集调查数据可以使规划人员初步了解旅游者的行为规律，是制定旅游规划的重要依据。

（一）乡村旅游客源的年龄构成

我国乡村旅游客源的年龄构成相对较广，包括了各个年龄段的游客。根据岳瑞波、谭单（2019）的研究显示（见表 4-3），2018 年“五一”黄金周期间，我国乡村旅游年龄结构中，26—55 岁年龄段占旅游总人数的 82.34%，也就是正在

① 王庆生．旅游规划与开发（第 2 版）[M]．北京：中国铁道出版社，2016：177.

工作且在职的人员，假期时他们会选择到乡村放松心情，缓解工作压力，而其他年龄段的占比较小。

表 4-3　2018 年“五一”我国乡村旅游的年龄结构统计表[①]

年龄段（岁）	人数	占比（%）
15—25	6338755	7.57
26—35	24452163	29.25
36—45	26020098	31.12
46—55	18387842	21.97
56—65	5756388	6.88
66—75	2663122	3.19

（二）乡村旅游客源的收入水平

乡村旅游客源的收入水平与乡村旅游市场有着密切的关系。一般来说，乡村旅游客源的收入水平越高，对于乡村旅游产品和服务的需求也会越高，从而促进乡村旅游市场的发展。

具体来说，高收入人群更容易接受乡村旅游的高端产品和服务，包括高档民宿、定制旅游、采摘等特色活动，因此他们往往是乡村旅游的重要客群。而低收入人群则更加注重乡村旅游的价格实惠性和性价比，如农家乐、自助游等旅游方式。乡村旅游市场的发展状况很大程度上取决于客源的收入水平和需求，以及乡村地区提供的产品和服务的质量和多样性。

（三）乡村旅游客源的受教育程度

乡村旅游客源的受教育程度与乡村旅游市场有一定的关系。一般来说，受教育程度较高的客源更容易接受富有创意和个性化的旅游产品和服务，从而对于乡村旅游市场的创新和发展具有促进作用。

① 数据来源：https://mtoou.info/tubiao/1227580.html.

具体来说，受教育程度较高的客源更加注重旅游的文化内涵和知识性，他们愿意通过旅游来扩宽眼界、增长见识，因此对于乡村旅游中各种文化体验、文化交流等内容更感兴趣。他们更加关注于自然保护、环保和可持续发展等方面的问题，因此乡村旅游市场中注重环保和可持续性的产品更容易吸引他们的注意力。同时，受教育程度较高的客源在选择旅游产品和服务时会更加注重品质和服务质量，倾向于选择价格合理、服务贴心、环境优美的乡村旅游产品和服务。这也促使了乡村旅游市场提高产品和服务的质量和水平，以满足这部分客源的需求。

（四）乡村旅游客源地居民的家庭结构

乡村旅游客源地居民的家庭结构与乡村旅游市场有着密切的关系。不同类型的家庭结构对乡村旅游市场的需求和偏好存在差异。例如，有小孩的家庭更倾向于选择亲子游或家庭度假，而年轻夫妇则可能更喜欢浪漫度假或户外探险。因此，乡村旅游市场需要考虑到乡村旅游客源地居民家庭结构的特点，提供多样化的旅游活动和服务，满足不同家庭的需求和偏好。同时，针对不同家庭结构的游客，乡村旅游市场可以进行有针对性的推广和营销，提高市场占有率和竞争力。

三、设计调查问卷和访谈提纲

乡村旅游市场调查是了解消费者需求、乡村旅游产品特点和市场竞争状况等的重要途径。设计合理有效的调查问卷是保证调查结果真实可靠的基础，设计合理有效的访谈提纲可以确保访谈过程顺利进行，获取准确有用的信息。

（一）乡村旅游市场调查中调查问卷的设计要点

1. 调查目的和背景

调查问卷的开头应明确说明本次调查的目的和背景，让受访者清晰地了解为什么要进行这次调查。

2. 受访者基本信息

在问卷中要收集一些受访者的基本信息，如性别、年龄、职业、收入、家庭人数等。这些基本信息有助于了解不同人群对乡村旅游的需求和偏好，为后续分析提供支持。

3. 乡村旅游需求和满意度

通过问卷了解受访者对乡村旅游的需求和满意程度，包括乡村旅游的种类、服务质量、价格、交通、住宿等方面的内容。这些问题的回答可以帮助旅游开发主体更好地了解消费者需求，从而为市场推广和宣传提供依据。

4. 乡村旅游意愿和消费能力

通过调查问卷还可以了解受访者对于乡村旅游的兴趣和参与意愿，以及他们所能接受的价格和消费水平。这些问题的回答可以帮助旅游开发主体确定产品定价和营销策略。

5. 竞争对手分析

在问卷中也要了解受访者对竞争对手的认知和评价，包括同业企业的产品、服务、价格等方面的内容。这些问题的回答可以为旅游开发主体提供有关市场竞争情况的信息，从而更好地制定相应的营销策略。

6. 建议和意见

在问卷结尾要收集受访者的建议和意见，让他们针对乡村旅游市场的不足之处提出具体化的建议和期望。这些反馈可以为旅游开发主体改进产品和服务提供指导和借鉴。

（二）乡村旅游市场调查中访谈提纲的设计要点

1. 访谈对象

首先需要确定访谈对象，包括当地居民、游客和业内从业人员等。根据不同的对象制定相应的访谈提纲。

2. 访谈目的和背景

在访谈开始前，应向被访问者说明本次访谈的目的和背景。明确访谈的主题和范围，让受访者了解为什么要进行这次访谈。

3. 乡村旅游需求和评价

通过访谈了解受访者对于乡村旅游的需求和满意度，包括乡村旅游的种类、服务质量、价格、交通、住宿等方面的内容。同时，也可以询问他们对于乡村旅游的期望和建议，以便更好地开发符合消费者需求的旅游产品。

4. 乡村旅游体验和印象

访谈还可以了解受访者对于乡村旅游的体验和印象，包括旅游景点的环境、氛围、文化内涵等方面的内容。通过了解受访者的体验和印象，可以为旅游开发主体提供有关改进旅游产品的建议和启示。

5. 乡村旅游市场竞争

在访谈中也要了解受访者对竞争对手的认知和评价，包括同业企业的产品、服务、价格等方面的内容。这些问题的回答可以为旅游开发主体提供有关市场竞争情况的信息，从而更好地制定相应的营销策略。

6. 建议和意见

在访谈结尾要收集受访者的建议和意见，让他们针对乡村旅游市场的不足之处提出具体化的建议和期望。这些反馈可以为旅游开发主体改进产品和服务提供指导和借鉴。

总之，乡村旅游市场调查中调查问卷和访谈提纲的设计应该根据调查目的和研究对象的特点进行制定。通过设计合理的调查问卷和访谈提纲，可以获取准确的数据和信息，为乡村旅游的市场推广和开发提供科学依据。

四、旅游市场需求预测的理论方法

乡村旅游市场调查的最终目的是对市场需求和趋势进行预测。目前的相关研究人多数是采用定量的方法建立旅游需求预测模型，进而使用各种数学方法进行预测。而定性方法主要是指管理学的一些方法，如专家判断法、德尔菲法、场景分析法等。

（一）定量预测方法

定量预测是使用因素变量来预测旅游市场需求的数学模型。根据调查获得的统计数据，运用一定的数学方法进行加工整理，揭示相关变量间的规律性联系。下面介绍一下常见的因果关系模型预测方法。

因果关系模型是定量预测模型的主要方法之一，主要用来描述和分析因果关系，通过对变量之间的因果关系进行建模，以预测和解释不同变量的行为。通常情况下，因果关系模型包括一个或多个自变量和一个因变量，其中自变量会影响因变量的取值。因此，因果关系模型可以用来研究不同变量之间的关系，找出变量之间的因果关系，并进行预测和干预。在建立因果关系模型时，通常先要通过理论、统计方法、实验等方式确定变量之间的因果关系。然后，根据这些因果关系构建数学模型，如回归分析、结构方程模型等，进而推导出具体的因果关系。因果关系模型可以应用于各种领域，如经济、社会、医学、心理学等，可以帮助人们理解不同变量之间的关系，并提供定量化的数据分析方法，以便更好地进行预测和决策制定。同时，因果关系模型也可以用来发现变量之间的非线性关系、交互作用等，从而更加深入地研究变量之间的因果关系。

1. 回归分析

回归分析是一种用来研究变量之间关系的统计方法。它通过建立一个数学模型来描述自变量与因变量之间的关系，并利用数据拟合这个模型，以便进行预测和推断。

回归分析的一般形式可以表示为：

$Y=\beta_0+\beta_1X_1+\beta_2X_2+\ldots+\beta_kX_k+\varepsilon$

其中，Y 是因变量，X_1，X_2，…，X_k 是自变量，β_0，β_1，β_2，…，β_k 是回归系数，ε 是误差项。

回归系数表示自变量对因变量的影响程度，它们的取值可以通过最小二乘法估计得到。回归模型可以通过调整自变量的取值来预测因变量的取值。而误差项则表示因变量无法被自变量完全解释的部分。

当只有一个自变量时，回归分析称为简单线性回归，其数学模型可以表示为：

$Y=\beta_0+\beta_1X+\varepsilon$

其中，Y 和 X 代表因变量和自变量，β_0 和 β_1 分别代表截距和斜率，ε 表示误差项。

将回归分析运用于乡村旅游市场预测，可以通过以下步骤实现。(1) 确定涉及的变量。首先要确定需要考虑的因素或变量，如旅游者的数量、旅游产品价格、旅游地区的自然环境等。这些变量应该是具有解释性和相关性的，以便进行回归分析。(2) 数据收集和处理。收集涉及的数据并进行清理和处理。这一步需要确定数据样本规模，并对数据进行筛选和转换。(3) 建立回归模型。根据前面确定的变量之间的关系建立回归模型。在建模过程中，需要选择合适的回归方法，如线性回归、多元回归、逐步回归等，并确定自变量和因变量之间的函数关系。(4) 模型拟合。利用统计软件进行回归模型的拟合和参数估计，得到拟合好的回归方程。同时，还需对拟合效果进行检验和评价，以确保回归结果的可靠性和有效性。(5) 预测和解释。基于拟合好的回归模型进行预测和解释。例如，可以预测某个乡村旅游目的地的旅游者数量随着时间的变化趋势，或者分析旅游产品价格和销售量之间的关系。(6) 模型调整。如果模型拟合效果不佳，需要对回归模型进行调整和改进，以提高预测精度和可靠性。

将回归分析运用于乡村旅游市场预测需要建立适当的回归模型，并通过数据拟合和模型检验进行评价和修正。基于拟合好的回归模型进行预测和解释，可以为乡村旅游市场提供有效的决策支持。

2. 结构方程模型

结构方程模型是一种用于探究变量之间因果关系的统计方法，它基于多元线性回归和因子分析等方法，通过建立一个包含多个潜在变量的模型来描述变量之间的关系，并利用数据拟合这个模型以便进行预测和推断。

结构方程模型可以表示为：

$\xi=\Gamma\eta+\delta$

$Y=\lambda\xi+\varepsilon$

其中，ξ 是潜在变量，η 是观察变量，Γ 和 λ 是参数矩阵，δ 和 ε 分别是误差项，Y 表示最终的因变量。

ξ 代表不能直接测量或观察到的变量，如心理学中的自尊心、抑郁情绪等，而 η 则表示直接观察到的变量。Γ 矩阵表示潜在变量与观察变量之间的关系，而 λ 矩阵则表示潜在变量对因变量的影响。δ 和 ε 分别表示误差项，反映了模型未能完全解释的部分。

将结构方程模型运用于乡村旅游市场预测，可以通过以下步骤实现。(1) 确定涉及的变量。在乡村旅游市场预测中需要考虑的因素比较多，如旅游者的满意度、旅游产品的质量、旅游地区的自然环境等。因此，需要先确定模型中所包含的所有变量，并归纳它们之间的关系。(2) 建立结构方程模型。根据前面确定的变量间的关系，建立结构方程模型。在建模过程中，需要定义潜在变量和观察变量，以及它们之间的关系矩阵。同时，还需要定义模型的误差项，用于描述那些不能被潜在变量或观察变量解释的部分。(3) 收集数据并拟合模型。收集与模型有关的数据，并利用统计软件进行参数估计和模型拟合。这一步需要进行研究设计和选择抽样方法，以确保数据的有效性和可靠性。(4) 模型检验和评价。对拟合好的模型进行验证和评价，检查模型是否符合数据的假设、检查误差的适当性等。如果模型不符合，需要进行修正并再次拟合模型。(5) 进行预测。在模型通过检验之后，可以利用该模型进行预测。例如，可以利用结构方程模型分析旅游者对某个乡村旅游目的地的满意度，以及满意度受到哪些因素的影响。同时，还可以预测这些因素的变化对于满意度的影响。

将结构方程模型运用于乡村旅游市场预测需要建立适当的模型，收集相关数据，并经过验证和评价，最终得出预测结果。

（二）定性预测方法

定性预测方法是指基于主观判断和专家意见等非量化信息，对未来事件或现象进行预测的方法。这些方法通常依赖于专家知识、经验、直觉和场景分析等因素，而不涉及具体数据和统计模型。常用的定性预测方法包括专家判断法、德尔菲法、场景分析法、SWOT 分析法、试探性问答法等。尽管定性预测方法在许多领域中得到了广泛应用，但由于它们的主观性和不确定性，需要结合定量数据和统计模型进行验证和分析，以提高预测的准确性和可靠性。

1. 专家判断法

专家判断法是一种基于专家知识和经验的定性预测方法，通过邀请乡村旅游领域的专家、学者或从业人员对未来的发展趋势进行分析和判断，以及预测市场需求的变化。这些专家通常具有行业内的长期从业经验和敏锐的洞察力，能够提供有用的信息和见解，帮助决策者制定更加准确的发展战略。然而，专家判断法也存在着主观性和不确定性等问题，需要结合其他的数据和方法进行验证和分析，以提高预测的可靠性和有效性。

2. 德尔菲法

德尔菲法是一种定性预测方法，也适用于乡村旅游市场预测。该方法将一组专家分成若干个小组，每个小组独立地对未来的市场需求进行预测。然后，对各小组的预测结果进行统计和汇总，得出最终的预测结论。德尔菲法通过专家间的交流和讨论，不断修正和完善预测意见，最终达成共识，提高了预测的准确性和可靠性。但是，德尔菲法也存在着时间较长和成本较高等问题，需要在实际应用中谨慎考虑。

3. 场景分析法

场景分析法是一种定性预测方法，可以用于乡村旅游市场预测。该方法通过对未来可能出现的不同场景进行分析，从中提取具有意义的变量和趋势，并根据这些因素预测市场需求的变化。场景分析法可以帮助决策者了解各种不同情境下的市场发展趋势，提前制定应对措施。但是，场景分析法也存在着场景构建难度高、预测结果主观性强等缺点，需要结合数据和其他预测方法进行分析和验证。最终的预测结果需要谨慎评估和利用。

4.SWOT 分析法

SWOT 分析法是一种常用的定性预测方法，可以用于乡村旅游市场预测。该方法通过对市场发展的优势、劣势、机会和威胁进行评估，分析其内部和外部环境因素，进而预测市场需求的变化。SWOT 分析法可以帮助决策者更好地了解市场的潜力和瓶颈，应对不确定因素，制定更加合理和有效的市场营销策略。但是，该方法也存在着主观性强、影响因素过于宏观等问题，需要结合其他数据和方法进行分析和补充。

5. 试探性问答法

试探性问答法是一种基于交互式对话的定性预测方法，也可以应用于乡村旅游市场预测。该方法通过与乡村旅游领域的专家、用户或消费者进行沟通和交流，利用开放性问题收集他们对未来市场发展的看法和想法，从而预测市场需求的变化。试探性问答法可以帮助决策者更好地了解市场趋势和用户需求，并引导其制定合理的市场策略。但是，该方法也存在着信息来源可能不全面、主观性强等问题，需要结合其他数据和方法进行分析和验证。

第五节　乡村文旅产业发展规划概述

乡村旅游资源和乡村旅游市场在经过调查分析以及预测之后应当如何利用，如何引导和带动乡村旅游资源的开发与保护，为乡村文旅产业发展服务，这就需要有科学规划的引领和指导。本节主要介绍了乡村文旅产业发展规划的内涵、重要意义、主要类型以及面临的困境。

一、乡村文旅产业发展规划的内涵

乡村文旅产业发展规划是为了推动乡村旅游、文化、生态及相关产业的可持续发展而制定的指导性文件，其目的是通过科学规划和合理布局发挥乡村资源优势，提升农村经济和社会发展水平。

乡村文旅产业发展规划需要充分考虑当地自然、人文、历史等方面的基础资源，结合市场需求和投资环境，制定出符合实际情况和发展趋势的发展战略和实施方案。其主要涉及乡村旅游、文化保护、乡村经济、城乡融合等多个方面，需要在政策、法规、资金、管理、人才等方面给予支持和保障。

同时，乡村文旅产业发展规划也需要注重与当地居民和企业的沟通和协调，充分发掘和利用当地的文化、历史、风俗习惯等特色资源，打造出具有地方特色和吸引力的乡村旅游产品和服务。这不仅能够推进乡村旅游和文化产业的发展，也能够带动农村经济的全面发展和社会文明进步。

二、乡村文旅产业发展规划的重要意义

乡村文旅产业发展规划是当前乡村振兴和文旅融合的重要手段之一，通过对乡村资源优势的深入挖掘和整合，制定科学的发展战略和实施方案，以推动乡村经济转型升级，提高农民收入水平，促进经济和社会的全面发展，具有非常重要的意义。

首先，乡村文旅产业发展规划有助于提升乡村旅游发展水平。随着城市化进程的不断加快，乡村旅游逐渐成为人们放松身心、体验田园生活的重要方式。乡村旅游的发展需要基于乡村文旅产业发展规划进行，根据当地实际情况和市场需

求，开发出符合消费者需求的旅游产品和服务，吸引更多的游客前来旅游，从而推动当地的经济发展和促进就业。

其次，乡村文旅产业发展规划有助于传承和保护地方文化遗产。乡村文化是中国文化的重要组成部分，也是乡村旅游的重要资源之一。通过规划，可以对当地的文化遗产进行深入挖掘和整合，并将其注入乡村旅游开发中，推动文化与旅游融合，保护、传承和弘扬优秀的乡村文化。

再次，乡村文旅产业发展规划有助于实现城乡融合和农村经济转型升级。随着城市经济的不断发展，城乡差距加大，这也给乡村经济的发展带来了很大的压力。乡村文旅产业的发展可以为农村经济的转型升级提供新的思路和途径，打破城乡二元结构，促进城乡融合发展。

最后，乡村文旅产业发展规划有助于提高生态环境质量。乡村旅游产业是一个以自然生态为基础的产业，因此乡村文旅产业发展规划需要注重生态保护和可持续发展，保护好自然资源和生态环境，避免过度开发和污染，实现经济效益和生态效益的双赢。

三、乡村文旅产业发展规划的主要类型

乡村文旅产业发展规划是指针对乡村旅游、文化、生态及相关产业的发展而制定的一系列规划和计划，其类型主要包括以下几种。

（一）总体规划

总体规划是乡村文旅产业发展规划中最为重要的一个环节，其目的在于明确乡村文旅产业发展的总体目标、战略布局、发展方向、空间结构等方面的问题。总体规划需要充分考虑当地的自然和人文资源状况，以及市场需求和投资环境等因素，确定乡村文旅产业的发展目标和路径。

（二）分类规划

分类规划是指根据不同的功能和特点，将乡村文旅产业划分为不同的类别进行规划，以达到更好地分工和管理的目的。常见的分类规划有乡村旅游规划、文化保护规划、生态保护规划、产业布局规划等，每项规划都针对各自的专业领域制定具体的发展目标和实施方案。

（三）区域规划

区域规划是基于乡村文旅产业的空间布局和资源分布，将乡村地区划分为不同的区域，对每个区域进行规划制定。通过区域规划，可以实现对不同区域的统一管理和有针对性的发展，更好地保护当地的生态环境、文化遗产等资源。

（四）项目规划

项目规划是指在总体规划的基础上，根据当地的实际情况和市场需求，确定具体的项目内容、投资规模、建设周期、实施方案等，以达到更好地开发项目和开展营运管理的目的。常见的项目规划有景区规划、乡村民宿规划、休闲农业规划等。

（五）镇村规划

镇村规划是指对某个镇或村庄进行规划，制定相应的发展战略和实施方案，以推动当地的经济发展和社会进步。镇村规划需要充分考虑当地的自然、人文和历史等方面的特点，根据市场需求和资源优势，确定合适的产业类型和发展路径。

通过制定不同类型的规划，可以更好地实现乡村文旅产业的有序发展，推动乡村振兴和现代化建设。

四、乡村文旅产业发展规划面临的困境

乡村文旅产业是近年来迅速发展的新兴产业，但在其发展规划的过程中仍然面临一些困境。

（一）城乡发展差距大

乡村文旅产业与城市旅游相比，在基础设施、服务质量等方面还存在较大差距。同时，农村地区普遍缺乏品牌效应和知名度，这使得乡村旅游产品难以与城市旅游竞争。

（二）资金不足

乡村文旅产业发展需要投入大量资金，在资金来源上缺乏多样性，政府限于财力对文旅项目的扶持力度不够，企业自身也缺乏可持续性的盈利模式，这使得很多优秀的文旅项目无法落地。

（三）人才短缺

乡村文旅产业涉及的专业领域广泛，需要各类人才的支持。但目前农村人才储备普遍不足，招聘难度大，且人才流动性低，这限制了乡村文旅产业的规模和质量的提升。

（四）缺乏品牌优势

乡村文旅产业发展初期，缺乏具有代表性和知名度的品牌。同时，农村地区的文化、历史传承等方面的资源并未得到充分的挖掘和开发，导致乡村文旅产品吸引力不足。

（五）环保问题

乡村文旅产业对环境的影响越来越明显，一些旅游景点游客众多和环境措施落实不到位导致环境被破坏、垃圾乱放等问题频繁发生，这给当地居民带来了很多不便，也损害了乡村旅游的形象和影响了乡村旅游业的可持续发展。

（六）产业融合难度大

乡村文旅产业需要与当地的农业、手工业等产业进行有效融合，但由于农村地区的生产方式和市场体系不完善，各行业之间相互孤立，产业融合难度较大。

（七）规划同质化严重

目前，国内部分乡村的旅游规划更多的是抄袭、模仿成熟的乡村旅游开发案例，同质化严重，缺乏个性。政府在推动旅游规划制定时，往往忽略了同一区域内同一类型的项目过多会导致恶性竞争，规划机构也并未对当地旅游资源和旅游市场进行仔细调研分析，导致旅游规划千篇一律，没有新意。①

乡村文旅产业发展规划面临的困境涉及政策、资金、人才、品牌、环保、产业融合、规划同质化严重等多个方面。只有通过有效的政策引导和切实的行动，才能够逐步解决这些困境，制定高质量的发展规划，推动乡村文旅产业的可持续发展。

① 黎兴强．协同性旅游规划：构筑职·住·游协同发展的旅游综合体[M]．北京：人民出版社，2016：104．

第五章　乡村文旅产业发展规划的主要内容

乡村文旅产业发展过程中，由于缺乏统一的规划或者规划不科学、不合理，一些乡村受到经济利益的驱使盲目开发，造成人力、物力和财力等资源的浪费，甚至引发恶性价格竞争、生态环境恶化，亟须科学的规划进行指导。乡村文旅产业发展规划设计应根据当地情况制定相关策略，关注乡村文旅特色。根据文化和旅游部 2019 年 5 月印发的《文化和旅游规划管理办法》规定，文化和旅游规划文本一般包括指导思想、基本原则、发展目标、重点任务、工程项目、保障措施等，本章根据该办法将上述六个方面作为乡村文旅产业发展规划的主要内容来阐述。

第一节　指导思想

乡村文旅产业发展规划是新时代产业结构调整的重要组成部分，要以习近平新时代中国特色社会主义思想为指导，全面贯彻落实党的二十大精神，立足新发展阶段，完整、准确、全面贯彻新发展理念，加快构建新发展格局，坚持创新驱动发展，推动高质量发展，把实施扩大内需战略同深化供给侧结构性改革有机结合起来，以高质量供给引领和创造市场新需求为导向，推动形成优势互补的乡村文旅产业高质量发展格局，引领和带动区域经济社会协同发展，为推动乡村振兴贡献力量。

一、以习近平新时代中国特色社会主义思想为指导

为了实现乡村文旅产业健康可持续发展，需要制定合理有效的规划。在规划制定过程中，要以习近平新时代中国特色社会主义思想为指导。习近平新时代中

国特色社会主义思想，是在以习近平同志为核心的党中央坚强领导下，在新的历史条件下形成的。习近平新时代中国特色社会主义思想，包含着全面建设社会主义现代化国家的新思想、新战略、新思路。在乡村振兴和乡村旅游工作中，我们要将这一思想贯彻落实到具体的规划任务中，以此来指导我们的工作。

同时，还要贯彻落实党的二十大精神，党的二十大报告高度重视文化建设和旅游发展，明确将“以文塑旅、以旅彰文”作为繁荣发展文化事业和文化产业的重要要求。这体现了以习近平同志为核心的党中央对于文化建设和旅游发展的高度重视，也是对我国旅游业发展经验的高度总结和对新时代旅游业高质量发展的重要指导。在推进文化自信自强，铸就社会主义文化新辉煌的过程中，将文化和旅游深度融合发展提上议程，强调文化与旅游产业的互利共赢关系，促进文化和旅游相互促进、相互发展，为推动我国旅游业的健康、可持续发展提供了坚实的政策支持和指导方向，也为我们规划乡村文旅产业的发展提供了重要的思想指引。

二、立足新发展阶段、贯彻新发展理念

当前，我国正处于新发展阶段，要求我们以高质量供给引领和创造市场新需求为导向，以创新驱动发展为主线，推动高质量发展。乡村文旅产业是促进乡村经济发展和生态文明建设的重要手段，也是乡村振兴战略的重要组成部分。在推动乡村文旅产业发展过程中，需要与其他产业相结合，深入了解消费者需求，提高产品质量和服务水平，不断满足市场需求，创造更多的就业机会和经济效益。

在当前的经济形势下，为了实现乡村文旅产业的可持续发展，必须根据当前的新发展阶段，完整、准确、全面贯彻新发展理念，加快构建新发展格局。此外，乡村文旅产业还需要把实施扩大内需战略同深化供给侧结构性改革有机结合起来，使乡村文旅产业在增强自身竞争力的同时，更加注重创新和升级，推动新型农村产业发展。同时，政府应该加强对乡村文旅产业的引导和支持，优化政策环境，为乡村文旅产业提供更好的发展条件和保障。

三、推动乡村文旅产业高质量发展

乡村文旅产业是推动乡村振兴和促进农村经济发展的重要产业之一，也是当前发展中面临的重点领域。为了实现乡村文旅产业的高质量发展，政府应该加大

对乡村文旅产业的支持力度。通过税收减免、贴息贷款等方式，提高对乡村旅游企业的资金扶持力度，鼓励企业创新和升级。加强对乡村旅游市场的规范和管理，建立健全监管机制，加大对不合规行为的打击力度，保障游客的权益和安全。注重人才引进和培养，加强与高校等学术机构的合作，不断提升行业发展水平。乡村文旅产业需要具备深厚的文化素养、资源开发和管理能力，以及掌握市场运作和营销手段的复合型人才。政府可以通过组织培训、提供奖励等方式，吸引更多的专业人才参与到乡村文旅产业中来。此外，在开发和经营乡村旅游产品时，应该注重保护生态环境和当地的文化遗产，尊重当地居民的风俗习惯和宗教信仰，避免对当地社会造成不良影响。

四、引领和创造市场新需求

在乡村振兴背景下，乡村文旅产业发展规划要引领和创造市场新需求。这一思想体现了对市场的深入洞察和对品质的不断追求。为了实现引领和创造市场新需求的目标，首先需要加强市场调研和信息搜集，从市场需求出发，提供相应的产品和服务。同时，还需要注重提升产品质量和服务水平，打造高品质的乡村旅游产品和服务，满足消费者对品质和体验的要求。其次，需要积极推广宣传，扩大市场影响力，吸引更多的游客前来乡村旅游，并通过营销手段开拓新的消费市场。最后，需要注重产业链的整合和拓展，加强与相关行业的合作，提高乡村文旅产业的竞争力和综合效益。

第二节　基本原则

在乡村振兴背景下，乡村文旅产业作为一个重要的支撑产业，发展规划的制定不仅需要坚持以人民为中心、明确政府职责、遵守法律法规、注重市场导向，而且需要统筹兼顾，推动区域共同发展，遵循动态调整的原则，实施需要综合发力、多元合作，注重文化保护和传承，以实现农村发展和非农增收的目标，推动全国文旅产业的快速发展。

一、坚持以人民为中心

乡村文旅产业发展规划是一个重要的战略性文件，要以习近平新时代中国特色社会主义思想为指导，以人民为中心，坚持人民至上，体现国家关于文化和旅游发展的总体要求。在制定规划时，应该根据人民的需求和期望，注重推进乡村文旅产业的可持续发展，为人们提供更好的旅游体验。

为满足人民日益增长的美好生活需要，乡村旅游产业要深入贯彻落实以人民为中心的理念，将旅游为民的发展导向深化到各个方面。要深刻把握人民群众旅游需求和消费观念的变化，从“有没有、缺不缺”向“好不好、精不精”转变，注重丰富优质、安全的旅游产品和服务，提高旅游行业的服务水平和质量，以更适合人民群众需求。只有注重人民的需求和利益，保障人民的安全权益，助力乡村发展，体现人民群众的主体地位，才能实现乡村文旅产业的长期可持续发展。这不仅是推动乡村经济和社会发展的需要，也是推进中国特色社会主义事业发展的必然要求。

二、明确政府职责边界

在乡村文旅产业发展规划的实施过程中，必须明确界定政府在其中的角色，明确职责边界，以便进一步推动乡村文旅产业的健康发展和可持续发展。加强政策引导和市场监管，规范乡村文旅产业的市场秩序，注重基础设施的建设和信息的掌握，为乡村文旅产业的健康发展提供有力的政策支持。政府的职责就是为产业发展营造一个良好的环境，只有政府在职责和边界上有明确的定位，才能更好地推动乡村文旅产业的发展。

三、遵守法律法规

乡村文旅产业的发展需要遵守一系列法律法规，包括土地使用、环境保护、旅游管理、劳动用工等方面的法律法规。乡村文旅产业发展规划需要遵守《中华人民共和国土地管理法》《中华人民共和国城市房地产管理法》等土地使用方面的法律法规，以保障土地资源的合理利用和可持续发展。在推进乡村文旅产业发展的同时，要严格遵守《中华人民共和国环境保护法》《中华人民共和国水污染防治法》《中华人民共和国大气污染防治法》等环境保护相关的法律法规，以减少对农村环境的污染和破坏。要遵守《中华人民共和国旅游法》《导游人员管理条例》《中华人民共和国消费者权益保护法》《中华人民共和国安全生产法》等旅游管理方面的法律法规，以保障游客的合法权益和经营者的合法经营。要遵守《中华人民共和国城市规划法》《中华人民共和国建筑法》《中华人民共和国消防法》等建筑规划方面的法律法规，以确保乡村旅游项目的建设安全、环保、美观，防止发生安全事故。还要遵守《中华人民共和国劳动法》《中华人民共和国社会保险法》《中华人民共和国劳动合同法》《工资支付条例》等劳动用工方面的法律法规，以保障员工的劳动权益和经营者的合法经营。

四、注重市场导向

在制定乡村文旅产业发展规划的过程中，要研究分析市场需求，了解游客出行需求、文旅产品需求、文旅设施需求等方面的信息，围绕游客需求和消费趋势，开发出更适合乡村旅游特点的文旅产品，提高乡村旅游的吸引力。政府可以通过多种方式为营销提供支持，如宣传推广等，提高乡村文旅产业的知名度和影响力，扩大市场份额。乡村文旅产业的未来发展需要有品牌支撑，要从提升乡村旅游品牌形象的角度出发，打造一些地方性甚至全国性的乡村旅游品牌，主要体现在便于记忆、富有创意、展现当地文化内涵等方面。唯有文旅品牌塑造成功，才能引领乡村旅游向更高层次发展。乡村文旅产业要获得良好的口碑效应，必须提高服务质量。通过培训、培养文旅人才、设立文旅标准等手段，提高服务质量。

五、统筹兼顾，推动区域共同发展

乡村文旅产业发展规划不仅要考虑当地的旅游效益，还要兼顾所在地区的整体利益，将当地旅游利益和所在地区的利益与社会、生态、经济等方面相结合。尤其是要综合考虑乡村文旅产业的比较优势、环境保护和社会文化认同等情况，将乡村文旅产业与当地和整个区域的产业融合，更好地实现互相促进。乡村文旅产业发展规划虽然是对某一区域文旅产业发展的专项规划，但其发展是以当地全部资源为依托的，这就要求制定规划时不能只考虑旅游区的利益，还要综合平衡各种社会因素，化解各种矛盾冲突，让周边地区也获益，依托文旅产业共同发展。

六、遵循动态调整原则

乡村文旅产业发展规划需要遵循动态调整原则，即在制订计划时应尽可能预见未来的市场和发展趋势，同时也要考虑到相关因素的不确定性。为了更好地实现动态调整，需要建立有效的反馈机制，对乡村文旅产业进行监测和评估，及时发现问题和不足，进行调整和改进。可以利用各类数据、组织调研等方式建立反馈机制。例如：通过调查游客满意度来了解服务质量，根据调查结果及时进行调整；通过监测周边环境指标以及响应社会公众需求来了解环境保护情况。同时，还可以利用互联网技术建立在线反馈系统，便于游客、投资者和居民提出自己的宝贵意见和建议。只有在不断变化中适应市场需求、加强技术创新、优化政策环境，并进行及时反馈和调整，才能实现乡村文旅产业全面、可持续发展。

第三节　发展目标

乡村文旅产业是我国长远发展规划中的重要产业，是乡村经济转型升级和社会发展的重要抓手，因此有必要制定稳健的发展目标。

一、产值目标

产值目标是乡村文旅产业规划中至关重要的一部分，有明确的产值目标才能引导政府、企业以及全社会在乡村文旅产业发展中发挥积极的推动作用。在规划中确立产值目标，就是要让社会各方对乡村文旅产业发展有统一的认识和行动方向，以确保该产业在未来能够快速、健康发展。

确立产值目标可以起到以下几个方面的作用。一是稳定信心，引领发展。在产值目标的引领下，投资企业可以得到稳定、可靠的投资前景，而乡村文旅产业也可以得到更多的政策扶持，从而推动产业的快速发展。二是定向规划，有效引导。制定产值目标可以使乡村文旅产业发展与市场需求相适应，避免产业发展过快或过慢，降低市场风险，提高经济效益。三是推动协调，促进发展。根据产值目标，公共资源将得到合理配置，从而促进乡村文旅产业与其他相关行业、部门的协调发展。四是助推发展，促进就业。通过产值目标的实现，可以扩大乡村文旅产业的规模，为就业提供更多的机会，推动乡村经济的升级与发展。

制定产值目标是规划乡村文旅产业发展的重要方面。产值目标的制定既要结合当地乡村文旅产业发展现状，也要考虑产业未来的发展趋势和市场需求，同时也要结合当地乡村经济社会发展的趋势和前景，使产业的发展与社会需求和公共利益相协调，从而形成更具竞争力以及发展潜力不断壮大的乡村文旅产业。

二、品牌目标

随着乡村文旅产业的不断发展，建立起一些有影响力的地方品牌将是一个重要的发展目标。品牌塑造能够帮助旅游目的地打造具有差异化的品牌形象，并为消费者传递特有的回忆体验，从而形成新的竞争优势。① 相反，如果缺乏品牌，一旦市场竞争加剧，先行者的优势将会被快速消除。② 正如 Morgan 等（2003）所言，一流的旅游目的地基本上都提供相同的高质量服务和体验，并声称拥有独特的文化和遗产。③ 乡村文旅产业作为促进农村振兴和提高人民生活品质的重要产业，其发展规划需要设立品牌目标。品牌目标是乡村文旅产业发展方向的重要体现，是实现产业可持续发展的关键所在。

三、服务目标

随着乡村旅游市场的发展，游客对乡村文旅产品的要求越来越高，对服务质量的要求也日益提升。设立服务目标是乡村文旅产业发展规划的必要组成部分，也是推动乡村文旅产业全面提升服务质量、增强消费者体验、实现可持续发展的关键所在。设立服务目标可以帮助乡村文旅企业更好地了解客户需求，提高服务质量和水平。明确服务目标，可以使企业更好地了解消费者的需求和期望，及时调整经营策略和服务方式，提供更加贴近客户需求和满足客户心理期望的服务。设立服务目标能够帮助乡村文旅企业提升服务意识和服务质量。通过设立服务目

① 王振坡，张安琪，王丽艳.．生态宜居特色小镇：概念、内涵与评价体系 [J]．管理学刊，2019，(2)：45—53.

② 吴小天．国外旅游目的地品牌化研究回顾与展望 [J]．旅游科学，2014，28（4）：15—28.

③ Morgan N J，Pritchard A，Piggott R．Destination Branding and the Role of the Stakeholders：The Case of New Zealand[J]．Journal of Vacation Marketing，2003，9(3)：285—299.

标，企业能够更加关注服务质量和效果，不断提高服务水平和质量，让客户感受到更多的关怀和温暖，从而提高客户忠诚度。设立服务目标还能够促进乡村文旅产业内部企业之间加强合作与协同。在追求服务目标的过程中，乡村文旅企业会互相学习和借鉴彼此的优点和经验，以共同推进产业的可持续发展。

四、文化目标

在乡村文旅产业中，文化是非常重要的资源和优势，设立文化目标有助于推动乡村文旅产业全面实现文化挖掘、文化传承与文化创新的目标。设立文化目标能够促进乡村文旅产业对文化资源的挖掘和开发。通过明确文化目标，可以更加深入地了解当地文化资源的内涵和特点，响应客户需求和提高消费者体验，提升乡村文旅产业的核心竞争力，同时也为社会提供文化增值服务。设立文化目标还能够促进文化的传承与创新。通过设立文化目标，可以让文化资源得到更好的保护和传承，同时也能够鼓励文化创新，发挥文化在经济和社会发展中的重要作用。设立文化目标还能够帮助乡村文旅产业开发主体形成自己独特而又具有吸引力的品牌形象。通过文化目标的制定和实施，开发主体可以将文化元素融入自身品牌形象中，打造具有独特魅力的文化品牌。

五、生态目标

随着人们的生态环保意识的不断增强，保护生态系统成了乡村文旅产业的重要任务。习近平总书记指出，要建设好生态宜居的美丽乡村，让广大农民在乡村振兴中感受到更多获得感和幸福感。① 生态宜居是提高农村居民幸福感的重要条件，也是吸引游客的关键因素。乡村的最大优势在于生态环境优美，少了钢筋混凝土、汽车尾气和噪声污染，多了原生态、绿化和清新空气。因此，乡村文旅产业的可持续发展需要坚持绿色发展理念，保护生态环境和资源，实现经济效益、社会效益和环境效益的协同发展。设定生态目标、强化环保意识、保护生态系统，也是乡村文旅产业的首要任务。设立生态目标能够推动乡村文旅产业全面加强生态保护。明确生态目标，可以使企业更加重视对自然环境的保护和治理，降低生

① 人民日报．让农民就地过上现代文明生活[R/OL].(2023-06-25)[2023-09-01]. https://theory.gmw.cn/2023-06/25/content_36649200.htm.

产活动对环境的负面影响，实现生态环境的良性循环和可持续利用。设立生态目标能够帮助乡村文旅产业提高节约资源、保护生态的意识。在追求生态目标的过程中，可以激发企业和人们的绿色意识，提高资源利用效率和生态环境管理水平，从而推动整个乡村产业实现可持续发展。设立生态目标还能够增强乡村文旅产业的竞争力，特别是在市场竞争加剧、消费者越来越注重环境保护的情况下，通过实施生态目标，可以打造具有绿色、环保和可持续发展特点的品牌形象，提高乡村旅游企业在市场上的竞争力。

第四节　重点任务

乡村文旅产业是近年来备受推崇的新兴产业，在保护自然环境、传承人文历史和促进乡村经济发展等方面发挥了积极作用。为了实现乡村文旅产业的快速发展，需要制定科学、合理的发展规划，并且明确重点任务。

一、加强基础设施建设

一个地区的基础设施完善程度是支持乡村文旅产业可持续发展和高质量发展的基础条件。为了提高乡村文旅项目的体验感，建设完备的基础设施是重中之重。当地政府要站在游客的角度，科学有效地建设和管理基础设施。强化交通设施建设，确保游客出行方便。强化接待服务设施建设，完善服务区域的客房、餐厅、厕所的标准化、特色化建设，结合当地环境，为旅客提供乡村生活体验。强化环卫设施建设，使旅游地环境整洁，要让旅客感受到干净整洁的乡土风貌。强化信息服务设施建设，完善线上信息服务系统，实时更新道路信息。

（一）加强和完善乡村交通设施建设

在所有的乡村旅游设施中，配套方便快捷的旅游交通设施是必不可少的。交通是文旅产业发展的重要条件和基础，公路是十分重要的基建工程，是乡村与外界的重要通道。在保持现有交通设施的条件下，要规划设计更完善的能满足乡村文旅产业需求的交通线路。在保持农田生态系统不被破坏的前提下设计线路，在旅游线路主要干道、路口设立旅游目的地指示牌及超市、卫生间、加油站等相关标识。良好的交通设施可以让游客更加轻松地前往乡村景点，同时也可以增加游客数量。相反，如果交通设施不便利或者不完善，游客可能会放弃前往某些景点，从而影响到整个乡村旅游业的发展。此外，对于乡村旅游来说，传统的交通工具如汽车、摩托车等对环境造成了一定的压力，因此在设计交通设施时需要考虑环境保护因素。例如，可以鼓励使用非机动交通工具，开发人力车、共享单车等多样化交通方式，减少对环境的影响。

（二）加强和完善乡村接待服务设施建设

乡村接待服务设施是指在乡村地区提供给游客的各种服务设施，包括住宿、餐饮、娱乐和购物等。这些设施是旅游业中最为重要的设施，直接关系到游客的体验和安全。而且，由于近年来乡村旅游市场发展迅猛，乡村接待服务设施也面临着越来越多的挑战。

住宿设施是乡村接待服务设施的核心之一。乡村民宿、客栈和度假村等形式的住宿设施已成为许多乡村旅游目的地的主要特色。然而，随着旅游市场竞争日益激烈，住宿设施的品质、安全性等问题变得尤为重要。为此，乡村旅游企业需要不断提高住宿设施的服务质量，加强安全管理，确保游客的人身、财产安全。

餐饮和娱乐设施也是乡村接待服务设施中不可或缺的一部分。乡村美食和民俗文化是吸引游客的重要因素，而餐饮和娱乐设施是展示这些特色的最佳平台。然而，由于乡村地区缺乏专业人才和资源，这些设施的品质、服务水平等需要不断加强和改进。

购物设施也是乡村接待服务设施中的一大亮点。乡村旅游产品包括手工艺品、特色农产品等，而购物设施则为游客提供了便利的购买渠道。然而，购物环境的安全问题同样需要引起重视，以免给游客造成财产损失。

（三）加强和完善乡村环卫设施建设

乡村环卫设施是指为乡村地区提供清洁、卫生、便捷服务的各种基础设施。这些设施包括污水垃圾处理、旅游厕所、供水、供电、通信网络、自动取款机、救护系统等，是乡村旅游的重要组成部分，对于保障游客的健康和安全以及提高游客满意度有着至关重要的作用。

污水垃圾处理设施是一项基础性的设施，对于保障乡村环境的清洁和卫生具有重要作用。乡村地区人口相对较少，但日常生活垃圾和污水处理量较大，如果没有有效的处理设施，会给环境带来严重的污染，影响游客的旅游体验。要配备充足的垃圾桶，及时清理污水垃圾，改善乡村旅游地的环境卫生。

旅游厕所、供水、供电等设施是提高游客旅游体验的重要因素之一。乡村地区一般缺乏公共设施，如果没有配套的厕所、供水、供电等设施，游客就会面临很多不便，从而降低了游客的满意度。

通信网络和自动取款机等设施是提高游客便利性和安全性的必要条件。在乡村地区，通信网络和自动取款机等金融设施的稳定性和覆盖面相对较低，因此需要加强建设和完善。

救护系统是关系游客生命健康的重要设施。乡村地区如果缺乏医疗资源，游客在旅游过程中遇到意外或突发状况，就无法及时获得救护支持。因此，建立完善的救护系统，提高应急处置能力，是保障游客安全的必要措施。

（四）加强和完善乡村信息服务设施建设

乡村旅游已吸引了越来越多的游客，因此如何提高游客对乡村旅游的体验和满意度是一个重要的问题。信息服务设施作为游客获取有关乡村旅游信息的主要途径，它可以提供导览标识系统、通信设施等工具，使游客能够更方便地了解当地文化和旅游景点的信息。

导览标识系统是信息服务设施中不可或缺的一部分，它可以为游客提供详细的路线指引和景点介绍。通过这种方式，游客可以更加自主地规划自己的行程，充分利用时间和空间。通信设施则可以帮助游客随时与外界保持联系，解决紧急情况，并获取最新的天气、交通等信息，从而更加安全和便捷地旅行。

随着信息技术的快速发展，信息服务设施已经成为乡村文旅产业转型升级的必需要素。在数字化时代，提升信息服务设施的质量和水平，将有助于促进乡村文旅产业的可持续发展，提高乡村居民和游客的生活质量和幸福感。在网络化时代，建设乡村 Wi-Fi 覆盖系统已成为旅游地必备设施；借助网络营销平台，开发乡村旅游 App 也成为必需。

二、挖掘本土文化特色

乡村文旅产业的核心是展现本地的文化特色。因此，在发展规划中应当注重挖掘本土文化，丰富旅游产品供给。同时，加强民俗文化传承和保护，打造独具特色的文化旅游品牌，形成具有较高知名度和美誉度的文化旅游目的地。

乡村文旅产业的特色就在于本地的文化，政府可以鼓励企业和社会力量深入了解当地文化，挖掘历史、宗教、民俗、餐饮等方面的文化元素，打造具有地域特色和人文内涵的乡村旅游产品。开展各种形式的文化活动和体验活动，提升旅游产品的吸引力和参与度。

民俗文化是乡村文旅产业的重要组成部分，应加强对传统民俗文化的保护和传承。政府可以制定相关政策，为民俗文化保护和传承提供经费和技术支持，建立专门的民俗文化研究机构和民俗文化展览馆，开展各种形式的民俗文化教育和宣传活动。

政府可以通过挖掘本地文化、加强民俗文化传承和保护等措施，形成一系列具有较高知名度和美誉度的文化旅游品牌，如乡村美食节、民俗文化节、酒文化节等。同时，还可以推出一系列的文化旅游线路，让游客深入了解当地文化，增强游客对乡村旅游的体验感和融入感。

三、推动乡村旅游业态创新

为了满足不同游客群体的需求，需要在乡村旅游项目设计和服务提供上进行创新。比如，可以通过推广民宿、绿色餐饮等形式，打造更加个性化、舒适的旅游环境。同时，可以探索发展观光农业、生态旅游、休闲度假等多种业态，激发乡村文旅产业的多样性和活力。

推广民宿、绿色餐饮等形式，打造更加个性化、舒适的旅游环境。政府应支持企业和民间资本投入，鼓励发展特色民宿、乡村酒店等住宿业态，并在服务质量、安全卫生等方面提出具体要求，提高住宿环境和服务水平。同时，在餐饮服务方面，推广绿色餐饮理念，发展特色美食、有机蔬菜等绿色产品，提高餐饮服务品质。

探索发展观光农业、生态旅游、休闲度假等多种业态，激发乡村文旅产业的多样性和活力。政府引导企业开展观光农业、果树采摘、草原牧场游等业态，让游客了解乡村农业生产过程，增强游客亲近自然的体验感。同时，还可以开展生态旅游、林间漫步、湖畔垂钓等业态，提供不同形式的休闲度假服务，满足游客不同需求。

乡村文旅产业的快速发展需要推动全域旅游。全域旅游是将一定地理区域内的旅游资源有机整合，形成一张完整的旅游产品线路，吸引更多游客来到当地旅游，从而带动整个区域经济的发展。实现全域旅游需要加强各方的协作和沟通，不同景点和旅游开发主体应该共同合作，发挥各自优势，构建起统一的旅游产品线路和品牌形象，提高整个区域的知名度和美誉度。发展全域旅游需要政府的积极参与和引导，地方政府需要出台相关的政策法规，鼓励乡村旅游开发主体进行投资和创新，促进旅游产业的持续发展。同时，政府还应该提供必要的基础设施建设和公共服务保障，为全域旅游的发展保驾护航。

四、促进乡村产业升级

发展乡村旅游是农村践行新发展理念的具体体现，对实现农村产业升级意义重大。[①] 乡村文旅产业的发展也需要与当地其他产业协同发展，并且以追求高质量、高效益、可持续发展为目标。因此，应推进乡村产业升级，鼓励乡村企业转型升级，加强产业链条延伸，提高乡村产业的附加值和经济效益。

乡村文旅产业发展需要与当地其他产业协同发展，政府引导和鼓励企业和社会力量投资兴建相关配套设施，如交通、餐饮、住宿等，同时积极开展农产品深加工，扩大农产品附加值，提高农产品市场竞争力。

政府要通过支持技术研发、推行品牌战略、培养人才等措施，提高乡村产业的附加值和经济效益。同时，还要加强对乡村文旅产业的监管和服务，打击非法经营和低水平竞争，保障乡村产业健康有序发展。

五、引导投资和融资

习近平总书记指出，加快农村改革发展，资金投入是保障，要构建“财政优

① 张广俊．习近平关于农村现代化论述的三维探析[J]. 理论建设，2023，39（1）：66—77.

先保障、金融重点倾斜、社会积极参与的多元投入格局”。[①]乡村文旅产业的发展需要大量资金支持，包括政府投资、社会资本投资和金融机构融资等多种方式。因此，在规划乡村文旅产业发展时，应引导投资和融资，加强产业链条深度融合，提高乡村旅游的综合竞争力。

政府要出台相关政策鼓励企业参与乡村文旅产业的开发和建设。政府可以提供财政补贴、税收减免、土地资源优惠等支持，为企业投资创业提供便利条件。同时，还要加强对乡村文旅产业的服务和管理，完善相关法律法规，保护企业合法权益，监督企业合法运行，提高乡村文旅产业的可持续发展水平。

政府要制定相关政策鼓励社会力量投资乡村文旅产业，如引入民间资本、农村专业合作社等形式加强投资，从而实现资金的有效配置和优化。此外，政府还可以促进乡村文旅产业的股权融资，提高融资效率和市场竞争力。

政府要发挥金融机构的作用，通过银行贷款、担保等方式向乡村文旅产业提供融资支持，帮助乡村文旅产业开发主体解决资金问题，推动产业链条深度融合。

六、提升管理水平

随着经济的不断发展和人们生活水平的提高，乡村文旅产业逐渐成为旅游业中的热门话题。在乡村旅游的推动下，不少乡村地区都出现了以农业、文化、旅游为特色的新兴产业，带动了当地的经济发展和社会进步。但是，乡村文旅产业的健康发展需要一系列的政策支持和规范化管理，以保障其可持续发展。

为了加快推进乡村文旅产业的发展，提高管理水平是重中之重的任务。首先，应建立科学规范的管理体系，制定出完善的管理制度和操作规程，加强对乡村文旅开发企业的管理和服务，确保企业健康、稳定地运营，提高运营效率和质量水平。其次，应完善相关法律法规体系，加大对公共服务、技术以及资金要素的政策供给数量，[②]建立健全税收、财政、土地等政策支持和政府扶持机制，对乡村文旅开发主体提供有力的政策保障，降低其创业和运营成本，增强其发展信心。在

① 中共中央 国务院关于全面推进乡村振兴加快农业农村现代化的意见[M]. 北京：人民出版社，2021：31.

② 严浩怀，黄彬彬，周晓芳．中国乡村振兴政策体系下乡村旅游政策发展路径研究[J]. 河北科技师范学院学报（社会科学版），2023，22（01）：52–58；64.

管理体制和政策支持的基础上，还应加强监督和评估工作，对乡村文旅开发主体的质量、安全、服务等方面进行严格考核，对违反相关规定的行为进行严惩，保证乡村旅游环境卫生、整洁、安全。

第五节 工程项目

乡村文旅产业是以乡村风光、民俗文化为基础，以旅游为主要手段的新型经济形态，其发展需要有一系列的工程项目来支撑。在制定乡村文旅产业发展规划的过程中，应根据当地资源禀赋和旅游市场需求，制定相应的工程建设项目。

一、传统村落保护和再现项目

乡村地区拥有悠久的历史文化和深厚的民俗风情，传统村落是其中最具代表性的部分之一。传统村落是我国传统文化传承和保护的重要场所，文化景观基因是地方文脉延续和区域特色展示的核心元素，[①] 传统村落不仅是体现民俗文化的重要载体，也是乡村文旅产业的重要旅游资源。因此，应加强传统村落保护和再现，打造更具特色和吸引力的乡村旅游目的地。2021 年，《中华优秀传统文化传承发展工程“十四五”重点项目规划》正式发布，提出了未来五年中华优秀传统文化传承和发展工作的具体要求。其中，“中国传统村落保护工程”是 23 个重要项目之一，旨在加强传统村落的保护与传承。[②]

传统村落中的古建筑具有独特的历史和文化价值，在乡村旅游中也是重要的景点资源。政府可以提供相关的资金支持，鼓励当地村落对古建筑进行维修和保护，同时制定相应的管理规范，加强对传统村落的监管，确保其得到真正的保护和传承。

古道是连接历史文化的纽带，也是乡村旅游的重要资源之一。政府可以支持

① 杨立国，胡雅丽，吴旭峰，等．传统村落文化景观基因生产的过程与机制——以皇都村为例 [J]. 自然资源学报，2023，38（5）：1164—1177.

② 刘嵩嵩，孟涛，梁文婷．民宿旅游背景下传统村落景观的保护与更新——以云和县坑根村为例 [J]. 建筑与文化，2023（5）：150—152.

当地村落通过修建步道、设置路标等方式，恢复和保护传统村落的古道。同时，可以利用当地村落的自然景观和民俗文化特色，打造民俗村庄和文化景区，为游客提供更加醇厚的乡村旅游体验。

非物质文化遗产是指人类社会在长期发展过程中留下的各种传统文化形式和知识技能，如民间歌舞、手工艺、民俗节庆等。政府可以加强对非物质文化遗产的保护和传承，支持当地村落开展非物质文化遗产保护等工程项目，促进民俗文化的传播和发扬。这不仅有利于传统村落的保护和再现，也有助于推动乡村文旅产业的发展和升级。

二、旅游景区开发项目

旅游景区是乡村文旅产业最直观的表现形式之一，也是吸引游客、推动地方经济发展的重要手段。因此，应注重旅游景区项目的开发，打造更具特色和吸引力的乡村旅游目的地。

自然景观公园以自然风光为主题，如森林公园、湿地公园、山水公园等。政府可以鼓励当地村落通过保护自然资源、美化环境等方式，打造美丽宜人的自然景观公园。同时，还可以引导开发主体在自然景观公园中开展多元化的旅游活动，为游客提供更加丰富的旅游体验。

文化主题公园以丰富多彩的文化元素为主题，如民俗文化公园、历史文化公园等。政府可以支持当地村落挖掘历史文化资源，通过建设文物展览、文化演出等活动，打造独具特色的文化主题公园。这样不仅能促进当地文化的传承和发扬，还能吸引更多的游客前来参观。

生态农业观光区以生态环境和农业产业为主题，如果园、花海、田园综合体等。政府可以推动当地村落开展现代农业种植、养殖等活动，构建生态农业观光品牌，提升乡村旅游的吸引力和核心竞争力。

三、农业旅游开发项目

农业旅游业是乡村文旅产业的重要组成部分，也是农村经济发展和农民增收的重要途径。在国外，农业旅游非常注重本土化的经营策略。例如，美国的创意农业旅游、法国的农业风俗旅游以及德国的市民农园旅游等。这些成功的国外经验表明，只有具备独特特色的农业旅游产品才能真正拥有持久的吸引力。[①] 为此，应加强农业旅游业开发，创新产品，提高服务水平，打造更具特色的农业旅游目的地。

观光农业是指将农业生产与旅游相结合，让游客亲身参与到农业生产中来，体验种植、采摘等过程。政府可以支持当地村落创新观光农业模式，以引人入胜的场景、专业的解说员和可互动性的体验环节来吸引游客。同时，企业应针对不同的客群需求，设计丰富多彩的观光农业活动，满足游客的不同需求和兴趣爱好。

生态果园是指以果树为主要产业，注重保护生态环境和果品品质，实现农业生产和旅游观光的有机融合。政府可以在当地村落支持种植优质果品，打造安全、有机、生态的果园环境，同时引进有经验的果园管理企业，提升果园的整体管理水平。游客可以在其中感受到美好的自然环境，还能亲手采摘新鲜的生态果品，享受大自然的馈赠。

特色产业体验是指将当地特色产品与旅游相结合，通过展示和参观向游客传递产业文化，促进区域产业的发展和壮大。政府可以支持当地村落推广本地特色产品，如农村手工艺品、当地美食、土特产等，同时引导开发主体开展多种特色产业体验活动，如手工制作、品尝美食等，让游客更好地了解当地的人文历史和产业特色。

四、乡村民宿建设项目

乡村民宿作为文化旅游、乡村旅游和休闲旅游的重要产品形态，不仅具备住宿业态和旅居方式升级的特点，更深度体现了文旅融合的趋势。[②] 随着旅游业的不断发展，越来越多的游客选择在乡村地区体验民宿住宿服务。因此，应加快乡村民宿建设，提高民宿服务水平，丰富游客住宿体验。

加大对乡村民宿的扶持力度。政府可以通过财政补贴、税收优惠等多种方式，鼓励当地村落投资建设民宿。同时，政府还可以配合相关部门制定标准和规范，

① 王亚飞，王玉潇，王若男．欧美发展经验视角下河北省都市农业旅游发展研究[J]．对外经贸实务，2022（7）：58—61；87.

② 戴其文．中国乡村民宿高质量发展的策略研究[J]．西南民族大学学报（人文社会科学版），2022，43（10）：41—50.

确保乡村民宿建设符合相关要求，提升民宿的品质和服务水平。

建立健全乡村民宿管理机制。政府应加强对乡村民宿的监管，建立健全评估机制，定期对民宿的安全、卫生等方面进行检查和评估。同时，还要引导民宿业主开展培训活动，提高从业人员的服务水平和专业能力。

充分挖掘当地特色资源，提高民宿的独特性和吸引力。乡村地区拥有丰富的自然和人文资源，政府可以引导当地村落充分挖掘这些资源，将其融入民宿设计和服务中去。比如，在建筑设计上突出当地的建筑风格、人文历史；在服务方面提供农家餐饮、特色体验等活动，为游客提供更加真实的乡村生活体验。

五、交通基础设施建设项目

乡村道路、桥梁等交通基础设施建设情况直接影响乡村旅游市场的拓展，交通基础设施联系着乡村旅游的供需两端，当这个联系的“桥梁”不通畅，乡村旅游也就难以正常发展。① 交通基础设施是乡村文旅产业发展的重要保障，应加强道路、桥梁、港口等交通基础设施建设，提高乡村旅游出行的便捷度。

加强道路建设。道路是连接城市和乡村地区的重要纽带，也是乡村旅游出行的重要方式。政府可以加大对乡村道路建设的投入力度，修建农村公路、旅游专线等多种类型的道路，打通乡村旅游出行的瓶颈。同时，还可以适时开展路况维护和改善工程，确保道路安全畅通。

加强桥梁建设。桥梁是连接河流和山岭之间的重要通道，也是乡村旅游出行的重要保障。政府可以加大对乡村桥梁建设的投入力度，修建各种类型的桥梁，如钢筋混凝土桥、木质桥、拱桥等，提高乡村旅游出行的便捷度。同时，还可以适时开展桥梁维护和改善工程，确保桥梁的安全稳定。

有条件的地区加强港口建设。港口是连接水运和陆运之间的重要枢纽，也是乡村旅游出行和物流运输的重要保障。水域条件和陆域条件都符合建设港口要求的地区，政府可以加大对乡村港口建设的投入力度，修建船坞、码头、岸线等多种类型的港口设施，提高乡村旅游产业的物流运输能力。同时，还可以适时开展港口维护和改善工程，确保港口的安全运营。

① 张众．乡村旅游与乡村振兴战略关联性研究[J]．山东社会科学，2020（1）：134—138；119．

六、旅游服务设施建设项目

除了传统的景区之外，对于乡村文旅产业而言，更重要的是要给游客提供一系列配套的旅游服务设施，主要包括旅游信息中心、停车场、厕所、餐厅、休息区等，以提升游客的旅游体验。

加强旅游信息中心建设。随着旅游业的快速发展，游客对旅游服务与管理信息的使用率越来越高。[①] 旅游信息中心是游客获取旅游资讯和咨询的重要场所，也是乡村旅游出行的重要保障。乡村旅游开发主体应加大对乡村旅游信息中心建设的投入力度，修建多个旅游信息中心，为游客提供全面、准确、实时的旅游信息和咨询服务。旅游信息中心可以开展多种形式的宣传活动，提高乡村旅游的知名度和美誉度。

加强停车场建设。随着乡村旅游的发展，越来越多的游客选择自驾游，对乡村旅游地停车场的需求也越来越大。然而，由于历史原因和资源限制等问题，很多乡村旅游地的停车场面积都比较小，无法满足日益增长的停车需求。加强停车场建设可以解决乡村旅游地停车难的问题，提高游客的旅游体验和满意度。停车场的规范化管理能够提升乡村旅游地的形象和品质，对促进乡村旅游地的可持续发展具有积极作用。停车场建设还可以带动相关产业的发展，如停车场管理、安保服务等，为当地经济发展注入新的活力。因此，乡村旅游开发主体要加大对乡村停车场建设的投入力度，修建多个停车场，提供安全、便捷、免费的停车服务。同时，还可以适时开展停车场设施的维护和改善工程，确保停车场的安全稳定。

加强旅游服务设施建设。旅游服务设施包括厕所、餐厅、休息区等，是提高游客旅游体验的重要手段。政府可以加大对乡村旅游服务设施建设的投入力度，修建多个厕所、餐厅、休息区等设施，提供优质、舒适、卫生的服务环境。同时，还可以引导服务设施经营者提高服务水平和管理能力，为游客提供更好的服务体验。

七、旅游产业平台建设项目

乡村文旅产业需要一个完整的生态系统来支撑，而旅游产业平台则是这个生

① 宫平．我国旅游信息服务研究脉络与热点分析——基于多学科视角的文献计量与可视化[J]．图书馆，2019（09）：85-91．

态系统的核心。在平台建设方面，应注重打造线上线下相结合的旅游产业服务平台，加强平台功能升级和优化，推动产业链条深度融合。

加强线上平台建设。随着互联网技术的不断发展，线上平台已成为乡村旅游服务的重要载体，打造本土乡村旅游特色的线上平台是国内外乡村文旅产业发展的主要内容之一。① 乡村旅游开发主体要加大对乡村旅游线上平台建设的投入力度，建设多种类型的电商平台、智慧旅游 App 等，提供全面、便捷、快捷的旅游服务。同时，还可以引导线上平台开展多种形式的宣传活动，提高乡村旅游的知名度和美誉度。

加强线下平台建设。线下平台是实现线上与线下融合的重要环节，也是乡村旅游服务的重要载体。乡村旅游开发主体要加大对乡村旅游线下平台建设的投入力度，建设旅游景区、旅游服务中心、旅游综合体、旅游街区、民宿等，提供全面、便捷、舒适的旅游服务。同时，还可以引导线下平台开展多种形式的体验活动，提高游客的参与度和满意度。

加强产业链条深度融合。产业链条深度融合是乡村文旅产业平台建设的重要内容，也是乡村文旅产业发展的重要保障。政府可以加大对乡村文旅产业链条的投入力度，推进农业、旅游、文化、加工、服务业等多个行业的深度融合，促进乡村产业的协同发展。同时，还可以引导乡村旅游开发主体与其他产业主体开展多种形式的合作，实现优势互补、资源共享。

第六节　保障措施

乡村文旅产业是以乡村风貌、民俗文化等为基础，以旅游为主要手段的新型经济形态。乡村文旅产业的发展需要有一系列的保障措施，以确保其稳健、可持续发展。

一、政策保障

乡村文旅产业是我国经济发展的重要组成部分，也是促进乡村振兴和推动

① 谭圣于．某公司乡村旅游信息系统的设计与实现[D]．北京：首都经济贸易大学，2021．

城乡一体化发展的重要手段。然而，在现实中，乡村文旅产业面临着资金、土地等方面的困难和瓶颈，迫切需要政府提供政策上的保障。政府部门是乡村文旅产业发展的主要管理机构，通过制定相关政策以及加强监督管理推动乡村旅游的发展。[①]

一方面，政府要加强对乡村文旅产业的政策支持。在政策制定方面，需要针对乡村文旅产业的特点和需求，制定相应的优惠政策，如减免税收、资金扶持、制定土地利用政策等，以提高乡村旅游投资回报率和发展潜力。政府还应该加大对乡村文旅产业的宣传力度，提高公众的认知度和投资意愿，加速产业的发展和壮大。

另一方面，政府要加强对乡村旅游资源的开发和保护。在乡村旅游的发展过程中，需要综合考虑生态、文化、历史等多个因素，注重资源的合理开发和利用，同时保护好乡村旅游资源的生态环境和文化遗产。这需要政府强化监管，加强对乡村旅游资源的保护和修复工作，支持乡村旅游企业积极参与社会责任和公益事业。

二、人才保障

人才是乡村文旅产业发展中不可或缺的资源，提供优秀的人才支撑可以增强乡村文旅产业的竞争力。因此，为了推动乡村文旅产业的快速发展，需要制订并实施人才引进计划，并建立适合乡村文旅产业的培训机制，吸引更多专业人才参与到乡村文旅产业的开发和运营中。

制订具体的人才引进计划。政府可以通过相关政策来引进和鼓励优秀人才加入乡村文旅产业中，从而提升整个行业从业人员的职业素养。在引进人才的过程中，需要注重针对性和专业性，根据产业发展的需求，有针对性地引进符合乡村文旅产业岗位要求的人才，如旅游规划师、营销策划等相关领域的人才。同时，还可以采取一系列措施，包括提供住房补贴、社会保险福利等优惠条件，以提高乡村文旅产业的吸引力。

建立适合乡村文旅产业的培训机制。政府可以通过培训机构、企业内部培训等多种方式来开展培训活动，并建立健全培训机制，通过提供相关职业技能和知

① 李鑫．蒋坝镇乡村旅游开发中的政府职能优化研究[D]．徐州：中国矿业大学，2022．

识的培训课程，帮助乡村文旅从业人员提高专业素质和技能水平，使他们适应市场需求和行业发展的要求。

在人才引进和培训方面，也需要注重与乡村文旅产业的实际情况相结合，制定符合实际情况的培训计划和人才引进措施。同时，还需要加强与高校旅游相关学科的合作，建立联合培训机制，共同推动乡村文旅产业的发展。

三、资金保障

资金是乡村文旅产业发展的重要保障，对于乡村旅游开发主体来说，资金问题一直是制约其发展的一个重要因素。政府应加强对乡村文旅产业的资金支持，通过设立专项基金、引入社会资本等方式，扶持优秀的乡村旅游开发项目，促进乡村文旅产业健康快速地发展。

通过设立专项基金的方式来支持乡村文旅产业的发展。专项基金通常是由财政部门和相关机构出资，用于支持乡村文旅项目的发展和实施。政府可以根据乡村文旅产业的现状和需求，设立相应的基金，并制定详细的管理办法和使用规则，以确保专项基金的合理使用和有效运作。此外，政府还可以与金融机构合作，利用金融工具为乡村文旅企业提供更多的融资渠道，如贷款、担保等，降低企业的融资成本，为企业带来更多的资金支持。

政府可以引入社会资本参与到乡村文旅产业的投资和运营中。社会资本可以通过股权投资、合作建设等形式参与到乡村文旅产业中，政府应为其提供相应的优惠政策和扶持措施，吸引更多的社会资本流向乡村文旅产业。同时，政府还要加强对社会资本的监管和管理，确保其投资合法合规，推动乡村文旅产业的健康快速发展。

政府还可以采取一系列措施，加强对乡村文旅产业的资金支持。例如：加强对优秀乡村旅游项目的评估和甄选，为优秀项目提供优先资金支持；制定相关税收政策，减轻乡村旅游企业的财务压力；加强对旅游投资和融资的监管和评估，保障资金的安全和有效使用等。

四、市场保障

市场保障是乡村文旅产业发展的重要保障之一。在乡村文旅产业的发展过程中，市场需求和消费者需求是决定乡村旅游产品供给和市场竞争力的关键因素。因此，应注重市场调研和产品创新，根据市场需求不断推陈出新，完善旅游产品供给，提高乡村旅游的竞争力和吸引力。

需要注重市场调研。市场调研是了解市场需求和消费者需求的重要手段，可以为乡村文旅产业提供重要的市场信息，帮助企业更好地了解市场情况和消费者需求，从而调整产品供给和市场策略。政府可以通过相关机构或第三方机构进行市场调研，获取实时的市场信息，为乡村文旅产业的发展提供科学依据。

需要进行产品创新。乡村文旅产业的发展需要不断地推陈出新，不断满足消费者多样化和个性化的需求，提高产品的品质和服务水平。政府可以通过鼓励企业进行技术创新、产品研发等方式，推动乡村文旅产业的不断创新，提升行业的整体竞争力。同时，政府还可以通过引入相关领域的专家和机构，为企业提供技术支持和服务，促进产业的发展。

完善旅游产品供给也是提高乡村旅游竞争力和吸引力的重要手段。完善旅游产品供给需要从多个方面入手，如景区规划、酒店设施、交通配套等方面，提高产品的品质和服务水平，满足消费者需求。政府可以通过出台相应政策和措施，鼓励企业投资建设更高品质、更具特色的乡村旅游项目和设施，提高乡村旅游产品的整体水平和市场竞争力。

政府还应注意加强对乡村文旅产业的监管和管理。在发展乡村旅游的过程中，需要防范一些不良行为，如环境污染、低价恶性竞争、虚假宣传等，保障消费者的权益。政府可以通过出台相关法规和标准，加强对乡村文旅产业的监管，保障乡村旅游市场的公正、安全和健康发展。

五、环境保障

环境保障是发展乡村文旅产业的必要前提。乡村文旅产业与自然环境密不可分，只有保护好生态环境，才能实现乡村文旅产业的可持续发展，为此应加强环境保护，保障生态环境的健康和可持续性，避免过度开发对环境造成不良影响。

加强对生态环境的保护。生态环境是乡村文旅产业的重要资源，应当得到充分保护。政府应加大对生态环境的保护力度，通过制定相关法律法规、完善环境监测体系等方式，保护自然生态环境的完整性和稳定性。同时，还应加强对涉及生态环境的乡村旅游项目的审核，确保项目建设过程中不会对生态环境造成不良影响。

重视生态环境的修复和改善。在发展乡村旅游的过程中，一些过度开发和滥用资源的行为会给生态环境带来不可逆转的破坏，因此政府应该重点整治这些行为，推进生态环境的修复和改善工作，尽可能地减少对生态环境的破坏，并实现资源的可持续利用。此外，政府还应引导企业开发绿色环保的旅游项目，鼓励乡村旅游业朝着绿色、低碳、可持续的方向发展。

加强对环境保护的监督和管理。政府应当加强对乡村文旅产业的环境监测和评估，定期检查项目的环保情况，及时发现和处理环境问题，保障生态环境的健康和可持续发展。同时，也要加大对不合规行为的处罚力度，推动企业更好地履行社会责任，建设绿色、可持续的乡村旅游环境。

六、安全保障

安全保障是乡村文旅产业发展的重中之重。在发展乡村旅游的过程中，安全问题直接关系到游客的人身和财产安全，也是影响乡村文旅产业健康发展的重要因素。政府应建立健全安全管理机制，引导企业加强安全防范，确保游客的人身财产安全。

政府应建立健全安全管理机制。政府可以通过出台相关法规和标准、建立安全监管机构、加强对企业的安全培训等方式，建立完善的安全管理机制，确保乡村文旅产业的安全运营。此外，政府还可以与相关部门合作，开展安全风险评估和应急预案编制工作，及时发现和应对突发事件，保障游客的安全和权益。

企业应加强安全防范。乡村旅游企业应当根据自身特点和实际情况，制定相应的安全管理措施和应急预案，建立安全管理团队，加强安全培训和教育，提高员工的安全意识和应急处理能力。同时，企业还应配备必要的安全设施和装备，如监控设施、消防器材等，确保游客在旅游过程中的安全。

政府和企业还要加强合作，共同打造安全的旅游环境。政府可以引导企业开发安全的乡村旅游项目，为游客提供更加舒适、便捷、安全的旅游服务；企业也可以积极配合政府的安全管理工作，传递安全文化知识和普及安全文化理念，提高整个行业的安全水平和形象。同时，政府和企业还可以建立安全信息共享机制，及时分享安全风险信息，预防和避免安全事故的发生。

七、信息化保障

信息化技术是推动乡村文旅产业发展的重要手段。在信息技术和数字技术快速发展的时代，利用信息化手段实现旅游资源优化配置、旅游服务个性化、旅游管理精细化，已成为现代化乡村文旅产业必须具备的条件。应大力推进信息化建设，打造智慧旅游，提升乡村旅游企业的信息服务能力。

加强对信息化建设的引导和支持。政府可以通过公共资金或其他方式，鼓励乡村旅游企业加强信息化建设，提高信息化水平和服务质量。例如：政府可以出台相应的税收优惠政策，鼓励企业购买信息化设备和软件；还可以组织相关机构进行技术培训和指导，提升企业员工的信息化素质和技能，促进信息化和数字化转型。

企业应积极采用信息化技术，提升信息服务能力。乡村旅游企业可以利用各种信息化手段，如建立网站、微信公众号、App等，开展在线预订、产品展示、客户服务等活动，提升客户体验和满意度。同时，企业还可以通过数据分析和挖掘等手段，深入了解客户需求和市场趋势，优化产品方案和服务模式，提高企业的竞争力和盈利能力。

推动智慧旅游建设，提升乡村文旅产业的信息化水平。智慧旅游是结合物联网、云计算、大数据等新兴技术，为游客提供更加智能化、便捷化、个性化的旅游服务。政府可以与企业合作，共同打造智慧旅游平台，为游客提供一站式的旅游服务，包括交通出行、景区导览、住宿餐饮、购物消费等多个方面的服务，提高乡村旅游的整体服务水平和市场竞争力。

八、产业联动保障

旅游业属于综合性服务行业，其价值链具有很强的关联性。乡村文旅产业需要和当地其他产业协调发展，形成产业链条。只有加强与有关方面的沟通交流，促进乡村文旅产业与其他相关产业联动发展，才能更好地推动农村综合经济效益的提升。

加强跨部门、跨领域合作，实现农业、旅游、文化等产业的深度融合。政府可以通过加强对产业的引导和支持，鼓励农民从事文化、旅游等领域的创意产业，拓展乡村经济发展空间，增加农村居民收入。同时，还可以引导企业发掘当地特色，开发具有文化、历史、生态等资源的乡村旅游项目，促进旅游产业和当地其他产业的融合发展。这样不仅能促进区域经济的快速发展，也可以带动农村产业结构优化和转型升级。

建立完善的产业链条，形成互动合作的局面。乡村文旅产业只有和其他产业形成紧密的联系，才能形成产业链条，提高产业附加值和市场竞争力。政府可以鼓励企业发展与乡村旅游相关的配套产业，如农产品加工、土特产销售等。同时，还可以引导企业建立对接机制，促进乡村旅游和其他产业之间的资源共享和互利合作，实现利益最大化。

提高乡村文旅产业的品质和服务水平，增强产业的吸引力和核心竞争力。乡村文旅产业不仅要发掘自身优势和特色，还要注重提高服务品质和水平，满足消费者的需求和期望。政府可以通过制定相应的标准和规范，加强企业的管理和监督，提高乡村文旅产业的整体水平和形象。同时，还可以引导企业开展多元化的文化、艺术、教育等活动，为游客提供更加丰富的旅游体验。

综上所述，为了保障乡村文旅产业的健康可持续发展，需要提供必要的政策保障、人才保障、资金保障、市场保障、环境保障、安全保障、信息化保障和产业联动保障等，以满足乡村文旅产业快速、有效发展的需求。

第六章　乡村文旅产业发展的典型案例与经验借鉴

为了突破当前我国乡村文旅产业发展的困境，不仅需要深入研究理论和探索实践，还需要广泛吸收借鉴国内外的成功经验。只有这样，才能少走弯路，找到适合自身发展的道路。本章介绍和分析了国内外乡村文旅产业的几种典型案例，总结了它们的发展经验，以期为我国其他乡村地区发展文旅产业提供借鉴。

第一节　国内乡村文旅产业发展的典型案例

乡村文旅产业开发涉及政府、企业、村集体、合作社、行业协会和农户等多个主体，而开发主体的组织架构直接影响着产业主体的资源使用、资本投入、经营管理、市场地位和利益关系。因此，在开发乡村文旅资源的时，应该综合考虑不同主体在产业发展中的作用，并根据不同乡村区域社会经济发展的阶段、优势主体、产品特征来确定适合当地特色文旅资源的开发模式。

一、江苏省淮安市越闸村："党建引领＋乡村旅游"模式

根据党中央新修订的《中国共产党农村基层组织工作条例》[①]规定，党的农村基层组织应当"加快推进农业农村现代化，持续增加农民收入，不断满足群众对美好生活的需要"，肩负"推动乡村产业振兴，推进农村一二三产业融合发展，让农民合理分享全产业链增值收益""领导制定本地经济发展规划，组织、动员

① 2018 年 11 月 26 日，中共中央政治局召开会议，审议修订《中国共产党农村基层组织工作条例》（以下简称《条例》），《条例》于 2019 年 1 月由中共中央印发，共十章四十八条，自 2018 年 12 月 28 日起施行。1999 年 2 月 13 日中共中央印发的《条例》同时废止。

各方面力量保证规划实施”“传承发展提升农村优秀传统文化，保护传统村落，加强农村文化设施建设，开展健康有益的文体活动”等具体任务。随着经济社会的快速发展，乡村旅游成为人们追求健康生活方式的一种重要选择。乡村旅游潜力巨大，可以促进当地经济发展、改善农民收入和生活条件。然而，如何引领乡村旅游发展是一个需要认真思考的问题。基层党组织作为乡村旅游开发的核心力量，具有广泛的群众基础和强大的组织能力。江苏省淮安市清江浦区越闸村就是利用党建引领的优势，创新建立“党建引领＋乡村旅游”模式，发挥村集体经济潜力，积极促进当地农村经济的发展，推进农民增收。

（一）案例基本情况介绍

越闸村位于江苏省淮安市清江浦区和平镇，是连接淮安市区与外界的南大门。该村地理位置优越，南临淮河入海水道，西靠淮沭二河，紧连洪泽湖。淮沭二河大堤环境优美，绿树成荫。近年来，越闸村通过党建引领发展生态休闲农业，建成150亩[①]草莓园、300亩葡萄园、130亩桃园以及垂钓中心、烧烤广场、假山瀑布等，同时带动农家乐发展，形成一个集休闲娱乐、乡村观光、果蔬采摘、生活体验于一身的城郊型生态农业旅游产业链，每年接待游客十多万人次，村民人均年收入也从2013年的8000元增长到2万元左右，常住人口也由原来的926人增长到1352人，[②]实现了从经济薄弱村到“江苏最美乡村”（如图6–1所示）的华丽转变，荣获淮安市文明村、江苏省最美乡村、省级特色田园乡村、中国乡村旅游模范村、国家级森林乡村等荣誉称号，成为江苏省四星级乡村旅游区。

图6-1　江苏省淮安市越闸村——江苏最美乡村

---

① 1亩约等于666.67平方米.

② 张腾. 江苏省淮安市乡镇生态环境治理研究——以和平镇为例[D]. 乌鲁木齐：新疆农业大学，2022.

2017年10月，党的十九大报告首次提出实施乡村振兴战略，明确要求通过政策引导和资金支持等多种手段，推进乡村旅游业的发展，促进农民增收致富。清江浦区针对这一政策号召，积极探索“党建引领＋乡村旅游”的模式，通过党建工作的引领作用，推动越闸村的乡村旅游业快速发展，促进该地区的脱贫致富。在实施“党建引领＋乡村旅游”模式的过程中，越闸村注重整合各方资源，发挥党员干部的示范引领作用，积极推动村庄的产业升级和品牌建设。此举为当地乡村旅游业的发展注入了强大的动力，带动了越闸村及周边地区的经济持续快速增长。同时，越闸村也成为江苏省党建与乡村旅游融合发展的成功案例之一，在全国范围内产生了广泛的影响。

（二）具体规划举措

1. 建立了以党建工作为引领的协同机制

越闸村充分利用党组织的政治优势和组织优势，将党建与乡村文旅产业发展紧密结合，构建了党支部、村委会、农资公司等多重组织协同的工作机制，充分发挥各方资源的协同效应，有效推动了乡村旅游业的快速发展。

2. 打造古庄牛生态休闲观光项目，大力发展乡村文旅产业

打造古庄牛生态农业项目，建设了草莓园、葡萄园、桃园等农业采摘基地，并配套建设商业街、垂钓中心、烧烤广场等设施，带动农户发展农家乐，全面构建适合旅客“吃、住、娱、购”的农业采摘与休闲观光产业发展体系。依托“互联网＋”延伸线上产业链，加盟超市便利店，打入城市消费市场，以“古庄牛”品牌带动村民销售自己生产的手工豆腐、挂面等土特产品，多方面助力农民增产增收，带动全村经济快速发展。

3. 引进外部投资和技术支持

越闸村积极引进外部投资和技术支持，提高村民经济收入和生活质量。例如，村委会与本地农资公司合作，共同发起成立江苏古庄牛生态农业开发有限公司，引进专业团队和技术人才，大力发展现代农业，并结合特色历史文化打造“古庄牛”农产品品牌，提升越闸村的旅游服务品质。

4. 加强基础设施建设

为了建设美丽宜居乡村，越闸村持续优化基础设施，近年来累计投入3000

余万元，完成15千米长高标准水泥路的建设改造，中心路拓宽至9米，实施村庄亮化工程，安装路灯132盏，改扩建公共活动空间，建设500平方米的村民活动中心、1800平方米的村民健身广场、420平方米的省级标准卫生室等设施以及幼儿园、电商运营中心、农事大集等配套设施，以充分满足全村居民日常的生产生活、体育锻炼、购物消费需求。

5. 注重生态环保

按照“美丽乡村”建设要求，栽植了200余棵榉树、150余棵香樟和100余棵银杏，不断增加绿化覆盖面积，全村面貌焕然一新。为了建设文明和谐乡村，越闸村精细化开展乡村治理，成立环卫所和保洁团队，保洁人员11人，并配备专业垃圾清运车2辆，实现日产日清；建设小型污水集中处理管网处理日常生活污水；开展立体畜禽养殖和农业废弃物有效回收、资源化利用；常态化开展土地综合整治、环境整治、生态修复等工程。

（三）案例启示

清江浦区越闸村“党建＋乡村旅游”模式的成功经验给我们提供了以下启示和借鉴。

1. 充分发挥党组织的作用

党组织在推动乡村旅游业发展中具有重要的引领作用，可以发挥自身组织优势和政治优势，带领广大农民群众共同参与到乡村文旅产业的开发中来。

2. 建立协同发展机制

在推进乡村旅游发展过程中，各部门、各层级之间需要建立紧密的协同工作机制，形成多方合力，共同推进乡村文旅产业的快速发展。

3. 挖掘地方特色资源

乡村文旅产业的发展需要依托丰富的地方资源，因此需要充分挖掘当地独特的文化、历史和自然资源，打造具有地域特色和独特魅力的乡村旅游品牌。

越闸村“党建＋乡村旅游”模式的成功经验为其他地区在推进乡村文旅产业发展中提供了有益启示和借鉴，同时也需要结合各地区的具体情况制订相应的推进计划，加强政策引导和投资扶持，落实好各方面的工作任务，为实现乡村振兴战略目标做出积极贡献。

二、四川省成都市明月村："文创融合 + 乡村旅游"模式

近年来，明月村发展以文旅产业为主的乡村振兴战略，通过开发农家乐、民宿等旅游资源，构建了以"闻鸡起舞"为代表的独特文化品牌，吸引了众多游客前来观光旅游。同时，明月村还在保护传统村落、修缮古建筑、整治环境卫生等方面进行了大量工作，使得村庄更加整洁、美丽。明月村先后荣获多项荣誉，如中国"十大最美乡村""全国乡村产业高质量发展十大典型案例"等称号。

（一）案例基本情况介绍

明月村位于四川省成都市蒲江县甘溪镇境内，全村 2000 余人，面积约为 6.78 平方千米，距离成都市区约 90 千米。2009 年之前还是市级贫困村的明月村，通过独特的发展模式成功脱贫摆脱了贫困村的称号，2015 年被评为四川省第一批乡村旅游创客示范基地，2018 年又成功入选了成都市首批文创产业园，成为乡村振兴与发展的典范。近年来，明月村先后荣获中国"十大最美乡村""全国乡村产业高质量发展十大典型案例"以及全国文明村、全国乡村旅游重点村、中国乡村旅游创客示范基地、中国传统村落活化最佳案例等一系列国家级荣誉。2021 年，明月村接待游客 26 万人，旅游总收入达 1.03 亿元，旅游产业带动当地经济增收 5300 万元。

（二）具体规划举措

1. 党建引领

明月国际陶艺村园区成立了党委，下设文创党支部、明月乡村旅游专业合作社党支部和雷竹土地股份合作社党支部。通过完善党建制度机制，确立党建核心引领作用，明月村将新老村民凝聚在一起，形成共商、共建、共治、共享的发展格局。园区党委按照"六新工作法"开展工作，即领办新经济、联系新村民、培育新乡贤、落实新项目、引领新风尚、推动新发展。定期召集新老村民共同商讨园区建设、产业发展和社区治理问题。文创党支部则负责凝聚新村民党员力量，

团结新村民，并在日常工作和生活中为他们提供指导和服务。此外，明月乡村旅游专业合作社和雷竹土地股份合作社均为国家级合作社，其中明月乡村旅游专业合作社提供讲解、旅游咨询和服务，并为明月村品牌塑造、宣传、营销以及产业链延伸等提供服务；雷竹土地股份合作社主要对农户进行种植培训和指导，同时对农产品品质进行把控。这些措施有助于明月村园区的经济发展和社区建设，同时也为新老村民提供了更好的发展机会和福利保障。

2. 政府搭台

明月村的发展是建立在政策、人才和财政三大支持基石之上的。县政府为此提供了政策和财政支持，并向村庄提供了187亩国有建设用地，为村庄发展提供了“启动器”。村庄还从外部引进文旅项目策划和运营人才，与当地人才共同组成项目工作推进组，负责项目策划、规划、招商、推广和管理工作，为明月村的发展提供了“助推器”。此外，各级政府出台了《浦江县关于推进乡村振兴的若干意见》《浦江县关于促进文化创意和旅游产业发展的若干意见》《浦江县关于人才引进的若干意见》等文件，为文化创意和旅游产业的发展提供政策保障，为明月村的发展提供了“稳定器”。镇政府和村委会负责园区管理、用地保障、项目服务等，并整合资金完善游客接待中心、道路、停车场、水、电、气等基础设施保障。明月村坚持“以人为本”的发展理念，提出“安居、乐业、家园”的生活理想。在这一理念的引领下，村庄注重人与自然、人与乡村、人与人的感受，体现出独特的“茶山竹海”“健康乡食”“淳朴乡邻”等气质。这种独特气质成功吸引了许多企业家、艺术家和学者前来扎根，被称为“新村民”。为方便新村民入驻，工作组为他们设计了两套进村方案：一是改造院落，将农民闲置的宅基地租赁出去，引进符合产业发展需求的艺术家，并提供改造补贴；二是自建房屋，调剂汶川大地震、芦山大地震两次震后建设指标到明月村，规划为40年产权的商业用地，通过土地招拍挂手续引入多元的社会资本。

3. 文创撬动

明月村的主要思路和核心要领是通过文创立村来进行项目运营。在规划之初，明月村就被定位为一个以陶艺手工艺为主的文化创意聚落和文化创客集群，旨在打造一个新老村民共创、共享的幸福美丽新乡村。2015年以来，受到明月村“安居、乐业、家园”生活理念和“共创、共享幸福美丽新乡村”愿景的感召，100多位有影响力、有创造力、有情怀的艺术家和青年创客入驻明月村，成为“新村民”。他们中的一些人获得土地使用权，创建文创项目，另一些人则租赁当地村民的闲置房屋改造成文创工作室。此外，一些文创公司、艺术家和专业人士等也作为投资主体，创建了以“陶”为主题的手工艺文创园区。目前，明月村总共引进了50个文创项目，其中30个已经建成并对外开放。这些措施将有助于明月村的经济发展和社区建设，同时也为当地人民提供了更好的发展机会和福利保障。

4. 产业支撑

甘溪镇党委和政府坚定地推进“茶山·竹海·明月窑”发展思路，深入推动“农、商、文、旅”融合发展，促进传统农业向更高产值的茶叶和雷竹产业进行结构调整。茶山、竹海和松林不仅增加了农民的农业收入，还通过“农创＋文创”的模式被打造成村庄的特色景观。明月村拥有3000余亩有机茶叶基地，可以利用这一优势开展茶叶良种培育和品牌茶叶生产加工。同时，结合这一资源，还可以开发茶树观光旅游、茶叶采摘体验、品茗等活动，为旅游业注入新的活力和变化。未来可通过引入外部资源，进一步延伸到茶叶电商、茶叶物流等下游领域，实现多元化经营和全产业链布局。明月村已连续11年举办“明月村春笋艺术月”和连续7年举行“明月村中秋诗歌音乐会”，推出了品牌文化活动如“上巳节诗会”“大地民谣音乐会”“雷竹春笋艺术月”等，并常态化开展陶艺、篆刻、蓝染、书画等展览活动。此外，村里还打造了文创品牌如“明月酿”“明月果酒”“明月陶”以及农创品牌如“明月雷竹笋丁”“明月手工茶”等，并借助“互联网＋”拓宽农产品销售渠道和方式，提高农民收入。

5. 公益助推

2015年11月，明月国际陶艺村正式开村，并成为“国家西部旅游人才培训基地乡村旅游实训点”。公益组织“3+2”读书荟开设的明月讲堂每月举行1期，已成功举办52期。作为国家乡村旅游人才培训基地的精品课程，明月讲堂专注于乡村文化、乡村建设和乡村发展，邀请相关领域的研究者、实践者和新村民代表进行主题演讲与开放对话，提升明月村治理水平和促进整体发展，推动区域生态、经济、社会、文化协调发展。明月夜校于2016年3月正式开讲，已经举办了98期。夜校课程注重对当地村民的培训和引导，促进了新老村民的互动和沟通，内容包括乡村产业发展、乡村文化、房屋改造、村民创业、农业种植、法律、垃圾分类及环境保护等。连续举办春笋艺术节、中秋诗歌音乐会、雷竹春笋艺术月等具有地方特色的文化活动。此外，还创设了“明月书馆”“陶艺博物馆”等公共文化空间，孵化“音乐种子计划”“明月文舍”等文化创意项目，以培育明月之花歌舞队、明月古琴社、明月诗社、守望者乐队等特色文艺队伍。

6. 旅游合作社联动

明月村确立了“村民参与、村民主体”的产业发展道路，2015年3月，由村集体、村民和财政产业扶持资金各出资30万元（其中政府产业扶持资金不参与后期分红），成立了以村民为主体的成都明月乡村旅游专业合作社，陆续开发了茶、竹、陶、印染等特色旅游产品，经营农夫集市、手工社、乡村工坊、自行车租赁、停车场管理及观光游览车等项目。[①]成都明月乡村旅游专业合作社统筹明月村范围内的旅游项目建设、运营和乡村旅游发展，指导村民开设特色餐饮、精品民宿，参与乡村旅游项目，推动整个村庄形成共创、共享的良好发展态势。目前，村民已发展30余个乡村旅游项目。成都明月乡村旅游专业合作社被农业农村部评为2018年国家农民合作社示范社。

健全完善的机制、各方面资源的统筹利用以及明确的发展路径有助于明月村蓬勃发展，并朝着文创产业、生态农业和乡村旅游互动融合的方向发展。

（三）案例启示

明月村在启动建设之初就非常重视规划的科学性、可操作性，做到定位准确、规划精细。在实施过程中，坚持“一张蓝图绘到底”，以人为本，坚定了新老村民的发展信心。

明月村规划发展的总基调是专业的事交给专业的人做。明月村的游客接待中心——甘溪镇综合文化站被纳入规划建设，该项目由美国注册建筑设计师施国平设计，并于2016年12月荣获住建部“第二批田园建筑优秀实例”的荣誉，成为明月村的“网红打卡点”。明月村的“logo”和商标形象也取材于此，因此明月村的游客接待中心可以称之为明月村的第一个参观景点。

① 张金岭，宋军令，王海．新乡建与乡村旅游[M]．北京：中国旅游出版社，2019：166.

明月村的发展由村民主导，因此该村编制了《明月国际陶艺村策划方案》。该方案是基于明月村的村情和农民的利益进行深入调研后编制的，包含4个重点：一是为农民划出“创业区”，保护老村民的利益；二是在8.8千米的旅游环线上建造艺术家的院落，但要满足明月村需要的各类人才；三是保留文化本底和生态本底，给本土本乡的能人提供创造力舞台；四是政府落实的187亩国有建设用地实行点状供地，不改变村庄的田园风貌，为发展文创产业提供必要空间。这是蒲江县第一个自下而上、由农民和设计师共同完成的村庄发展规划。该规划构建了明月村“一核、四区、一环线”的空间发展布局，符合明月村发展的实际需要，一直延续至今。

保留乡村形态。为保留明月村的田园风貌，在规划中，187亩国有建设用地的使用以发展创意陶艺和传统手工艺产业为主，吸引知名艺术家、传统手工艺翘楚和知名收藏家入驻，并引进文创项目。这块土地分成若干个地块，其中17个地块按照大、中、小分成三种类型，2个小地块作为配套公共服务地块。通过这样的规划，明月村得以保留乡村形态，同时也为文化产业的发展提供了必要的空间和条件。

人才是最重要的动力。该村依靠良好的文创和营商环境吸引了大量的人才，并想方设法留住这些人才，让他们引领村庄向着更加美好的未来前进。明月村一直重视人才培养和引进，不断提升文化、教育和技术水平，打造有竞争力的人才队伍，为推动村庄的发展奠定了坚实的基础。

三、陕西省咸阳市袁家村：“民俗文化＋乡村旅游”模式

（一）案例基本情况介绍

袁家村位于陕西关中平原腹地，隶属于陕西省咸阳市礼泉县烟霞镇，地势西北高、东南低。袁家村历史悠久，有着三千多年的文化积淀，是中国古代文明的重要发祥地之一，周边有着丰富的历史文化资源，距离袁家村10千米的唐太宗昭陵是全国第一批文物保护单位，并且是世界上最大的皇家陵园。袁家村以其独特的文化底蕴、美食和民俗文化而闻名，近年来成了全国知名的旅游景点，村内的袁家大院和袁家土梁子等景点备受游客欢迎。此外，袁家村还是一个典型的“空

心村”，但通过发展文旅产业，村庄已焕发出新的活力，并成功实现了乡村振兴的产业转型。

（二）具体规划举措

1. 挖掘文化资源

为了挖掘和利用袁家村的历史文化资源，当地政府加大了对文化研究和保护的力度。通过历史学、考古学等多种学科的综合运用，对袁家村的历史文化进行了深入研究和挖掘，发掘出许多稀有的历史文化遗址和文物，丰富了袁家村的文化内涵。在此基础上，袁家村还逐步开展了文化旅游产业，建设了袁家土梁子、袁家大院等具有代表性的景点，并不断推陈出新，推出更多更好的文化旅游产品，吸引了越来越多的游客前来参观游览。这些文化旅游资源的开发，不仅让游客了解到袁家村悠久的历史文化，还促进了当地经济的发展，带动了村民就业增收。

2. 创新经营模式

为了进一步提升袁家村的文旅产业发展水平，当地政府还积极探索创新经营模式。依托袁家村特有的民俗文化和美食资源，引进专业管理团队进行品牌化运营和产业链拓展，通过开展线上线下相结合的营销策略，不断拓宽产品差异化和服务质量，增加游客的消费体验。在这个过程中，袁家村充分发挥自身特色，针对不同客户群体推出不同的精品产品，如民俗文化体验、地道美食品尝、手工制作等，让游客深度参与到袁家村的文化生活中。此外，还通过建立电商平台、开通网络直播等方式，将袁家村的文旅产品推向全国乃至世界各地，提高知名度和影响力。这些创新经营模式的实施，不仅提升了袁家村的文旅产业规模和效益，还为当地就业创业带来了新的机遇，同时也丰富了人们的文化生活。

3. 改善基础设施

为了更好地支持袁家村的乡村振兴发展，当地政府投资改善当地的基础设施，包括道路、供水、电力等设施。首先，在道路方面，政府加大了对当地公路交通的改善和维护，新修筑了一些连接主要景点和村庄的客运道路，并设立了标志牌和指示牌，提高游客导向效果。其次，在供水和电力方面，政府加强了供应体系建设和设备更新，增加水电设施的稳定性和可靠性，满足居民和游客的日常需要。

此外，还进一步加强了环境卫生和垃圾处理等基础设施建设，提高村庄整体环境质量和居住条件，为当地居民和游客提供更加舒适和便利的生活环境。这些基础设施的改善，不仅优化了袁家村的营商环境和公共服务水平，还对吸引外来投资、促进就业创业、提升当地经济实力起到了积极的推动作用。

4. 扶持农业发展

为了更好地推动袁家村的乡村振兴发展，当地政府不仅注重文化旅游产业的发展，还加强对当地农业的扶持。政府积极引进优良品种和现代农业技术，推广高效耕作和科学管理方法，提升农产品质量和产量。同时，政府还组织开展多种形式的农业培训和示范活动，帮助村民学习掌握新的种植、养殖和加工技能，提高他们的生产能力和市场竞争力。此外，政府还鼓励村民发展农业龙头企业，扶持农村合作社和家庭农场等新型经营主体，拓宽村民的增收渠道，促进农业与休闲旅游、文化创意等行业的深度融合，实现全域旅游和乡村振兴的双赢局面。这些措施的实施，不仅有利于保护和传承当地的农业文化遗产，也可为袁家村的可持续发展注入新动力。

（三）案例启示

袁家村发展乡村文旅产业的成功经验为我们提供了以下几方面的启示。

首先，充分挖掘本地特色文化和历史遗产，打造具有文化内涵的旅游品牌，进一步拓宽旅游市场。

其次，加强基础设施建设和公共服务体系建设，提高乡村旅游的服务质量和环境质量，从而提升游客的满意度。

再次，在产业链拓展中注重差异化经营和品牌化运营，创新经营模式，提高产品体验，并通过线上线下相结合的方式，拓宽销售渠道，实现产业结构优化和效益提升。

最后，在乡村振兴过程中，要注重对当地农业的扶持和帮助，提升农产品质量和价值，创新农村经济发展模式，促进农村与城市的互动和融合。

总之，袁家村的发展经验告诉我们，乡村旅游不仅是一种产业模式，更是一种文化传承和生态保护的责任。通过全社会的共同努力，可以实现文旅产业和乡村振兴的良性互动，创造更多优美、宜居、富裕的美丽乡村。

四、山东省淄博市中郝峪村：一二三产业联动的综合发展模式

中郝峪村将乡村旅游作为美丽乡村建设的主导产业，秉承着农旅融合和旅商融合的理念，从小微起步，不断探索山区村庄发展乡村旅游的新路子，并在2013年完成了集体产权制度改革，实现了资源变资产、现金变股金、村民变股民的转型。中郝峪村将全村山林、土地、房屋和农田承包权等以经营权入股的形式成立了淄博博山幽幽谷旅游开发有限公司以下简称“幽幽谷公司”，通过公司来完善一二三产业机构框架，负责对全村所有经营性项目进行规划设计和经营管理，并统一进行利益分配。同时，该公司代表村集体和全体村民进行对外合作，走出了一条独具特色的乡村振兴之路。

（一）案例基本情况介绍

中郝峪村位于山东省淄博市博山区池上镇，处在上、下两郝峪村之间，故名为“中郝峪村”（如图6–2所示），是一个以农耕文化为主的古村落。村庄自然环境优美，森林覆盖率超过96%，溪流环绕，风景秀丽。全村共有113户，364人，其中耕地面积为80亩，山林和果林面积达到2800亩。中郝峪村坚持“绿水青山就是金山银山”的理念，致力于发展乡村旅游产业。村内实行了全村入股、全民致富的“郝峪模式”，并在此基础上不断推动旅游业的发展。

图6-2　山东省淄博市中郝峪村

（二）具体规划举措

1. 保留山村原始风貌，发展特色乡村旅游

一是通过制定发展规划来引领思路。针对村庄生态环境和产业发展现状，中郝峪村制定了《中郝峪村发展规划》，划分出不同功能区，以村庄改造、生态修复为重点，集中发展乡村旅游。二是通过整治村容村貌来建设宜居乡村。中郝峪村明确了村容环境布局，全面提升了村庄的绿化水平，实现了街道、河道两侧、农宅之间的全部绿化，同时开展高标准的环境保洁和日常清扫工作。三是通过打造旅游景观来形成乡村特色。中郝峪村将高山密林、河流库塘、农房小院、故事传说、手工艺品和农家饭菜等元素作为卖点，最大限度地保留古树、旧宅和石墙等村庄原始风貌。四是通过完善村规民约来塑造文明乡风。中郝峪村制定了《中郝峪村村规民约》，实现了村规民约制度化，促使村民行为自觉化，村民一言一行都体现了乡风文明。

2. 转变发展方式，培育乡村旅游新业态

一是发展康养产业。中郝峪村拥有 96% 的森林覆盖率和夏季平均气温低于 26℃的自然生态资源。该项目依托这些天然生态优势，重点突出养老养生主题，建设 32 户各类康养住宅，并配套康体休闲、无障碍老年活动中心等设施，发展医疗服务、休养康复和农耕体验等服务，形成了居住、养老、休闲、康复和医疗等多种功能的新产业。二是发展民宿产业。村集体有偿收回了 60 户，180 多间闲置房屋，并重新规划设计，力图凸显山村风貌的外观，以现代舒适为内部设计重点，用于大力发展乡村民宿产业。与此同时，该项目还对全村妇女进行家政服务培训，每户院落配备一名持证上岗的管家服务员。制定《中郝峪幽幽谷民宿管理服务标准》，严格落实民宿标准化服务，让游客感受到家一般的温暖。三是发展农家乐产业。规范建设农家乐超过 100 户，其中 10 家被评为中国乡村旅游金牌农家乐，25 家被评为山东省五星级或四星级农家乐。通过实施统一的农家乐管理标准和行业规范，以及提供统一配送餐饮用具，达到了省级农家乐卫生安全标准。为了突出家庭接待的特色，每户都有自己的独特技能，游客可以在不同的农家体验不同的休闲氛围。同时，全村的村民都接受了旅游接待培训，从以前的户户“游

击队”转变成了整个村庄的“正规军”。

3. 以文旅为根，综合服务有机整合

中郝峪村注重村容村貌整治、生态修复、特色挖掘和合作社建设，并进行了集体资产股份制改革，鼓励村民以土地、山林、资金和劳动力等入股，创新出“公司运作 + 单体承包 + 全体村民入股”的运营模式，村民以田地、农家乐、餐馆等入股运营公司，并与公司利益密切相关，形成了强大的运营合力。幽幽谷公司对村子进行统一开发、运营、管理和推广。在公司里，村集体占 21% 的股份，剩下的股份根据村民自有房产、果园和劳动力等各种资产价值配以相应比例。除经营收入外，每年还获得公司分红。在经营上，公司统一负责村子的项目开发、运营和宣传。通过这种模式，一方面解决了中郝峪村乡村旅游的服务标准、项目建设和品牌推广等问题，另一方面带动了村民实现共同富裕。

4. 创新乡村治理机制，为村庄发展注入新动能

一是发挥基层党支部领导核心作用。协调村委会、股份公司、妇女、治保等群团组织，提高管事做事的积极性。同时，发挥党员先锋模范作用，在乡村旅游发展中定岗定责，为发展提供有力支持。二是发挥村委会民主自治作用。中郝峪村落实村民自治，贯彻村务管理制度，村委会成员发扬“蜜蜂精神”，与村民同食、同住、同劳动，带领村民发展乡村旅游脱贫致富。三是发挥年轻人的优势。随着乡村旅游事业的发展，中郝峪村吸引了大量有志青年回乡做贡献。中郝峪村幽幽谷公司的管理运营团队共 28 人，平均年龄不足 26 周岁。这些年轻人发挥“精力充沛、思维活跃、执行力强”的优势，为中郝峪村乡村旅游的发展注入了新活力。

（三）案例启示

山东省淄博市中郝峪村发展文旅产业的成功经验给其他乡村和地区提供了重要的启示。

首先，注重保留村庄的原始风貌。中郝峪村在开展文旅产业的过程中，非常注重保护和维护原有的生态环境和人文景观，保留了村庄的独特历史文化和自然风光，这为中郝峪村的乡村旅游产业的可持续发展提供了坚实基础。

其次，创新经营模式，多元化发展。中郝峪村不仅打造了生态康养基地、特色乡村民宿和高标准农家乐等文旅项目，也积极利用当地文化和自然资源，探索多元化的经营模式，如以“黄河龙舟”为主题的旅游活动、以“陶瓷制作”为主题的手工艺品体验等，这样的创新经营模式丰富了文旅产品，增加了游客的参与度。

最后，合理运用政策，吸引投资。中郝峪村通过制定发展规划、加强宣传推广等方式，吸引了政府和社会资本的投资，如引进国内知名旅游企业、建设乡村民宿、打造生态康养基地等。这些经济投资为中郝峪村的旅游产业提供了良好的营商环境。

总之，中郝峪村在发展文旅产业的过程中，注重保护原始风貌，创新经营模式，合理运用政策等，这为其他乡村和地区提供了重要的启示，可以在挖掘和整合自然与文化资源的基础上，走出一条可持续发展的文旅产业道路，从而实现乡村振兴。

五、浙江省湖州市莫干山：精品民宿发展模式

近年来，莫干山国际旅游度假区随着洋家乐等精品民宿的兴起，乡村旅游产业蓬勃发展。

（一）案例基本情况介绍

莫干山位于浙江省北部湖州市德清县，是沪宁杭金三角中心的国家级风景名胜区，相传吴王阖闾派干将、莫邪在此铸成了举世无双的雌雄宝剑，因此得名，是中国著名的度假休闲旅游和避暑胜地，景区面积达 43 平方千米，山峦起伏、风景秀丽多姿（如图 6–3 所示）。尽管不如泰岱之雄伟或华山之险峻，但莫干山以修竹绿荫、清澈山泉、别墅星罗棋布和四季各异的美景著称于江南，并享有“江南第一山”的美誉。从杭州市出发车程约 1 小时（70 千米）。莫干山以民宿为基础产业，构建多层次产业体系，通过政策扶持、外资引进和人才利用打造特色小镇，被评为全国第一批特色小镇、全国美丽宜居小镇、中国国际乡村度假旅游目的地、全国跨界旅游创客基地等荣誉称号。[①]

① 干永福，李卫宁 . 乡村旅游产品实务：乡村旅游案例百则 [M]. 北京：中国旅游出版社，2018：262.

图 6-3 浙江省湖州市莫干山

（二）具体规划举措

1. 发展民宿产业

莫干山通过引进多元主题化的民宿产业，成了全国民宿产业的重要中心。这一发展经历了三个阶段：外来人群投资、本地居民投资和政府引导发展。为规范发展民宿产业，德清县于 2015 年出台了《乡村民宿服务质量等级划分与评定》标准，将民宿分为精品、优品和标准三类；实行政府和民间机构共同管理，制定了《德清县民宿发展管理办法》，包括对消防、污染、安全等方面的规定，加强对民宿的规范和引导，并成立民宿发展协调领导小组，对民宿经营进行监督检查。此外，针对土地政策，德清县采用“点状供地”方式，将土地出让给投资者建房，从而减轻企业负担，降低土地浪费。

2. 发展全域旅游产业

挖掘莫干山和周边地区旅游资源，发展全域旅游产业，主题包括康体健身和民国风情。以莫干山风景区为基础，建设户外生态运动基地并修建国家级登山健身步道；推出“环莫干山”游线路，串联周边旅游资源，实现山上山下的联动发展；对镇区街道进行改造，营造民国怀旧风格，增加老式照相馆、布鞋店、老酒馆、咖啡馆等业态，并建造小型博物馆、VR 体验馆、复古钟楼等建筑。举办音乐节、自行车赛等各种节庆活动，提升莫干山品牌知名度，打造国际休闲旅游品牌。

3. 发展生态农业

利用莫干山良好的生态环境，推进生态农业发展，并构建了有机循环农业生产系统。挑选高品质有机农产品，一部分用于外销和有机蔬菜宅配服务，另一部分进行售卖和二次加工，实现在地营销；同时开辟景观农田，开发农业体验项目。通过承包农场种植和养殖，打造自给自足的生态平衡，多余的产品向外输出，形成可持续发展的生态农业模式。

4. 发展文创产业

为挖掘莫干山的人文历史底蕴，促进文化创意产业的发展，建设了莫干山庾村 1932 创意产业园，并改造了蚕种场文化集镇。引入艺文展览馆、设计工作室、主题餐饮酒店等文创业态，打造具有文化内涵和复古气质的设计创业项目。同时，展售当地特色手工作品如竹制品和蚕丝制品，带动了文化创意产业的发展。还规划建设影视文创小镇，挖掘民国风情文化资源，打造青年电影人的创客基地，举办电影节，成为国际电影大赛颁奖基地。除此之外，莫干山还引入了“探索极限”基地，大力发展户外运动、极限拓展等业态，成为全国知名的户外运动目的地。

（三）案例启示

依托长三角大城市群的优势，以民宿产业为先导带动乡村旅游和乡村产业的新发展。莫干山民宿作为乡村旅游的高级形态和中国民宿产业的领头羊，利用大城市的巨大人流和消费力，树立了莫干山乡村旅游的品牌，并取得了成功。通过莫干山的示范带动，浙江桐庐等其他地市都掀起了一股民宿热潮。尤其是在大力推进乡村振兴战略的当下，民宿已经成为带动乡村振兴发展的特色先导产业。

随着文旅融合进程的不断加速，出现了许多多层次、多维度的高质量文旅融合案例。乡村振兴计划的实施为文旅融合提供了更广阔的空间，并对特色文旅融合项目的打造提出了新要求。在顶层设计中，必须切实加强文旅融合高质量规划以避免区域间同质化竞争。尤其需要重视产业模式和运作模式，并加以谋划。

“文化 +”对乡村文旅的赋能作用越来越明显，促进了“农业旅游”“红色旅游”“IP 旅游”等业态创新的不断迭代升级。同时，“创意旅游”“体验旅游”“场景旅游”也因创意经济和体验经济的兴起成为旅游开发的新热点。因此，通过科学规划乡村资源优势、区位优势、非遗特色等，再通过创意升级、业态融合和模式创新，将有助于推动沉浸式乡村的创生和高质量发展。

第二节　国外乡村文旅产业发展的典型案例

国外并没有对乡村文旅产业进行明确的概念和范畴界定，通常将其视为城市文旅产业的一种延伸。它们倾向于将乡村文旅产业发展作为推动乡村发展的手段。法国、西班牙和意大利等乡村文旅产业相对成熟的国家，在发展过程中形成了自己的典型模式，并积累了宝贵经验。我国乡村文旅产业起步较晚，在发展过程中遇到了许多问题。因此，学习借鉴国外乡村文旅产业的发展模式和经验，可以帮助我国政府根据自身发展状况制定出合理的发展规划，并通过出台相应的政策法规推动我国乡村文旅产业的整体发展。

一、法国格拉斯小镇：世界香水之都

法国是世界第一香水出口国，位居蔚蓝海岸的美丽小镇格拉斯是法国香水的第一产地，有着超过 30 家的香水工厂，享誉全球的香奈儿 5 号香水就诞生于此，被誉为“世界香水之都”，大量游客及香水爱好者从海内外奔赴而来，这个面积仅有 44 平方千米的小镇，每年接待旅游人数高达 200 多万，是典型的以特色产业为发展驱动力，一二三产联动形成产业集群并构建起产业生态圈的成功案例。

（一）案例基本情况介绍

格拉斯是一座位于距地中海 20 千米的山城小镇，地势高低差异很大，海拔从不到 100 米增加到 1000 米，因此被称为“地中海阳台”。格拉斯的气候温和湿润，适合花草生长，每年黄绒花、玫瑰和茉莉等带有刺激性香味的花草盛开。格拉斯位于法国东南部普罗旺斯－阿尔卑斯－蓝色海岸大区滨海阿尔卑斯省，在南法旅游重地戛纳和尼斯之间形成一个三角地带，同时靠近南法蔚蓝海岸门户机场尼斯蔚蓝海岸机场，可以直接吸引这两大城市带来的游客。

格拉斯小镇遵循着产业发展的规律，每当面临下滑周期时，它总能迎难而上，

进行转型升级。格拉斯产业发展经历了三个重要的转型期。一是从皮革制造业转向香水制造业，格拉斯之前的支柱产业是皮革制造业，由于在皮革制造过程中会产生刺鼻难闻的气味，于是便于1614年开始种植各种香料花卉，生产香精用于改善皮革气味，1730年成立了法国第一家香精香料生产公司。二是香水制造业兼顾旅游业，随着皮革制造业的衰落和工业革命带来的变革，格拉斯成为制造香水的主要市场，蓬勃发展的鲜花种植业也带动了旅游观光业的崛起。三是香水研发中心与深度观光旅游并驾齐驱，格拉斯进行产业升级，开设香水学校以促进当地种植业和香水制造技术的发展，并大力开发香水主题深度旅游，打造休闲度假元素。这一策略让格拉斯成为全球高科技香水研发中心之一，法国55%的芳香工业都在格拉斯。境内与香水产业相关的公司有70家，年产值7.3亿欧元，占全球香水工业总产值的8%，其中70%的产品出口到全球各地。香水产业直接创造了3800个就业岗位，间接创造了13 000个岗位，约占格拉斯总人口的1/3。格拉斯小镇经过产业转型，走上了以花卉种植业为基础、香水工业为主导、旅游业为支撑的经济发展模式。

（二）具体规划举措

格拉斯小镇根据自身的产业和资源优势，倾力打造旅游产业，做好产业发展规划，已经形成包括香水制造体验、香水香精原产地购物、花田观光以及休闲节庆节事等四大成熟的旅游产品。

1．城区空间规划

在格拉斯市区的空间规划中，景点主要由香水工厂和香水博物馆组成，主要集中分布在老城区。因为山城地形的起伏，格拉斯设计了三条观光小火车路线，大约35分钟可以覆盖老城区内绝大多数景点。老城区主要由几个香水博物馆和工厂、一条商业街以及一个小镇中心组成。格拉斯最著名的三家香水工厂（花宫娜香水工厂、莫利纳尔香水工厂和加里玛香水工厂）对游客免费开放。每家工厂都提供香水定制项目和附属的香水商店，还有自己的香味工作室。这三家工厂联合国际香水博物馆为格拉斯打造深度香水体验路线奠定了基础。格拉斯小镇在商业方面也很发达，具备满足日常生活和旅游需求的各种商业业态，这些业态以小店铺的形式分布在独特的Boulevard Jeu de Ballon商业街之中。商业街上布满了风情各异的小店铺，有家居用品、电子商品、服装、餐馆、理发馆等，也有艺术品、陶瓷、香水等纪念品店。此外，格拉斯还打造了芳香广场和小镇剧院，共同组成了小镇的活动中心，这里有独特的餐馆、宴会厅以及健身、游泳、SPA 等丰富的娱乐设施，是当地居民和游客休闲社交的中心。

2. 为深度香水体验游开发衍生产品及配套设施

为了进一步提升深度香水体验游的品质，格拉斯不仅在开发旅游产品上下了功夫，同时也在努力提高配套服务水平。目前格拉斯虽然以观光客为主，但为了增加旅游产品的丰富性，格拉斯专注于以下几个方面的发展：(1) 提供多样化的住宿设施，包括酒店、公寓、别墅、家庭旅馆、露天营地和度假村。(2) 打造高尔夫球场，格拉斯境内拥有风格各异的高尔夫球场，为喜爱高尔夫运动的游客提供了更多选择。(3) 举办丰富多彩的主题活动，在节日和假期举办各种精彩节目以及烟花和歌舞表演，并在广场上举行草裙舞和花车游行等活动。(4) 开发花田旅游，格拉斯将近 100 公顷[①] 的已经开发的土地转化为香氛花卉栽培，大大增加了农田面积，为花田观光旅游打下了基础。(5) 推出芳香游学，格拉斯著名的芳香学院（Grasse Insitituе of Perfumery）是世界顶级调香师的培训地，为热衷于香水的人群提供了暑期学校和专业课程，吸引了大量游学者前来。

（三）案例启示

格拉斯小镇作为全球顶级的香水生产地和度假胜地，是特色产业小镇的典范。其成功得益于以下几个方面。

首先，格拉斯紧抓历史机遇，始终保持创新和活力，经历了从皮革制造业到香水加工业 + 花田观光的转型，并不断进行产业升级，实现了产业垂直度高，向高附加值的产业链不断延伸发展。

其次，依托当地农庄和农业资源，格拉斯专注于芳香萃取技术，大力发展香水产业，并将整个产业链上下游资源汇聚在一起，形成规模经济和范围经济的协同效应，加速小镇的发展。注重打造香水原产地品牌形象，利用国际知名企业为其国际形象背书，形成强有力的原产地品牌形象，使香水产业蓬勃发展，同时衍生出香水原产地购物旅游热。

① 1 公顷等于 10000 平方米.

最后，香水产业促进其旅游产业的发展，吸引着游客，最终演变成以香水制造和旅游产业为核心的区域产业经济结构。以香水产业为主题，开发出香水制造体验、香水原产地购物、花田观光等成熟旅游产品，并举办休闲节庆节事等活动。这些努力和实践使得格拉斯小镇成了特色产业小镇的典范。

二、西班牙阿尔克萨尔小镇：全球最佳旅游小镇

西班牙智库“乡村旅游观察”日前发布的最新报告称，去年有42.5%的西班牙成年人选择了乡村旅游，且出游频率有所提升。[①] 作为最早提出“乡村旅游”概念的国家之一，1986年开始启动乡村旅游项目，为很多陷入发展困境的乡村小镇创造了新的发展机遇。西班牙乡村旅游业发达，有值得借鉴的成功经验。例如，位于阿拉贡自治区的阿尔克萨尔小镇，于2022年被联合国世界旅游组织评为全球最佳旅游小镇，这表明西班牙在乡村旅游方面的成功经验已经得到了国际认可。

（一）案例基本情况介绍

阿尔克萨尔是西班牙阿拉贡自治区的一个小镇，位于格拉祖河畔。该镇建于约660米高的山丘上，有着壮观的景色和迷人的气氛。阿尔克萨尔拥有悠久的历史，可以追溯到古罗马时期。阿尔克萨尔有许多保存完好的历史建筑，其中包括大教堂、城墙、古代城门和众多的修道院、教堂和宫殿。镇上最著名的建筑物之一是圣母升天大教堂，它是哥特式建筑风格的教堂，建于13世纪和14世纪之间。其他值得一看的景点包括城墙和其上的城门，还有巴洛克风格的市政厅等。阿尔克萨尔还是一个美食之都，因为它位于西班牙著名的香肠和火腿生产地区之一。当地的菜肴通常使用当地的特色食材，如橄榄油、蔬菜和鱼类，这些食材都是西班牙传统厨艺中必不可少的部分。镇上还有许多小酒馆和餐厅，提供各种各样的当地美食。阿尔克萨尔每年都会举办各种各样的节日特色活动和文化活动，其中最著名的是圣安东尼奥庆祝活动，这是一项大型的街头庆典，持续三天时间。其他值得一提的活动包括复活节庆祝活动、圣约翰节和圣母升天节等。此外，由于该镇位于自行车道网的中心，游客可以参加自行车旅游和徒步旅行等户外活动。

① 颜欢．“让更多年轻人在乡村找到发展舞台”[N]．人民日报，2023-04-06（17）．

（二）具体规划举措

阿尔克萨尔是安达卢西亚地区一个历史悠久的小镇，拥有丰富的文化遗产和美食资源，在各级政府的财政支持下，阿尔克萨尔基于自然、健康和历史三大发展理念，依托当地资源大力发展乡村和生态旅游业。在保护历史文化遗产的基础上，阿尔克萨尔政府制定了一系列旅游发展规划。

1．加强旅游基础设施建设

使用山脚下绿松石色的维罗河里的鹅卵石铺设的石子路不断拓宽、延长，将阿尔克萨尔小镇与风景区完全连通起来。铺路的方式也是沿用了数千年前的传统，很多居民住宅的外墙还挂上了石制的仿古骑士盾牌，让整座小镇弥漫着古朴的文化气息。

2．打造主题旅游项目

根据阿尔克萨尔当地地势陡峭的天然优势，当地政府将附近的峭壁打造为全球最著名的攀岩区之一，同时开发了徒步路线、自行车旅游和峡谷漂流等旅游项目。

3．发展多种产业

在旅游业的带动下，当地居民因地制宜种植坚果、建造旅馆以满足游客需要，让这座仅有二三百常住人口的小镇获得了巨大的经济效益。为持续提高旅游业的盈利能力，当地政府鼓励投资者开发住宿业务。这不仅有利于提高游客留存率，同时也能为当地带来更多的收益。

（三）案例启示

西班牙阿尔克萨尔小镇发展旅游业的成功经验为其他地区提供了重要启示。

首先，注重保护和挖掘历史文化遗产。阿尔克萨尔小镇保存了多个建筑、城墙、教堂等具有历史文化价值的建筑物和遗址，这些成了吸引游客的重要资源，通过开发文化遗产旅游产品，提升了小镇的知名度和吸引力。

其次，打造独具特色的旅游产品。阿尔克萨尔小镇通过开发圣约翰节、圣母升天节等独特节庆活动，以及推出“夜游小镇”等主题旅游产品，吸引了大量游客前来参观和体验。此外，小镇还在当地的餐饮、手工艺等方面创新经营模式，增加了游客的参与度。

最后，注重宣传推广，提高知名度。阿尔克萨尔小镇通过整合旅游资源、加强品牌宣传、利用社交媒体等方式，提高了小镇的知名度和曝光率，进而吸引了更多游客到访。

总之，阿尔克萨尔小镇的成功经验表明，通过注重历史文化遗产保护、打造独具特色的旅游产品、注重宣传推广等方式，可以促进旅游业的发展。这些经验对其他地区发展旅游业也提供了重要启示，如在挖掘本地文化、打造特色产品和提高品牌影响力等方面进行探索和创新，从而吸引更多游客并实现可持续发展。

三、意大利马泰拉小镇：欧洲文化之都

意大利是世界上旅游业最为发达的国家之一。早在 1865 年，意大利就成立了农业与旅游全国协会，专门推介城市居民到农村体验农业野趣。20 世纪 70 年代，被称为“绿色假期”的乡村旅游在意大利蓬勃发展。截至 1996 年初，意大利 20 个行政大区全部开展了乡村旅游活动。现在，意大利有 1 万多家从事绿色农业旅游的经营企业。这种乡村旅游模式主要由政府推动，采取了多种措施，包括清查和统计重要的农业旅游资源，调查和开发游客来源，提供信息咨询、培训和辅导服务，对农业旅游资源进行评估和协调，鼓励经营者发挥地方特色，刊登广告、组织促销活动等。此外，政府还制定优惠政策，加强农业旅游与城市旅游组织、城市饭店和度假村之间的联系，颁布法令和规定管理农业旅游，建设和完善公共服务设施，积极提供商业服务活动等。位于意大利南部偏远地区的马泰拉小镇以洞穴民宿为特色，通过不断修复和完善，现已成为著名的历史古镇，并被评为“欧洲文化之都”。

（一）案例基本情况介绍

意大利马泰拉小镇位于意大利南部巴西利卡塔大区，是一个拥有悠久历史和独特文化的小镇，以落地式人类居住洞穴为特色，这些古老建筑群保存着 6000 年来人类在岩石中生活的历史遗迹，曾被联合国教科文组织列为世界文化遗产。马泰拉小镇的建筑别具一格，由技艺精湛的石匠雕刻而成，构成了壮观的景观。此外，马泰拉小镇还拥有众多的文化遗产和艺术珍品，如百年老教堂、城堡和神

秘的地下城市等。近年来，随着旅游业的发展，越来越多的游客前来体验马泰拉小镇独特的历史和文化气息。

（二）具体规划举措

1. 以资源优势为基础，形成独特的旅游特色

（1）自然景观：以生态本真为特色。马泰拉小镇所在的巴西利卡塔地区是全国最受保护的地区之一，其宁静、优美的生态环境，呈现出自然本真的生态之美。（2）建筑景观：以古朴沧桑为特色。马泰拉小镇坐落在峡谷之上，从远处看，高低起伏的石屋、断壁残垣的外墙，仿佛让人瞬间回到了石器时代的古朴沧桑世界。（3）住宿环境：以洞穴石屋为特色。这些洞穴石屋不仅在外观上保持着原始的风貌，其内部采用凝灰岩雕刻而成，没有过多修饰，形成了逐渐演化而来的天然洞穴景观，为游客们创造了“穿越时空”的沉浸式体验。（4）美食餐饮：以当地餐品为特色。当地生产的奶酪和自家种植的新鲜蔬菜、水果相互搭配，逐渐形成了具有地方特色的餐品，备受游客们喜爱。

2. 以文化优势打造活动特色

马泰拉小镇在传承意大利传统文化的基础上，不仅保留了自己独特的民族特色，更通过创新打造出了特色活动。其中，最为著名的是布鲁纳节和文化年活动。布鲁纳节源于中世纪时期，是一个庆祝春天来临的传统节日。这个盛大的节日包含了各种文化表演、舞蹈、音乐和服装秀等，以及美食和手工艺品展示。而文化年活动则是以当地历史文化为主题定期举办的一系列文化活动，包括音乐会、戏剧表演、艺术展览和工作坊等，旨在向游客展示马泰拉的历史和文化。这些活动吸引了众多海内外游客前来参加，同时也提升了马泰拉小镇在区域范围内的知名度和声誉，并逐渐成为区域品牌。可以说，马泰拉小镇充分发挥了本地文化优势，通过创新打造独具特色的文化旅游产品，从而成功实现了旅游业的持续发展。

3. 以媒介优势促成运营特色

马泰拉小镇在资源优势和文化优势的基础上，通过海内外电影的宣传催化效应，开始受到越来越多人的关注。众多著名的好莱坞国际导演被马泰拉小镇中峡谷之上的洞穴石屋的古老神秘和当地的古朴民风、秀美景观所吸引，在这里拍摄

了多部电影作品，包括《圣马太福音》《耶稣受难记》《007：无暇赴死》以及中国电影《咱们结婚吧》等，这些电影不仅为马泰拉小镇带来了国际知名度，也为这个偏远小镇创造了许多旅游资源。随着知名度的提高，当地政府充分利用媒介优势采取了一系列措施推动旅游业的发展。首先，政府对整个小镇进行修复，提升了小镇的整体形象和设施水平。其次，政府组织有序的活动，如布鲁纳节、文化年等，打造出独特的主题活动，吸引更多游客前来参观。最后，政府创新管理制度，平衡游客与当地居民之间的关系，避免了游客数量过多导致的环境和社会问题，保障了当地居民的生活质量。所有这些措施，共同促进了马泰拉小镇的乡村旅游运营特色的形成，并带动了小镇的转型升级。

（三）案例启示

马泰拉小镇发展旅游业的经验是值得肯定的。

首先，马泰拉小镇充分利用了本地的资源优势和文化优势，通过打造独特的旅游产品，吸引了越来越多的游客前来参观。

其次，马泰拉小镇在旅游开发过程中，注重保护当地环境和文化遗产，并致力于平衡游客与当地居民之间的关系，确保旅游业的可持续发展。

最后，马泰拉小镇政府在推动旅游业发展方面发挥了积极作用，通过创新管理制度和组织有序的活动等方式，促进了旅游业的发展。

这些经验可以为其他地区的乡村旅游开发提供借鉴。在发展旅游业时，应以本地资源和文化为基础，打造独具特色的旅游产品；同时，要注重环境保护和文化遗产的传承，避免旅游业对当地环境带来负面影响。此外，还要重视政府在发展本地区旅游业中的作用，发挥好媒介优势，推动旅游业的转型升级。

第三节　国内外乡村文旅产业发展的经验借鉴

在社会经济快速发展的背景下，我国乡村旅游得以迅速发展，城乡差距逐渐减小，为乡村文旅产业发展奠定了基础。国内外乡村文旅产业发展的成功经验为我国乡村文旅产业发展提供了有益的启示和经验借鉴。

一、政府引导，自主发展

纵观国内外乡村旅游成功案例的发展经验，我们不难发现，在乡村文旅产业发展过程中政府在规划和引导方面扮演了重要角色。政府通过制定优惠政策、调动社会资本、提供公共服务等措施，为乡村旅游产业的快速发展提供了坚实的支撑。例如，意大利、法国等国家在发展乡村旅游时都进行了全国性的统一规划，避免了乡村之间的恶性竞争，并保证每个乡村旅游景点都有独特的特色。另外，政府还通过宣传平台集中文旅资源并积极进行推广，并给予财政支持以完善公共服务设施和交通体系等。[①]

二、保护自然环境和传统文化

与大城市的旅游景点相比，在乡村旅游中自然环境和传统文化占有更大的比重，这也是优势所在。为维护乡村的自然及人文环境，把自然和文化元素纳入文旅产业中，采取可持续发展的措施，并坚持保护自然和文化遗产的原则，为来访的游客提供真实、纯朴、舒适的消费体验。

三、重视品牌建设，因地制宜开发不同类型的旅游产品

国内外乡村文旅产业发展的成功案例注重打造乡村文旅品牌，通过提供差异化的产品和服务来提升乡村文旅的知名度和美誉度。这启示乡村文旅企业要注重打造具有地方特色和优势的品牌，以增强乡村文旅产业的竞争力。文化旅游产业发达的地方，为了吸引更多的游客，运营者可以采用个性化、差异化的策略，打造独特的旅游体验，以更好地满足游客的不同需求。

乡村旅游发展的基本特征是根据当地条件发展不同层次和类型的产品，并且乡村旅游目的地与客源地之间的距离也决定了提供的乡村旅游产品的差异。国内外乡村旅游成功案例的发展源泉在于结合本土自然地理和文化特色进行旅游产品创新。对于那些个性不突出、市场竞争激烈、业态复制门槛较低的传统乡村观光旅游而言，区域特色成了乡村旅游的核心竞争力。

① 徐伟．乡镇文旅产业发展中的政府职能研究——以吴江区七都镇为例[D]．苏州：苏州大学，2020．

四、强调可持续性发展

在发展乡村文旅产业时，保护环境和资源、推崇可持续性发展理念已经成为国内外成功案例的共同特点。这些成功案例都注重利用当地的文化、自然景观和历史遗迹来吸引游客，并通过创新模式和服务来提升乡村旅游的品质和吸引力。

五、鼓励多方参与，打造利益共同体

尊重和保护不同利益相关方的权益，并通过制度建设形成多方合力推进乡村旅游产业升级。政府、行业协会、旅游企业和乡村居民各自承担责任，共享收益，同时通过区域旅游发展的联席会议机制保障了社区参与，避免了乡村旅游发展中出现一系列问题，如社区空心化、旅游飞地和主客矛盾等。这些经验表明，只有形成利益共同体才能确保乡村旅游的可持续发展。

六、强调创新驱动，提供精细化服务

无论是休闲旅游还是文化旅游，对于大多数游客而言，优质的服务与场景氛围都是不可或缺的。为此，一些地区鼓励采用先进的技术和创新管理模式来提升游客的旅游体验，推进创新型乡村文旅产业的发展。这启示我们要注重技术创新和管理创新，在发展乡村文旅产业时应积极探索新的发展路径。

国外乡村文旅产业发展的成功案例为我国提供了宝贵的经验与启示，我们应该在借鉴成功经验的基础上，因地制宜，制定独特性、差异化的策略，坚持保护自然环境和传统文化瑰宝的原则，提高各种配套服务的质量，制定出更加适合当地情况的乡村文旅产业发展规划，创造出更多、更好、更有特色的乡村旅游标杆，推动国内乡村文旅产业的高质量发展。

第七章　乡村文旅产业发展规划的落实举措

当前，乡村文旅产业的发展呈现出愈加多元化的趋势，实现乡村旅游、文化展示和产业发展的有机结合，需要有系统的规划以及有效的落实举措。在乡村文旅产业发展规划中，为了保证执行效果，还需要确定一系列的落实举措。

第一节　坚持党的领导，保障人民权益

党和国家事业取得的一系列成就都离不开党的领导。党的领导是发展乡村文旅产业的根本组织保障。只有坚持党的领导，才能保证乡村文旅产业发展的正确方向，充分保障人民的权益。

一、党的领导为乡村文旅产业发展规划提供思想保证

党的领导作为乡村文旅产业发展的重要组成部分，在制定乡村文旅产业发展规划中起着核心作用。乡村文旅产业是与现代农业、现代服务业、农产品加工产业等重要产业密切相关的一个产业，党的领导为乡村文旅产业发展规划提供重要的思想支持。

党的领导可以保证规划的科学性。制定乡村文旅产业发展规划需要系统谋划，对文旅产业与农业、生态、城镇化等产业间的互动和作用进行科学分析。党的领导可以统筹各方力量，对现有的文旅资源、规划建议、趋势特征以及文旅市场营销等方面进行充分的调研，组织制定高质量的规划方案。

党的领导能够保证规划将民生放在第一位。在推进乡村文旅产业发展的过程中，党始终将民生放在第一位，着力提高农民收入，满足农民的身体健康和精神需求。

党的领导有助于推进社会主义核心价值观建设。党在培育和宣传社会主义先进文化中起着至关重要的作用。党在领导制定乡村文旅产业发展规划中，要把社会主义核心价值观融入生态、环保、地方文化等各方面，加强对社会主义核心价值观的宣传。

党的领导有助于凝聚各方力量，统一思想，为乡村文旅产业发展规划提供重要的思想保证。

二、党的领导为乡村文旅产业发展规划提供组织保证

乡村文旅产业发展的相关政策需要农村党组织去贯彻、落实。作为素有“红色引擎”之称的党组织，是乡村旅游发展的中坚力量。乡村文旅产业的发展离不开党的全面领导。

农村党组织是农村基层组织的核心，是落实乡村旅游发展政策和工作的“中枢”。无论是在推动文旅产品开发，还是在服务乡村旅游业发展，乡村党组织都扮演着至关重要的角色。在推动环保、维护文化传承、公正合理对待民企等方面需保障党员干部的高质素素养，提高其文旅产业管理的市场竞争力和知名度。为了有效推进乡村文旅产业的各项工作，乡村党组织既要充分发挥自身的主导作用，又要密切与政府、农村社区、检察机关等部门的合作，共同推动乡村文旅产业的发展。

乡村文旅产业作为乡村产业振兴的重要方面，必须坚决贯彻党中央的方针政策，认真落实各级党委和政府的决策部署。同时，乡村文旅产业发展涉及了生态、农业、文化、经济等多个领域，必须进行协调。只有坚持党的全面领导，才能有效地协调各方面的利益关系，推进乡村文旅产业的有序发展。

三、党的领导为乡村文旅产业发展规划提供人才保证

全面推进乡村文旅产业发展，人才是关键。积极发掘和培养乡村旅游人才，形成一支高素质、专业化的队伍，必将为乡村旅游的发展起到积极的推动作用。

要把乡村旅游人才纳入党委人才工作总体部署。乡村旅游人才是乡村振兴的重要力量，如果没有高水平的人才来推行各项工作，往往难以实现既定目标。因此，要加强对乡村旅游人才的培养和管理，建立一套健全的乡村旅游人才管理制

度，向乡村文旅产业输送高层次的人才。

要引导各类人才向乡村文旅产业发展一线流动。在推动乡村文旅产业发展过程中，吸引更多各类人才涌入乡村旅游领域是必不可少的。党委应该加大政策支持力度，促进优秀人才向乡村流动，特别是需要引进优秀的管理人员、开发团队、文化传承师资等人才。

要加强乡村两级党组织和干部队伍建设。要推进乡村旅游人才培养与乡村后备干部的有机结合，吸纳一批干事创业的乡村旅游创业者进入乡村两级党组织和干部队伍，发挥人才优势为乡村振兴服务。

第二节　政府主导，科学规划

制定乡村文旅产业发展规划时，要加强政府主导作用，明确发展乡村文旅产业是解决乡村供给不足的有效措施。党中央、国务院提出乡村文旅产业顶层设计和法律法规，省级政府拥有全局视野和资源整合能力，可以协调各地级市的乡村文旅资源进行整合和规划，同时提供必要的支持和保障。而乡镇、村庄作为具体实施单位，应该与县政府紧密合作，充分发挥自身特点和优势，共同推动乡村文旅产业的发展。

一、科学编制乡村文旅产业发展规划

乡村文旅产业发展规划是政府为实现地域综合体内旅游系统的发展目标而进行的整体规划过程。规划的主体是政府，从当地旅游系统的全局出发，注重对旅游规划对象进行综合整体优化，正确处理旅游系统的复杂结构，从全面和立体的视角考虑问题并编制科学的规划方案。

（一）前期准备阶段

1. 政策法规研究

对国家和本地区旅游及相关政策、法规进行系统研究，全面评估规划对社会、经济、文化、环境及政府行为等方面的影响。

2. 旅游资源调查

对规划区内旅游资源的类别、品质进行全面调查，编制旅游资源分类明细表、绘制旅游资源分析图，并确定旅游容量。如果条件允许，还可以建立旅游资源数据库。

3. 旅游客源市场分析

对规划区的旅客数量和结构、地理和季节性分布、旅游方式、旅游目的、停留时间、消费水平进行全面调查分析，研究并提出规划区未来旅游客源市场的总量、结构和水平。同时，还需要进行竞争性分析，确立规划区在各方面的区域比较优势，综合分析和评价各种制约因素及机遇。

（二）规划编制阶段

1. 确定规划区主题

在前期准备工作的基础上，确定规划区旅游的主题和目标，包括主要功能、主打产品和形象，制定分阶段的规划目标和开发思路，并确定重点旅游项目的投资规模，进行经济、社会和环境评价。

2. 制定旅游发展战略

提出规划实施的措施、方案和步骤，包括政策支持、经营管理体制、宣传促销、融资方式和教育培训等。同时，还需要编写规划文本、说明和附件的草案。

（三）征求意见阶段

规划草案的形成是一个初步设计的过程，为了确保规划的可行性和实施效果，需要广泛征求各方意见。在规划草案制定完成后，应该通过一系列的信息发布和宣传渠道，向公众、业内人士和相关专家学者公开征求意见和建议。其目的是收集社会各界对规划的意见和反馈，并在此基础上进一步完善和修改规划草案。这样可以确保规划符合当地实际情况和需求，具有可行性和针对性，同时也能够提高规划的可接受度和推广度。最终，经过深入剖析和综合考虑，确定规划方案，落实规划任务，全面推动乡村文旅产业发展。

政府制定全面科学的规划是发展乡村文旅产业不可或缺的基础工作。只有科学地制定规划，才能够充分发挥乡村旅游的潜力，实现乡村文旅产业的可持续发展。

二、建立大旅游综合管理体制机制

随着城市生活节奏的加快，越来越多的人开始青睐于乡村旅游，而乡村的自然环境、文化氛围、生态资源和慢生活方式越来越受到人们的追捧。乡村文旅产业作为乡村振兴的重要组成部分，已成为各地发展的重点。但是，当前乡村文旅产业的发展还面临着一些问题，如发展不平衡、产业链薄弱、资源浪费等。为了解决这些问题，需要建立大旅游综合管理体制机制，将文旅产业作为经济社会各方面综合发展的重点。

要加强政策引导和资源整合，推动文旅产业的深度融合。制定一系列政策，如财税优惠、项目补助、土地使用政策等，为文旅产业发展提供有力保障。比如，设立文化旅游产业发展专项扶持基金，并列入同级财政预算，同时制定扶持奖励政策，引导和支持社会资金投资文化旅游产业。政策和资金的支持可以有效地促进乡村文旅产业的发展，并为其可持续发展提供保障。例如，浙江省湖州市政府制定了《湖州市乡村旅游促进条例》，要求市、区县人民政府应当在财政预算中安排旅游发展专项资金，支持乡村旅游发展。① 还要整合资源，促进乡村旅游和文化产业的协同发展，形成产业链联动和效益互补。

大力招商引资引进优质项目，为投资大型文化旅游项目的企业提供税收等优惠政策。税收优惠是政府支持乡村文旅产业的一种方式，对于从事文化旅游业的企业和个人给予一定的税收优惠政策，鼓励更多的投资者参与到旅游产业中来，不仅能激发投资者的积极性，也能推动当地的乡村旅游发展。

完善相关管理服务机制，加强对乡村文旅产业的组织协调和监管。针对乡村旅游的特点，建立起符合实际需要的旅游服务体系，包括旅游接待、旅游管理、旅游安全等方面。例如，广西壮族自治区政府通过建立"休闲农业与乡村旅游示范点"创建活动，推动乡村旅游产品的提质增效，2022 年设立 40 个创建示范点，加强了对旅游企业和从业人员的管理和监督，从而对规范乡村旅游市场起到了示范引领作用。

① 湖州人大．湖州市乡村旅游促进条例[EB/OL].（2020—01—08）[2023—09—02].http://renda.huzhou.gov.cn/lzgk/lfgj/20200108/i2599575.html.

三、推进品牌建设，广泛宣传

实施乡村文旅产业发展规划的过程中，品牌构建和广泛宣传是必不可少的。只有通过品牌建设和广泛宣传，才能更好地展现乡村文旅的独特魅力，吸引更多的游客，为乡村文旅产业的发展带来稳定的客源和收益。

（一）构建品牌，实现旅游形象升级

著名营销专家菲利普·科特勒（Philip Kotler）认为，品牌是一个名称、术语、标记、符号或图案，抑或它们之间的相互组合，用以识别某个消费者或某些消费者群体的产品或服务，并使其与竞争对手的产品或服务相区别。①

1．构建品牌，制定品牌战略和策略

（1）聚焦目标，形成特色。乡村文旅产业是一个高度个性化、创新性的领域，品牌的构建需要关注细节，在创新的基础上，逐步积累经验和品牌声誉。品牌目标不仅仅是品牌的名称、标志和视觉设计，更是乡村文旅产业特色的准确定位和强化营销。在确定品牌目标之前，需要对当地乡村文旅产业进行深入了解和调研，确定产业优势和潜力。在分析基础上，突出特色和文化等传导路径，使品牌更具特色和感召力。在构建品牌的过程中，需要根据本地资源优势，聚焦具体的旅游路线和特色景点。只有准确地把握规律，发现独特价值点，才能成功地塑造乡村文旅品牌。

（2）制定品牌战略。在对本地资源优势进行深入了解和调研的基础上，确定品牌建设的方向和目标，以更好地满足市场需求和消费者心理，并塑造出符合乡村旅游市场要求的品牌形象。在品牌标识设计过程中应该严格把握特色要素，找准品牌定位。在选取品牌口号和品牌文化的同时，需要注意与本地乃至全球市场的客观条件和市场需求的契合度。只有完全贴合市场需求，才能更好地推动品牌建设和发展，提升品牌和产业竞争优势。除了规划好品牌标识、品牌口号、品牌文化等各个方面，还需要通过广泛的品牌推广宣传和活动营销推广，来提高品牌形象的知名度和美誉度。可以通过推出有关的营销活动、景区文化联合推广等策略，来加深游客对品牌的认知度和参与度，从而不断提升品牌的竞争力，推动

① 刘佳雪．文旅融合背景下的乡村旅游规划与乡村振兴发展[M]．长春：吉林大学出版社，2022：136．

乡村文旅产业健康、持续发展。

（3）制定品牌策略。在确定品牌目标的基础上，需要进一步制定品牌策略，以确保品牌目标的实现。一是树立“产地品牌”形象。“产地品牌”是乡村文旅产业的核心优势，应该充分发掘这一优势，构建相关品牌形象，进一步提高该地区乡村旅游的品牌能力和品牌形象的知名度，为乡村旅游鼓劲和引导消费。二是培育特色品牌。在品牌建设中，不同的地区应该结合自身的特色，培育适应地区市场的特色品牌，从而更好地吸引消费和满足市场需求，推动乡村文旅产业健康、可持续发展。三是打造网络品牌。网络品牌是旅游发展的新趋势。通过互联网宣传网络品牌，可以让更多的消费者了解这个品牌，从而更好地推动品牌的发展和产业的增长。此外，可以通过互联网平台推广等方式，搭建好自己的品牌营销网络平台，让更多人了解并喜欢自己的品牌。

2. 确定乡村旅游的定位和主题

无论是人还是事物或者产品，有个性才能吸引眼球，让人有一窥究竟的兴趣，乡村旅游也是如此。鲜明突出的个性和主题是乡村旅游独一无二的靓丽名片。乡村文旅产业主题丰富多彩，如体育赛事、康体养生、家庭亲子、科普研学、民俗节庆等。从游客角度来说，游客出行选择乡村作为目的地，就是为了体验乡村生活、感受原生态之美。而面对数量众多的乡村目的地，游客选择去哪里主要取决于各地乡村旅游主打主题的吸引力。因此，要打造具有独特区域特色的乡村旅游品牌和主题，通过整合当地的自然、人文和历史资源，提高当地乡村旅游的知名度和美誉度，促进当地产业的发展和繁荣。

近年来，一些地方发展全域旅游和乡村旅游，依托自身独特的资源禀赋和自然条件，乡村旅游硕果累累，有力地带动了地方经济增长，增加了当地居民收入，成为游客首选的旅游目的地。丽水市的乡村文旅产业中，包括 9 个县市区都制定了自身的特色形象，打造了独具个性、易被记忆的“IP”品牌，如画乡莲都、剑瓷龙泉、世界青田、童话云和、廊桥庆元、仙都缙云、康养遂昌、田园松阳以及畲乡景宁。将这些不同区域的品牌串起来，能够形成独特的珠链，这种独特的“IP”具有强大的吸引力和传播性，能够快速获取关注和提升知名度，有效提高了丽水市乡村旅游的高质量发展水平。要将“IP”变成“GDP”，必须以本地区的优势资源为基础，制定富于远见的战略计划。丽水市将“秀山丽水、生态产品价值转换”视为城市独特的标志，建立了清晰和专属的 IP 定位，所有的工作都以此为中心建立“四梁八柱”，成功地实现了生态和经济的协调发展。①

（二）广泛宣传，形成传播效应

随着人们对旅游的需求日益增长，广泛宣传乡村文旅品牌和产品已经成为促进乡村旅游业发展的主要推动力。广告宣传、网络营销、活动策划等，都是有效的宣传手段。尤其在互联网时代，应该加强品牌的网络营销，与大众建立互动关系，提升品牌知名度和美誉度。利用“互联网 +”可以广泛地宣传乡村文化，提高宣传效率和吸引力。在宣传方面，需加大资金投入，充分利用社交媒体平台的优势，打造景区的独特形象。在线上互动方面，需要积极开通与游客交流联系的多种渠道，如小程序和公众号等，及时回应游客的建议和诉求。也可以适度地开展网络直播等当下流行的活动，宣传当地文化、文旅景区和特色产品，进一步增强景区的知名度和销售额。利用“互联网 +”的方式，可以为乡村文化的宣传和推广带来更多的机会和更大的挑战，为乡村文化的传承和发展做出贡献。

四、创新文旅产品供给

乡村文旅产业应该跟上时代的步伐并根据当地独有的特色和游客的需求不断创新，以推动乡村文旅产业的全面健康发展。为此，我们需要从多个方面寻求创新路径，使得乡村文旅产业具有更强的市场竞争力，能够辐射全国乃至世界市场。下文简要介绍了十种文旅产品创新形式。

（一）美丽乡村发展模式

创新点：新农村街道庭院生态设计 + 五谷杂粮创意化设计。

产品依托：美丽乡村建设工程。

主要盈利点：特色餐饮、民俗体验、民宿接待。

主要做法：在美丽乡村建设的过程中，应该充分发掘地方农业产业、文化、传统技艺和生活习惯的特色。在美化村庄的道路、景观和植被设计上，应该注重体现地方特色，并创造生态景观廊道。同时，在居民庭院的美化过程中，应该结

① 胡磊．“IP”怎样变成 GDP[J]. 决策，2021（8）：20.

合庭院经济创建主题院落。村庄景观的构建应该将五谷杂粮的果实作为重要的景观设计元素。在文化生活的设计方面，应该挖掘和整理本地传统戏曲、舞蹈、民俗技艺等，以推动传统文化的发展。

（二）文化＋体验模式

创新点：民俗文化＋情景化体验设计。

产品依托：文化挖掘与运用。

主要盈利点：参与体验、手工纪念品销售。

主要做法：需要搜集每个地方最具特色的传统劳作作坊，并在一个区域进行场景化再现。这包括作坊内部的摆设、工具和工艺流程都需要进行情景化再现。游客不仅可以观看传统的劳作方式，还可以亲身体验，如参观酒坊、油坊、磨坊、染坊等。

（三）创意景观种植模式

创新点：民俗文化＋情景化体验设计。

产品依托：大地景观设计与种植。

主要盈利点：观景门票及周边配套服务消费。

主要做法：通常情况下，大田种植被视为乡村旅游开发的重要景观资源。针对这一资源，常采用创意性设计的方式来打造大地种植景观。这种设计方式将区域内最具特色的吉祥寓意或者最具地域特色的形态，通过不同色彩的作物种植进行展示。此外，建设观景平台供游客欣赏也是常用的手段之一。

（四）田园康养度假模式

创新点：生态农业＋健康养生主题休闲度假庄园／民宿。

产品依托：田园风光秀美和具有疗养保健价值的农业产业发展区域。

主要盈利点：养老养生、民俗体验、度假。

主要做法：特色化农业种植产业是乡村旅游开发的重要资源，如葡萄、中草药、蓝莓等具有养生价值的农业资源。在此基础上，可以挖掘这些农业资源的养生保健和疗养作用，同时结合当地的美食、文化和特色运动娱乐等元素，打造以特色度假生活为主题的综合体项目。

（五）花卉休闲度假模式

创新点：花卉种植＋花卉主题食品、精油、日化、手工体验、婚庆等周边配套服务。

产品依托：花卉种植产业。

主要盈利点：花卉种植、销售、鲜切花；花卉深加工、精油、日化等延伸品；婚纱摄影、婚礼举办、婚礼餐厅、婚礼蜜月洞房；花卉养生、保健、美容等。

主要做法：在旅游开发中，花卉产业通常会与婚庆产业相结合，创建花卉婚庆产业园区，园区以各种具备芳香、观赏和经济价值的花卉种植为主，同时也形成了七彩缤纷的浪漫童话花海。

（六）森林乡村旅游模式

创新点：森林＋林下种植、养殖／户外体育运动／亲子娱乐／科普教育／康养度假等。

产品依托：林业种植产业。

主要盈利点：游乐、运动、度假、养生、林下经济。

主要做法：为了开发森林资源，提出“树顶木屋、树中穿越、林下游憩”的三维空间开发理念。利用树冠资源开发树顶温泉SPA、树顶度假木屋、树顶休闲书吧、树顶瑜伽健身台、树顶观光餐厅等项目，将观光和休闲度假项目进行整合。在树干部分，将空中吊桥、藤索、栈道和各种拓展运动相结合，打造适合儿童和团队的拓展训练项目。在陆地空间利用方面，打造度假帐篷营地、森林氧吧和林下采摘等项目。

（七）生态种植模式

创新点：苗木花卉种植＋观光休闲＋科普教育＋餐饮。

产品依托：苗木花卉种植产业。

主要盈利点：苗木种植、销售、运动、亲子游乐、观光、餐饮。

主要做法：随着国家大力推进生态文明建设，苗木花卉产业在广大乡村已成为产业升级的重要选择，具有高附加值和经济效益。苗木花卉产业本身就具备旅游观赏和开发价值。为此，提出情景苗圃基地的概念，即通过展示不同苗木搭配效果的绿化样板间，将苗木产业、休闲游憩和游乐运动整合为一体，实现产业融合发展的目标。

（八）休闲度假牧场模式

创新点：牧场＋观光＋民俗体验＋特色住宿＋户外运动＋科普教育。

产品依托：畜牧家禽养殖产业。

主要盈利点：养殖、延伸加工、特色美食、体验狩猎、特色住宿、特色观光、特色民俗体验、户外运动、科普教育等。

主要做法：养殖产业是农业的重要组成部分，在资源依托的项目中可以利用牧场、养殖基地等资源开展狩猎、捡野菜、捡蛋等特色活动。游客所获得的动物和蔬菜可以作为定制化食材用于就地烹饪美食，也可以制作成特色旅游纪念品。牧场的特色景观、特色民俗和特色民居都是吸引游客的亮点。利用宽阔的操场等空地资源，可以开展草地摩托车、越野车、卡丁车等户外运动，并丰富游客对牧场动植物的科普教育活动，从而打造以牧场为特色的休闲旅游度假产品。

（九）瓜果休闲模式

创新点：反季节／异域瓜果种植＋观光休闲＋科普教育＋采摘＋餐饮。

产品依托：水果种植产业。

主要盈利点：瓜果种植、休闲采摘、创意游乐、特色度假等。

主要做法：作为目前乡村主导产业之一，瓜果在我国的不同地域都有着自己的特色品种。为了发展乡村旅游，可以从两个方面入手。一方面，通过丰富瓜果种植品种、提升种植技术和引入现代科技大棚等措施，实现全年不同地带的瓜果采摘和游乐体验。另一方面，可以对瓜果进行创意设计，打造以瓜果果实、果树、花朵及其吉祥寓意为原型的各种创意性景观、休闲空间和动漫体验项目，吸引更多游客前来体验。

（十）休闲渔村模式

创新点：渔业＋观光休闲＋渔业文化体验＋特色住宿＋科普教育＋餐饮。

产品依托：渔业养殖产业。

主要盈利点：水产养殖、渔乐体验、特色餐饮、特色度假等。

主要做法：渔业水产养殖是在地表水比较丰富的乡村地区常见的农业产业依托，也是这些地方乡村旅游开发的重要资源。可以丰富水产养殖品种，将其用于旅游开发，同时通过引入各种娱乐方式，如传统的垂钓和其他乡土游乐项目，将鱼的各种玩法做到极致。此外，还可以引入渔业文化、特色住宿、科普教育和特色美食等元素，打造一个具有地方渔业特色的休闲游乐式综合体。

除了以上产品模式之外，还可以根据自身特色资源创新更多的产品。当前，人工智能、云计算、物联网、区块链、虚拟现实等新兴技术不断涌现，正逐渐渗透各行各业中，乡村文旅产业也不例外。技术创新与发展已经成为乡村文旅产业的重要组成部分，乡村文旅产业要积极融合新技术，提高产品质量和客户体验。无论是产品、包装，还是景观设计，都要激发创意思维，让游客有耳目一新、眼前一亮的感觉。有创意的产品，才能有恒久的生命力，带给游客不一样的感受，增强游客的黏性。随着消费者需求的不断提升，乡村旅游产品也需要不断地进行创新和升级，如开发新型体验性强的旅游产品、推出基于互联网技术的旅游服务等，以提高游客的体验感和满意度。为了确保产品供给和旅游体验，需要注重“细节”和“优化”。加强乡村文旅跨界融合，推动资源要素在行业、地区和部门之间进行优化配置，引导产品不断向高端、精细发展，旅游体验不断向浸入式、互动式升级。通过创新布局，推动产业链和价值链不断延伸，增加乡村文旅产品供给层次，丰富产品内容和旅游体验，培育更多盈利支撑点，并为产业自我“造血”奠定坚实基础。

五、健全产权保护制度

随着乡村旅游的兴起，乡村旅游开发已成为一个备受关注的话题。在乡村旅游开发中，明确产权界定不仅有很多优点，还存在一些挑战。

乡村旅游资源是一项公共资源，但在扩大产权范围时需要谨慎考虑，因为多个群体共同拥有旅游资源的排他权可能会形成壁垒，导致乡村旅游资源未被充分利用，出现反公共地悲剧。因此，清晰的产权界定非常重要，可以让各方了解自己的权利和职责，解决开发过程中的纠纷和争端，有利于不同开发者之间的博弈。然而，也需要充分考虑开发者和利益相关者之间的博弈。由于存在利益相关者，对于同一旅游资源的竞争可能会导致开发不足或出现推诿扯皮现象。因此，对于乡村旅游的开发，需要找到一种平衡，满足商业利益与社会责任之间的需求。在我国，农村土地集体所有制和“包产到户”的土地联产承包责任制使乡村旅游目的地的产权分散，这给乡村旅游开发带来了一定阻力。这种产权制度使得各种开发者无法通过简单的市场竞争来占据垄断地位，也使得开发者难以获得长期的投资回报。在合理产权架构下，乡村文旅产业发展可以通过政府指导与监督管理，授权旅游开发企业一定的权益（如品牌授权），并激励村民参与其中获得相应的收益。在产权明晰的情况下，旅游开发企业有驱动力打造旅游品牌、标志和口号等，从而带动乡村地区文旅产业和经济的可持续发展。①

除了产权制度的问题，当前乡村旅游产品同质化严重，缺乏创新。这不仅让消费者感到疲劳，还阻碍了乡村旅游的健康发展。因此，需要更多的投资来支持旅游产品创新和多样化发展，使乡村旅游产品更加吸引人。在乡村旅游开发中，明确的产权可以减少各方的争端和冲突，但是需要谨慎地考虑产权分配问题，以尽量减少排他性和壁垒效应。因此，在保护产权的同时，也应该鼓励社会资本的加入和旅游产品的创新，以健全产权制度。

六、加强人才培养和交流合作

乡村振兴的关键在于发展产业，而乡村文旅产业的发展离不开人才的支撑。人才是乡村文旅产业发展的不可或缺的“动力包”。目前，我国许多乡村文化旅游地区经济发展不容乐观，教育水平相对较低。常住农村的主要居民是老年人、妇女和未成年群体，其中大部分文化程度较低，参与旅游产业发展能力较差。为了推动乡村文旅产业与科技融合升级，在人才队伍建设方面需要注重强化乡村人才培育。②对此，可以通过以下三个方面来实现：第一，在文旅基础人才专项教育方面，政府需要改变从业人员的认知、态度和行动，以提高他们的文旅科技融合的认知能力、创新能力和实践能力。第二，政府可以通过扶持创新创业等方式，引导和支持人才向乡村文旅领域转移和发展。例如，政府可以设立专项基金或者提供税收优惠政策，鼓励年轻人在乡村开发出具有特色的民宿、度假村、艺术中

① 杨琴，谢恒．乡村旅游业持续发展研究[M]．成都：西南财经大学出版社，2019：207．

② 秦宗财，高璞真．新时代乡村文旅产业与科技融合路径研究——基于生产要素的视角[J]．经济与社会发展，2022,20（6）：52-60．

心等项目。第三，政府应该鼓励不同地区、不同行业之间的交流合作，提升乡村文旅产业整体水平。例如，在某一地区的乡村文旅产业发展较为成熟的情况下，政府可以鼓励该地区的企业家和专业人才到其他地区去分享自己的经验和技术，帮助其他地区更好地提升乡村文旅产业的发展水平。同时，政府还可以组织相关的论坛和交流活动，让不同地区、不同行业之间的专业人才得以相互了解和学习，进而促进乡村文旅产业的整体发展。

七、保护生态环境

为了保护乡村生态环境，制定环保政策是必不可少的措施。政府应该加强对乡村生态环境的监管，加强对乡村旅游行业的管理，指导开发主体树立绿色、环保的发展理念，制定法律法规确保乡村文旅产业的可持续发展。同时，加强宣传教育，普及和推广环保知识和理念，提高农民和游客的环保意识。让他们充分了解环境保护对可持续发展的重要性，自觉遵守相关环保规定，爱护乡村生态环境。

另外，在开发旅游项目时必须严格遵守生态环保相关规定，并在设计、建设和运营中，注重对生态环境的保护和修复。可以采取一些生态环保措施，如植树造林、搭建天然景观、开发绿色旅游线路、推广低碳旅游等，在促进旅游业发展的同时，也有利于改善当地生态环境，保护生物多样性和景观资源。

在推动乡村文旅产业发展的过程中，加强环境保护是重要的任务和责任。只有加强环境保护，才能实现旅游业和生态环境的双赢。开发乡村文旅产业必须要有环保意识，采取有效的环保措施，促进旅游业的可持续发展，让乡村成为人们热爱的旅游胜地。

八、保障当地村民的基本收入

要实现真正的乡村振兴，必须保障当地村民的基本收入，而目前很多地区乡村文旅产业的发展情况还达不到这一要求。这是因为旅游产业的需求存在季节性波动，旺季游客众多而淡季游客零散，当地居民无法依靠文旅产业来维持基本生活。政府和当地相关部门应该高度重视与乡村文旅产业发展政策和文旅特色相关的问题，积极探索推广适合当地的盈利模式（表 7–1 为乡村文旅产业 100 个盈利方式）。在促进产业发展的过程中，应该科学规划、创新优化、规范管理，并且政府和相关部门要给予适当的政策扶持。通过全面推广乡村文旅特色产业，可以有效地推动乡村地区的经济发展，帮助当地民众积极构建品牌，增加当地村民的基本收入，把村民留在家里，才能实现乡村振兴。

表 7-1　乡村文旅产业 100 个盈利方式①

序号	主类	亚类	注释
1	餐饮盈利	特色早茶	如水煮花生、煨芋头、煨红薯、石灰池泡蛋、现制豆浆、手工米粉、甜酒等
2		农家饭菜	农庄的主要餐饮方式，可以将农家饭菜与酒店菜肴相结合，满足客人不同需求
3		特色预订	比如烤全羊、三鞭药膳等，有的特色菜可以常备，有的可以要求预订
4		宴会接待	交通比较便利的可以承接生日宴、聚会宴、会议宴、培训宴等同时用餐人数较多的宴会
5		自助烧烤	既可作为吸引游客的游乐项目，又是一项特色餐饮服务
6		特色外卖	比如现场制作烤鸭、臭豆腐、麻辣香干等
7	住宿盈利	乡村别墅	如近水独栋休闲别墅
8		标准客房	按照一般标准建设的楼层套间
9		青年旅馆	按照国际青年旅馆模式建设的、适合旅游爱好者的旅馆
10		露营基地	提供大规格的帐篷出租
11		特色住宿	如人工窑洞、石屋、架在树上的鸟巢屋、木船旅馆、迷你微型别墅、茅草屋等
12		其他服务	如钟点房、午夜房、包月房等

① 资料来源于铜陵市休闲农业和乡村旅游协会微信公众号．

续表

序号	主类	亚类	注释
13	加工盈利	自酿谷酒	最好用大坛封装，上贴红纸，小瓶装的贴上自制的土标签，取名“某某家酒”，根据实际情况还可造黄酒、甜酒、米酒、南瓜酒、地瓜酒、葡萄酒等
14		熏制腊味	如腊肠、腊鸡、腊鸭、腊鱼、腊兔等
15		泡菜系列	如腌辣椒、腌萝卜、腌黄瓜、腌茄子等
16		干菜系列	如笋干、豆角干、紫苏干、剁辣椒、萝卜干等
17		粮油系列	如大米加工、大豆加工、红薯加工、玉米加工等
18	康乐休闲盈利	乡村茶馆	茶艺表演、茶水服务、茶叶茶具出售，有茶叶基地的还可以组织游客采茶、制茶
19		乡村 KTV	以大包厢为主，平时也可作为聚会、培训、会议用
20		乡村酒吧	面积不需要很大，关键要精致。也可做成以轻音乐为主、比较安静的清吧
21		花园足浴	微风吹来，花香沁鼻，在大自然中享受足浴
22		草坪瑜伽	有辅导老师，可采取会员制，游客也可临时参与体验
23		乡村温泉	将传统的澡堂、桑拿改造成温泉形式
24		乡村高尔夫练习场	占地比较小，可采取会员制
25		乡村马术俱乐部	会员制的马术俱乐部，也可以组织简单的骑马游玩项目
26		拓展训练基地	需要与专业户外拓展训练机构合作，以保证稳定的团体消费
27		短程亲水漂流	适合儿童的短程安全浅水漂流，重在亲水体验

续表

序号	主类	亚类	注释
28	康乐休闲盈利	乡村游泳池	一种为天然浴场，对河滩进行改造而成；一种为人工修建的游泳池
29		狩猎场	可依据地形，选择封闭性较好的窝地喂养动物，依法开展狩猎活动
30	游乐盈利	水上运动系列	如水上步行球、水上飞机、水上滑道、情侣脚踏船、水上摩托艇等
31		山地运动系列	如滑草、竹林迷宫、攀崖、速降、山地自行车等
32		场馆游乐系列	如幻像水族馆、旋转秋千、旋转木马、碰碰车、神奇古堡、动感影院等
33		空中游乐系列	如空中单轨列车、空中自行车、大荡船、飞碟
34		有奖游乐系列	如射击、趣味寻宝、有奖猜谜、动漫世界等
35	体验盈利	私家菜园	将土地分成小块，围成菜园，出租给城市居民，也可由小区业主联合租地建业主庄园
36		果蔬茶采摘	游客自己动手采摘生态瓜果蔬菜，按一定价格出售
37		钓鱼捕鱼	多种形式的娱乐项目，包括钓鱼、抓鱼、捞鱼、捕鱼、钓虾、钓鳖、抓螃蟹等
38	产业盈利	特种养殖	如养鹿、养孔雀、养狐狸、养野猪、养蜂等
39		有机果蔬	如农家小菜、反季节蔬菜、葡萄、梨子、板栗、莲藕等
40		农副产品加工	如红薯粉丝、茶籽油、环保竹篮、草鞋、干花等

续表

序号	主类	亚类	注释
41	产业盈利	药材茶叶	签约成为药材基地或茶叶基地，利用基地形成特色
42		花卉苗木	既是对乡村的美化绿化，同时可通过苗圃销售花卉苗木、盆景树桩
43		天然矿泉水	如果有好的矿泉水资源，开发成瓶装或桶装水
44		野菜野果	人工种植野菜野果，包括蘑菇生产，可内部消化，也可加工包装成商品推向市场
45	服务盈利	会议中心	现在有很多部门和单位的会议安排在农庄招开，会议中心的规模视情况而定
46		展览中心	可与会议中心办在一起，主要承办艺术收藏品展览，也可只展示农耕文化
47		婚纱摄影基地	利用乡村的自然风光，加上一些爱情婚庆主题元素，可开设婚纱馆
48		旅游纪念品商场	最好建成古朴风情小街，包括老字号工艺品店和特色小吃
49		土特产超市	如果申请了屠宰证，还可现场屠宰生猪
50		交通服务中心	包括内部电动游览车和通往市区的班线车
51		医疗保健服务中心	在基本医疗的基础上开设其他特色保健服务
52		通信及其他公共服务	如商务中心、预订机票、代客租车等

续表

序号	主类	亚类	注释
53	手工制作盈利	风筝制作	提供材料，游客可自己动手制作，在田野上放风筝是很开心的事情
54		手工棉被	手工弹棉花具有很强的观赏性，同时现场预订棉被绝对放心
55		竹艺编织	竹艺编织材料易取，成品可现场作为实用工艺品销售
56		陶艺制作	与陶泥亲密接触，欣赏自己的作品
57		女红针线	适合女游客参与的如做手工鞋垫、编织手套、刺绣等
58		其他体验	各类手工工艺均可，甚至包括参与建土房木屋
59	集体活动盈利	集体婚礼	与妇联、团委、媒体、婚介等联合举行中式集体婚礼
60		交友派对	与团委、媒体、户外俱乐部等联合举行交友派对活动
61		夏令营	与学校、媒体、公益社团等联合举办夏令营或冬令营
62		纪念林植树活动	古树名木认养、纪念果林、企业形象林
63		农民趣味运动会	展示农耕文化，邀请企业、媒体和游客参与
64		其他节庆活动	如泼水节、重阳节、圣诞节、情人节等
65	艺术类盈利	收藏展馆	展示出售各类收藏品、艺术品
66		工艺品趣味拍卖	可以由游客亲手制作并现场参加趣味拍卖

续表

序号	主类	亚类	注释
67	艺术类盈利	根雕盆景	取材乡间，由园艺师现场指导创作，作品可带回家
68		窗花剪纸	材料普通，初学简单，具有浓郁的乡土气息
69	地产盈利	乡村别墅	如取得建设用地许可证，可建设连片乡村别墅
70		幸福公寓	适合城里老人下乡定居或度假，可租可售
71		老字号商业街	如果规模大，交通便利，可考虑建商业街
72		双语国际幼儿园	在风景优美的乡村中让孩子健康成长，档次要高
73		武术培训基地	武术培训不仅可以盈利，还具有表演参观的特性
74		艺术家创作基地	主要是画家、作家、雕刻家等选择乡村潜心创作
75	技术盈利	珍稀观赏鱼繁殖推广	如中华鲟、娃娃鱼、锦鲤等
76		优质种苗培植推广	如优质油茶、红豆杉、兰花等
77		宠物繁殖训导	如狐狸、荷兰猪、藏獒、观赏龟等
78		有机肥料生产推广	为周边种植大户服务
79		无公害养殖垫料推广	为周边养殖大户服务

续表

序号	主类	亚类	注释
80	技术盈利	大棚温室推广	大棚建设、温室育苗、沼气工程等
81	表演盈利	绝活表演	民间绝活表演，可在节庆期间推出
82		农家动物表演	经过训导的农家动物，如小猪跳水等
83		传统艺术表演	如魔术杂技、皮影戏、拉西洋景、踩高跷等
84		演出团体	民俗风情表演，可参加文艺调演和商业演出
85	教育盈利	农科教中心	争取政府支持，建成农科教培训中心
86		青少年特长假日培训班	节假日青少年可前往体验学习各类特长
87		市民大学	类似老年大学，市民可报名学习武术、舞蹈、烹调等
88		幼儿教育	开设双语幼儿园，实行寄宿制，面向城市招生
89	管理盈利	专业合作社	联合周边农村农民成立相应的专业合作社，统一品牌，统一管理
90		品牌连锁和委托管理	将成熟的项目输出、复制、连锁，或者兼并、托管
91	广告盈利	酒水供应商广告	酒水供应商在自己的农庄设置广告
92		当地房产广告	当地房产商在农庄设置户外广告

续表

序号	主类	亚类	注释
93	广告盈利	其他旅游景区广告	周边旅游景区在农庄设置广告牌
94		农庄消费指南折页广告	定期编印的农庄快报上刊登相关广告
95		企业形象林	当地知名企业在农庄内建立纪念林，立企业形象石
96		主题活动	举办各类主题活动冠名、协办招商
97	其他盈利	门票	封闭性较好、游乐项目多、景点丰富的综合体可经批准收取门票或销售最低消费套票
98		招商	规模较大的综合体可以规划工业用地，招商发展无污染工业，也可提供厂房合作或出租
99		农机服务	种植业为主的综合体可以推出农机服务，同时满足周边农村的需求
100		科研项目	具有科研技术实力的综合体可以申请承担相关科研实验项目，如湿地保护与研究

第三节　多元主体参与，激发民间活力

乡村文旅产业的发展需要在充分发挥政府主导作用的同时，着重突出村民主体地位，动员全社会力量共同参与，激发民间活力。

一、成立乡村文旅产业发展组织协调结构

政府要成立乡村文旅产业发展组织协调结构，包括地方政府、建设部门、交

通部门、财政部门、文化和旅游部门、金融机构、民间团体、企业、村集体和当地居民等，以确保所有利益相关者都能参与规划和实施。建立一套有效的沟通机制，将相关信息及时传达给所有相关利益方，以确保他们对整个计划有透彻的了解，要考虑不同利益方的观点，尽可能满足每个群体的需求。开展定期的调查研究，以更好地了解不同人群的需求和意见，并将调研结果作为编制规划方案的基础，以确保方案能得到最广泛的响应和认同。鼓励农村居民和企业参与规划的实施，以确保他们的意见被采纳，同时提供相关培训和支持，使他们能更好地发挥作用。鼓励和支持那些致力于保护本地环境和文化遗产的组织和个人，以确保发展计划是可持续的，并且将环境和文化造成的负面影响降到最小化。为了确保利益联结和红利分配的广泛性和长期性，应该充分运用市场化工具。通过要素入股、提供就业机会、技能培训等方式，建立稳定且可持续增长的利益联结机制，吸引更多农村居民参与产业发展，增加他们对乡村文旅产业项目的归属感。这样，乡村文旅产业才能成为乡村振兴的“动力引擎”。

二、金融机构提供信贷服务

金融机构为乡村文旅企业提供专项贷款，包括建设乡村旅游景区、农家乐、民宿、主题公园等项目的贷款。同时，也可以针对特定需求，推出一些差异化的贷款产品，如开发特色主题信用卡，给持卡人提供优惠服务，鼓励他们前往乡村旅游。金融机构可以依托核心企业为上下游中小微企业提供供应链融资服务，为整个文化产业链条的发展提供资金支持。除了传统的融资支持外，金融机构也可以通过其他方式来支持乡村文旅产业发展，如提供市场研究、财务管理等咨询服务，帮助企业降低成本，提高效益。比如，中国工商银行积极响应国家决策，通过发掘金融科技优势，探索新路径和新举措来支持乡村文旅产业的发展。为了满足文旅产业多样化的金融需求，工商银行综合运用信贷、并购、债券、理财、投行、租赁等多种产品和服务，最大限度地满足客户的不同要求。在贵州，工商银行凯里分行以黔东南地区的旅游资源和产业发展情况为基础，灵活运用普惠贷款产品，有效助力景区酒店民宿商户经营周转和升级改造，提升景区住宿环境，增强了景区的吸引力和回头率。江苏省农商行系统联合江苏省文化和旅游厅推出专项信贷产品，具有准入门槛低、担保方式活、支持对象广、融资成本低、申贷渠道多等特点，为助推乡村文旅产业发展发挥了作用。

三、建立村民参与文旅产业发展机制

一方面，村民作为乡村旅游的组成主体，他们的生产方式和生活习惯都是乡村旅游的重要文化资源来源。另一方面，村民也是乡村文旅产业发展的受益体。但是，当村民因乡村文旅产业的发展带来收入分配不均时，他们与不同的利益主体之间的矛盾和冲突也会增加，甚至会与旅客发生冲突，如由于游客乱扔垃圾、不文明用语等行为而与游客发生争执等行为。因此，建立乡村文旅产业发展的村民参与机制有助于村民在产业规划、收益分配、发展思路上拥有话语权，减少潜在的矛盾和摩擦，促进乡村文旅产业健康可持续发展。

（一）提供多渠道的参与机制

乡村旅游资源是集体所有的资源，由全体村民共同所有。村民作为集体资源的所有者和承包者，其地位是其他利益主体不可替代的。因此，乡村文旅产业只有鼓励村民将集体的旅游资源通过股份筹集的方式集中，才能对乡村旅游资源进行整体性开发。同时，为了增加村民的股份，除了资源入股以外，村民手中的闲余资金也可以入股。对于家境贫困的村民可以通过劳动入股或者技能入股等。[①]

（二）制定合理的利益分配机制

制定合理的利益分配机制是促进乡村文旅产业发展和保护村民权益的重要举措。在推动乡村文旅产业发展过程中，需要注重村民的参与和利益保障，避免因为利益分配不公引起社会矛盾。乡村旅游开发主体应该尽可能地向村民公示其收益渠道和分配比例，让村民清楚地了解产业发展所带来的好处。要加强乡村产业规划，确立村民的参与主体地位，让村民参与项目决策和管理，确保他们的利益得到充分保障。采用多种方式提高村民的收入水平，如向村民提供就业岗位、提供培训机会以提高村民技能水平等。此外，还可以采取补贴、分红等方式来回报村民的辛勤付出。

① 杨琴，谢恒．乡村旅游业持续发展研究[M]．成都：西南财经大学出版社，2019：176.

（三）建立村民需求表达机制

发展在乡村文旅产业的过程中，为了确保村民的利益不受到损害，需要建立和完善村民需求表达机制。政府部门在进行乡村文旅产业发展规划时要积极听取村民的意见和建议，邀请村民参与乡村文旅产业发展规划听证会，赋予村民话语权。政府部门应设立专门的意见反馈渠道，如公布电话、电子邮箱、网上留言地址等，让村民能够有渠道随时表达自己的诉求，及时反馈问题和意见。通过民主选举、民主协商等方式，选举代表来代表村民的利益和需求，参与到乡村文旅产业的决策和管理中。另外，政府部门应当加强对乡村文旅产业的监管和审查，加大惩处力度，制止侵害村民利益的行为。

四、建立村集体经济组织

美国学者奥尔森（1995）指出，集团中的个人采取的或为了集团中的个人而采取的大多数行动都是通过组织实现的，组织的作用是为了增进成员的利益。[①]村民的权力与地位的维护与实现也需要一个能够代表村民根本利益的组织。因此，乡村旅游目的地的村民可以通过土地资源、房屋资源、资金等方式入股，自主发展村集体经济组织，如村集体企业或者专业合作社，通过民主投票选出法人对集体资产进行管理，并代表村民与私营企业等合作组织进行协商与谈判，最大限度上保障村民利益。

五、建立区域乡村旅游行业协会

旅游行业协会在推动乡村旅游发展和引导其朝着正确方向发展方面具有重要作用，建立区域乡村旅游行业协会是非常必要的。[②]区域乡村旅游行业协会主要的工作内容是对当地乡村旅游的发展情况进行监督和管理，促进各种政策精准落实。通过构建合理的旅游事业管理机制，确保乡村旅游能够实现稳定的可持续发

① 曼瑟尔·奥尔森．集体行动的逻辑[M]．陈郁，郭宇峰，李崇新，译．上海：上海三联书店，1995：212—213．

② 王爽，吕军燕．法国乡村旅游发展政策及对我国乡村振兴的启示[J]．黑河学院学报，2022，13（7）：53—55．

展。[1] 政府部门则是乡村旅游事业发展过程中的顶层设计者和间接管理者，负责为行业协会提供政策和资源支持。这样两者互相融合的管理模式，能够对各方资源进行有机整合，共同促进乡村旅游事业迈上全新的发展台阶。区域乡村旅游行业协会是乡村旅游事业发展过程中不可或缺的管理者。政府部门应该与区域乡村旅游行业协会及各方力量建立有效合作关系，共同推进乡村旅游事业的健康、可持续发展。

第四节 多措并举，提升乡村旅游吸引力

乡村旅游资源吸引力的大小决定着旅游需求量，对乡村文旅产业发展起着至关重要的决定性作用。因此，要着力提升乡村旅游资源的吸引力，本节从优化生态环境、提高村民素质、升级农业景观及旅游产品、加强乡村旅游文化建设四个方面论述提升乡村旅游吸引力的具体举措。

一、优化生态环境

优化乡村生态环境可以从多个方面入手，以提升乡村旅游的吸引力。

（一）加强生态环境治理

在乡村旅游发展过程中，许多地区面临着环境破坏、污染等问题。因此，应该采取积极有效的措施，控制污染物和垃圾的排放，营造整洁美丽的乡村环境。加强对生态环境质量的监控，建立监测预警、应急处理系统，[2] 对于饭店、疗养院、民宿、农村畜禽养殖场等，要建设垃圾分类处理设施和污水污物处理设施，减少废弃物的积聚和影响。同时，在水源地、森林地带等脆弱的生态环境中，也需要加大生态治理力度，进行合理的土地利用规划和资源保护，促进生态系统的恢复。此外，也可以推广可再生能源的使用，如太阳能、风能等，减少对传统化石能源的依赖，降低对自然环境的损害程度。

---

① 储光．乡村旅游政策共同体的利益协调机制构建初探[D]．南京：东南大学，2016．

② 方法林．社会嬗变下的旅游经典问题研究[M]．北京：中国旅游出版社，2018：203．

（二）加强对乡村生物群落的保护

在乡村旅游发展过程中，生物多样性容易遭到破坏和威胁。因此，应该采取措施保护当地的生物群落，维持生态平衡。具体而言，可以制订专门的保护计划和方案，调查、分析当地的生态环境和生物群落现状，编制相应的保护措施。在开发旅游资源时，应该避免对野生动植物的干扰和破坏，并确保游客的行为不会对生物群落产生不可逆转的影响。同时，也可以开展相关的科学研究和教育活动，提高公众对生物多样性和生态环境保护的认识，推广生态旅游理念，让游客更好地了解和尊重当地的自然环境和文化传统。

（三）开展植树造林、湿地恢复等环境治理项目

开展植树造林、湿地恢复等环境治理项目可以增加生态观赏点，打造绿色生态旅游品牌，吸引更多爱自然、喜欢户外活动的游客。例如，在乡村旅游区域内，可以大力开展造林、种草等环保项目，增加森林覆盖率，改善土壤和水源质量。在湿地地带，可以开展湿地保护与修复、湿地生态旅游等项目，推广湿地旅游，并通过生态学科研来解决问题，逐步打造绿色生态旅游品牌。此外，可以开发生态园区、自然保护区等特色景点，为游客提供丰富的生态旅游资源，打造“山清水秀、环境优美”的乡村风貌，吸引更多爱自然、喜欢户外活动的游客。

（四）促进农业可持续发展

推广有机农业、生态农业等绿色种植方式，是提升乡村旅游吸引力的另一个重要措施。这些种植方式强调对环境的保护和对健康的关注，可以减少农药、化肥等污染物的使用，提高土地的产出效益和质量，为游客提供更加健康、安全的农产品和食品。例如，在当地推广有机蔬菜、水果、家禽等农产品，同时也可以建立绿色种植示范基地和园区，让游客了解有机农业的优势和特点。在乡村旅游区域内，还可以打造农业主题景点，让游客参与到农业生产中来，了解农村文化和农业技术。此外，建立农产品质量安全监管体系，严格筛选和检测农产品，确保其品质符合标准。如此一来，不仅能够提升乡村旅游的吸引力，满足游客对健康、安全的需求，同时也能够切实推动农业可持续发展。

（五）开展环保宣传教育

通过教育引导，可以让游客了解自然环境的重要性，增强对环境的认知和责任感。在宣传教育方面，可以利用多种媒体手段，如发放环保宣传单、制作环保宣传视频等方式，向游客传递环保知识和理念。同时，在旅游过程中，也可以通过讲解员、导游等人员，向游客普及生态环保知识，引导游客爱护自然环境。此外，可以鼓励游客进行绿色出行，如步行、骑行等，减少汽车尾气的排放。同时，建立相关奖励机制，促进游客积极参与到环保行动中来。

二、提高村民素质

（一）加强社会主义核心价值观教育

对村民加强社会主义核心价值观教育，可以提升他们的综合素质和文化素养。作为当代中国主流的价值观念，社会主义核心价值观凝聚了全体人民共同的价值追求。让其在农村落地生根，有助于加强农村精神文明建设，培育文明乡风，让游客感受到乡村良好的精神风貌。为此，可以采取多种方式加强宣传和践行社会主义核心价值观。在宣传方面，可以创新宣传形式，吸引广大农民群众参与，如利用常规化宣传阵地（村镇文化宣传栏、公共交通站点等）设置社会主义核心价值观的宣传图文材料；在村居社区文化场所开展以社会主义核心价值观为内容的文艺活动，在娱乐中营造向善向好的乡村文化氛围等。除了加强宣传之外，更重要的是要践行社会主义核心价值观。一方面，评选身边的道德模范、文明公民标兵、孝老敬老等典型，通过榜样激励来感召和增强农民对社会主义核心价值观的认知，内化为情感认同，外化为行为习惯。另一方面，加强村镇之间的文化联系，结成文明共建帮扶对子，推动经济共谋发展、“美丽乡村”共建等活动，促进村民团结和谐，形成共建文明乡风的强大合力。

（二）加强对村民旅游知识的培训

加强对村民的教育和培训，可以提升他们的文化素养和服务技能，从而改善乡村旅游服务质量。在培训方面，可以根据不同的需求，开展针对性的课程和活动，涵盖旅游知识、文化交流、服务技能等方面的内容。例如，在旅游知识方面，可以为村民开设旅游导览、客房管理、餐饮服务、语言沟通等课程，介绍观光路线、景点特色、当地历史文化等相关内容。在文化交流方面，可以通过篝火晚会、传统手工艺制作、乡村美食品尝等活动，增进村民与游客之间的理解和友谊，促进文化融合和交流。同时，在乡村旅游区域内建立生态保护和文化遗产保护的科普教育基地，让村民了解自己所处环境和文化遗产的重要性，弘扬乡土文化和传统价值观念，提高自我认知和社会责任感。

（三）引入专业的旅游服务机构，吸纳村民加入，在实践中提升旅游素养

引入专业的旅游服务机构或人员，为游客提供专业的旅游咨询、导游等服务，也是提升乡村旅游服务质量和水平的重要途径之一。这样，不仅可以提高游客的旅游体验和满意度，也能够为村民创造更多的就业机会，提升他们的旅游服务能力。在实践中，可以通过设立乡村旅游信息站、旅游服务中心等形式，聘请具有一定专业背景和经验的导游或旅行社人员，吸纳一些村民加入，通过专业人员带教，在旅游实践中提升村民的旅游服务能力，为游客提供专业的旅游咨询和接待服务。

（四）鼓励并支持村民参与到乡村旅游产品的提供和服务中去

村民有当地资源优势，有条件提供民宿、农家乐、手工艺品制作等服务，鼓励并支持村民参与到乡村旅游产品的提供和服务中来，是实现乡村旅游可持续发展的重要举措之一。村民具有独特的文化特色和地域优势，在为游客提供旅游产品和服务的同时，也能够传承和弘扬当地的传统文化。在服务中，村民需要注意相关礼仪和服务标准，让游客感受到他们的热情和周到的服务，提高游客对乡村旅游的满意度和推荐率。例如：提供民宿服务时，需要保持房屋清洁卫生、提供舒适的床铺、提供丰富的早餐等服务，让游客在民宿里安心休息；提供农家乐服务时，需要提供正宗的当地美食、热情的招待和体验性的活动等，让游客了解当地的乡村生活和文化；而在手工艺品制作方面，则需要注重品质和原创性，打造具有当地特色的纪念品和礼品。此外，还可以促进乡村旅游与当地文化、社区的互动和融合，推动乡村旅游向“文化＋旅游”模式转型，实现可持续发展目标。

（五）提高村民的数字素养

随着社会的发展，数字化技术已经深入到人们的生活中，旅游业也越来越依赖于数字化手段。游客更加倾向于使用互联网技术、智慧旅游等方式进行预定和评价。因此，对于村民来说，提高数字素养是十分必要的。一方面，可以通过举办培训班、开展宣传活动等形式，向村民普及数字技术知识，让其了解和学会使用各类数字工具，如手机 App、电子地图、在线支付等。同时，政府也可以在农村地区建设数字化服务站点，为村民提供数字技术支持和培训服务。另一方面，要鼓励和支持村民积极利用数字化技术手段，提供更加便捷、高效的服务。例如：建立智慧旅游平台，提供线上预约、门票购买、景区介绍等服务；或者利用社交媒体平台，发布当地特色美食、文化活动和旅游景点信息，扩大当地旅游影响力。

（六）培养村民的法律意识

培养村民的法律意识，不仅是乡村治理和社会稳定的重要举措，也是营造乡村旅游法治环境的必要条件之一。乡村旅游作为新兴产业，对于当地经济和文化的发展都有着重要意义。然而，在乡村旅游中也面临着各种风险和挑战，如安全隐患、环境污染、价格欺诈等问题。因此，营造有效的乡村旅游法治环境，保护游客的合法权益，维护乡村旅游的可持续发展至关重要。具体来说，需要通过多种形式加强村民的法律意识教育，让其了解和遵守相关法律法规，提高乡村旅游服务水平和质量，并依法打击各类违法行为。例如，可以开展专门的法律知识培训和交流活动，帮助村民了解乡村旅游相关法律法规和规章制度，并引导其依法规范经营行为。此外，还可以建立健全乡村旅游安全标准和监管体系，加强对乡村旅游从业人员的培训和管理，提高服务质量和安全水平。同时，加大法律援助力度，为乡村旅游中的游客提供法律援助，维护其合法权益，促进乡村旅游的可持续发展。

总之，开展针对村民的旅游教育，可以提高他们的文化素养和服务技能，改善乡村旅游服务的质量和水平，同时也有助于促进文化交流和融合，实现可持续发展目标。

三、升级农业景观及旅游产品

乡村旅游是近年来备受瞩目的一种旅游形式，以乡村自然风光、人文风情和民俗文化为主要内容，让游客远离城市喧嚣，体验田园生活，享受大自然的美丽与宁静。然而，当前部分地区乡村旅游还存在着单一、低效、不可持续等问题，需要进行升级改造。

（一）升级农业景观

农业景观是乡村旅游最具特色，且与城市旅游异质化的旅游目的地最具吸引力的关键因素所在。传统的农业景观旅游以观光为主，缺乏与当地文化、历史、人文等元素的融合。因此，在升级改造中，应该注重将农业景观与文化、历史等元素有机结合，打造具有地方特色的综合性旅游产品。比如，可以将当地的非遗文化、民俗风情、纪念性旅游资源等融入农业景观旅游中，让游客在欣赏美景的同时也能够感受到当地的文化底蕴和历史渊源。在升级改造过程中，借鉴现代科技手段提高农业景观旅游的质量和效益，比如引入 GIS（地理信息系统）、VR（虚拟现实）、AR（增强现实）等数字技术构建智慧农业景区，打造数字化、科技化的农业景观体验。此外，还可以通过大数据、云计算等手段，对农业产业进行精细化管理，提高其生产效率和经济效益。升级改造不仅仅是为了提高农业景观旅游的质量和效益，更要考虑到其在长期发展中的可持续性。因此，在开发过程中应该注重环境保护和资源合理利用，推广绿色生态农业和循环经济模式，让农业景观旅游与当地的社会、经济和生态环境相适应。

（二）升级旅游产品

随着旅游市场的发展和人们对旅游体验的要求不断提高，传统乡村旅游形式已经无法满足游客日益增长的需求。因此，在升级改造中，要加强乡村旅游产品多元化开发，注重拓展乡村旅游的内涵和外延，引入动漫、音乐、体育、科技等新元素，打造更加具有差异化和特色的乡村旅游产品。当前数字化技术已经深度渗透各个领域中，为乡村旅游带来了诸多新机遇。可以通过建立智慧乡村旅游平台，提供在线预定、导游服务、景区介绍等全方位的数字化服务；或者利用虚拟现实技术，创建数字化乡村旅游形式，让游客在家中也能够感受到真实的农耕生活和田园风光。还可以借助数字化技术，利用 VR、AR 等技术手段打造文化体验场馆，让游客深度融入当地传统文化，提高他们对于文化的认知和理解。这些新型乡村旅游形式不仅能够吸引更多年轻人参与，满足游客对于文化体验的需求，还能够推动当地文化产业的发展，促进文化与旅游产业的良性互动，为乡村旅游注入新的活力和动力。

四、加强乡村旅游文化建设

乡村旅游文化是乡村旅游的底蕴所在，也是乡村旅游目的地形成吸引力的关键因素。乡村旅游作为一种生态、文化、休闲旅游方式，具有独特的资源和文化优势，在发展乡村旅游的同时，也需要加强乡村旅游文化建设。

首先，要深入挖掘当地文化资源，打造具有地方特色的文化旅游产品。乡村旅游文化是丰富多彩的，包括民俗文化、历史文化、自然文化等多个方面。可以通过制定文化旅游产品规划，将乡村旅游与当地文化相结合，推出以民俗节日、传统手工艺、非物质文化遗产等为主题的文化旅游产品，让游客在体验乡村风情的同时，了解当地独特的文化内涵。

其次，要注重对当地文化进行保护和传承。乡村旅游文化是当地文化的一部分，保护和传承当地文化也是保护和传承乡村旅游文化的前提。在升级改造中，应该注重对当地文化的保护，防止当地传统文化被破坏和流失。同时，加强对于当地文化的传承，推广当地传统文化，让更多人了解和喜爱当地文化，也为乡村旅游的发展提供源源不断的文化精神支持。

再次，要注重在旅游产品中体现当地文化元素。在乡村旅游产品开发中，应该注重将当地文化元素融入旅游产品中。比如，在农家乐中提供当地特色美食、举办传统民俗活动等，都是体现当地文化元素的方式。通过这些方式，可以让游客感受到浓厚的当地文化氛围，增加游客对当地文化的认知和了解。

最后，要注重在乡村旅游中弘扬正能量。乡村旅游文化不仅是当地文化的一部分，还是社会正能量的传播者。在开发乡村旅游产品时，应该注重弘扬正能量，提倡健康、环保、自然、文明的乡村旅游生活方式。同时，加强对游客的教育和引导，让他们在参与乡村旅游时，尊重当地文化、保护环境、文明出行，共同营造良好的乡村旅游氛围。

总之，加强乡村旅游文化建设是推动乡村旅游可持续发展的重要手段。只有注重乡村旅游文化建设和保护，才能够让乡村旅游更加具有吸引力，让游客深度体验当地的历史、文化和人文景观，促进乡村文旅产业健康可持续发展。

第五节　建立监督反馈机制，营造良好发展环境

随着城市化进程的加速，乡村旅游成为我国旅游业一个重要的发展方向。乡村旅游不仅为游客提供了独特的旅游体验，同时也促进了当地经济发展和社会进步。然而，在乡村文旅产业的发展过程中，也存在一些问题，如规划不合理、资源浪费、环境污染等，因此建立监督反馈机制，营造良好发展环境，是制定乡村文旅产业发展规划时必须考虑的问题。建立乡村文旅产业发展监督反馈机制，需要以下几个步骤。

一、制定监督反馈机制的规章制度

制定明确的监督反馈机制的规章制度是建立有效的乡村文旅产业发展监督体系的重要前提。这些规章制度需要详细规定监督的内容、频次、方式等，确保监督的全面性和准确性。此外，规章制度必须具有可操作性和可执行性，以便相关部门或责任人员更好地实施监督工作，并且能够被大家理解和接受，只有如此才能让监督反馈机制真正发挥作用，推动乡村文旅产业健康、快速发展，促进社会经济持续增长和改善农民生活水平。因此，在制定监督反馈机制的规章制度时，一定要切实考虑到各项因素并合理规划，确保其具有良好的实施效果。

二、建立监督反馈机制的组织架构

乡村文旅产业发展监督反馈机制的有效执行需要明确责任人及其职责，并建立相应的管理体系进行管控。确定责任人可以针对不同的监督领域，委派专人负

责监督工作，统筹协调各项任务，保证制度化效果的最大化和减少漏洞的可能性。在责任人员的职责分工中，应详细说明相关工作内容、要求和时间表，以便让每个责任人清楚自己的工作边界和执行标准。同时，还需要建立相应的管理体系，包括监督检查机制、信息共享机制、问题整改机制等，以便及时发现问题并加以解决。通过建立这样的管理体系，可以确保监督反馈机制的有效执行，促进乡村文旅产业的健康发展，为农民增收打下坚实基础。

三、设计监测指标

制定科学合理的监测指标是乡村文旅产业发展监督反馈机制的重要环节。根据乡村文旅产业的实际情况，可以设计出多种类型的监测指标，用于监督和评价其发展进程。这些指标应该覆盖经济效益、社会效益、环境效益等各个方面，以便能够全面、准确地反映乡村文旅产业的整体发展状况。例如：在经济效益方面，可以关注游客消费金额、收入增长率等指标；在社会效益方面，可以关注就业人数、员工培训等指标；在环境效益方面，可以关注景区保护、生态修复等指标。通过设计和使用这些监测指标，可以让监测结果更加精准、有针对性，从而为相关部门和责任人员提供更好的决策依据，推动乡村文旅产业的快速、健康发展。

乡村文旅产业的发展涉及多个指标和因素，为了综合评估和监督其发展情况，可以利用主成分分析模型进行构建。

1. 筛选指标

根据乡村文旅产业的特点和实际情况，筛选出与其发展相关的指标，如旅游收入、就业人数、旅游资源数量等。

2. 数据采集

收集各指标在不同地区或时间段的数据，并进行标准化处理，以消除量纲影响。

3. 标准化处理

对于第 j 个变量和第 i 个观测值，进行标准化处理得到 x_ij：

$x\_ij = (X\_ij - mean\_j)/std\_j$

其中，$mean\_j$ 表示第 j 个变量在所有观测值中的平均数，std_j 表示第 j 个变量在所有观测值中的标准差。

4. 主成分提取

将标准化后的数据构建矩阵 X，对其进行主成分分析，得到因子载荷矩阵 A 和特征值 λ，根据特定阈值（如 Kaiser 准则）确定需要保留的主成分数量 k。因子载荷矩阵 A 中第 i 行第 j 列元素 a_ij 表示第 j 个变量在第 i 个主成分上的权重。

5. 主成分得分计算

对于第 i 个样本，计算其在第 j 个主成分上的得分 f_ij：

$f\_ij=\sum(k=1 \text{ to } p)\ a\_ik * x\_kj$

其中，p 表示原始指标的数量。

6. 综合评价

利用主成分得分向量进行综合评价，可以对不同地区或企业的乡村旅游发展水平进行比较和监督。具体方法包括基于主成分得分向量的聚类分析、回归分析等。

需要注意的是，主成分分析模型是一种统计方法，其结果需要结合实际情况进行解释和分析，不能单纯依赖数学模型。

四、确定监测周期

根据乡村文旅产业的特点制定监测周期，可以制定包括日常监测、季度监测、年度监测等不同周期的监测方式。其中，日常监测可以帮助相关部门和责任人随时掌握乡村文旅产业的运营状况和客流量情况，及时发现问题并进行处理。季度监测可以更全面地了解乡村文旅产业的发展趋势，评估业绩表现，并指导后续工作的开展。年度监测则可以对全年的产业发展情况做出总体评价，为制订下一年的发展计划提供参考依据。通过制订不同周期的监测方式，可以帮助相关部门和责任人了解行业发展趋势，预测可能会出现的问题，并采取相应的措施加以应对，推动乡村文旅产业的快速、健康发展。

五、实施监测工作

乡村文旅产业发展监督反馈机制的执行需要按照规章制度和组织架构进行实时监测工作，以确保监督工作高效、准确。在具体操作中，监测人员需要根据不同的监测周期，采取不同的监测方式，包括问卷调查、实地走访、数据统计等，并及时整理、分析、汇总监测结果，形成监督报告。监督报告应该包含详细的分析和评价内容，为相关部门和责任人提供有用的信息和参考依据。同时，监督报告还应明确指出存在的问题，并给出相应的解决方案和建议，帮助相关部门和责任人快速有效地解决问题，推动乡村文旅产业的健康发展。通过这样的监督反馈机制，可以全面了解乡村文旅产业的发展情况，提高监督效率和工作质量，促进行业的长足发展。

六、反馈监督结果

监督报告的反馈和整改是乡村文旅产业发展监督反馈机制的重要环节。通过将监督报告及时反馈给相关部门和责任人，可以让他们清晰地了解监测结果和存在的问题，并按照监督报告中的建议和意见进行整改。同时，也需要对整改情况进行跟踪和评估，确保问题得到妥善解决。针对不同的监测指标和周期，可以规定相应的整改时限和措施，以便追踪整改进度和效果。如果发现整改效果不理想或未能达到预期目标，需要及时采取补救措施并重新制订整改计划，以便让监督反馈机制始终保持有效性。通过这样的反馈和整改机制，可以实现良性的监督循环，促进乡村文旅产业的健康发展。

乡村文旅产业发展监督反馈机制在实施过程中需要不断优化和完善，以确保其能够不断发挥监督作用，推动乡村文旅产业的健康发展。针对监督反馈机制的执行情况和实际效果，可以采取多种方式进行评估和改进，如定期召开工作会议、听取各方面的意见建议、开展问卷调查等。在评估和改进过程中，需要重点关注监测指标的科学性和全面性、监测周期的合理性、责任人的职责分工和执行情况等，并根据实际情况制定相应的调整措施。同时，也要不断提升相关人员和管理者的专业水平，提高他们解决问题、预防问题的能力和工作效率。

通过建立监督反馈机制，不断解决乡村文旅产业发展遇到的各种问题，营造温馨、舒适的旅游环境，能够逐步构建乡村文旅产业健康可持续发展的软环境，提升游客的满意度和忠诚度。通过构建良好的软环境，不仅能够增加游客对当地的认知和了解，提高游客的旅游体验，还能够有助于招商引资，吸引游客在当地购买房产，促进地区经济的发展，同时也有助于提高当地居民的文化自信心和社会认同感。

第八章　结论与展望

第一节　研究结论

根据乡村振兴背景下乡村文旅产业发展规划研究，得出以下结论。

一、乡村文旅产业是促进乡村振兴的重要力量

随着中国的城市化和现代化进程不断加快，城市人口的消费需求逐渐向乡村地区转移，乡村文旅产业也随之迅速崛起。在这个过程中，乡村文旅产业成了促进乡村振兴的重要力量。乡村文旅产业的快速发展，不仅可以给当地带来经济效益，还能够通过挖掘自然、人文和历史文化资源，为乡村经济注入新的活力和动力。在一些有着丰富自然风景和历史底蕴的地区，可以开发出各种以自然风光、乡村生态、民俗文化为主题的旅游产品，吸引更多的游客前来体验。同时，乡村文旅产业还能够推动当地特色农产品的销售，从而刺激农村经济的发展。除此之外，乡村文旅产业还能够促进当地就业和人才流动。随着乡村文旅产业的发展，越来越多的年轻人选择留在家乡创业，还有一些城市人才也会选择到乡村地区就业和生活，为当地注入新的人力资源和知识智慧。乡村文旅产业作为推动乡村振兴的重要力量，其发展具有重要的战略意义和经济价值。未来，我们需要进一步加大对乡村文旅产业的投资和支持，通过整合各方资源和力量，打造出更加具有特色和品质的乡村旅游目的地，实现农村旅游和乡村经济的可持续发展。

二、制定细化的规划是乡村文旅产业成功的关键

随着城市化进程的不断加快，乡村逐渐失去了其独特的自然风景和人文资源。

而乡村文旅产业的兴起，成了当地发展经济的新方式。为了实现乡村文旅产业的可持续发展，制定细化的规划显得尤为重要。在制定乡村文旅产业规划时，应当根据各地区的实际情况和特色资源，科学合理地制定出详细的规划。识别当地的自然和人文资源，发掘特色产业和文化品牌，将其转化为旅游产品。乡村文旅产业规划应当明确产业布局和发展方向。需要考虑到交通、水电能源、旅游设施等基础条件，实现资源整合和突破，构建起乡村文旅全产业链。同时，各地地域、气候和文化差异较大，需要制定符合实际的发展方向。制定乡村文旅产业规划需要注重保护和利用当地的文化和生态资源。在实际操作中，应当坚持“文化为魂、生态为本”的原则，保护、利用好当地的文化和生态资源。制定细化的规划是乡村文旅产业成功的关键。只有深入挖掘当地特色产业和文化品牌，有针对性地构建起乡村文旅全产业链，才能够实现乡村文旅产业的可持续发展。

三、引入先进的技术手段可以提升乡村文旅产业的竞争力

在日益激烈的市场竞争环境下，乡村文旅产业如何提高自身的竞争力，吸引更多游客成了一个极为紧迫的问题。在此背景下，引入一些先进的技术手段就成为乡村旅游业提高自身竞争力的一大趋势。首先，智慧旅游系统的应用能够极大地提升游客的体验感。通过对景区的智能化管理，智慧旅游系统能够为游客提供更便捷、更贴心的旅游服务。例如，在游客抵达景区之前，智慧旅游系统可以为其提供游览路线规划，避免游客在景区中迷路或走重复路线。同时，在景区中，游客可以通过携带智能终端或扫描二维码获得多种信息服务，如路线推荐、景点介绍、互动体验等，从而为游客提供更加便利、安全、舒适的旅游体验。其次，人工智能技术的应用能够更好地满足游客的个性化需求。在传统的旅游模式下，旅游产品和服务大多是按照市场需求和产品定位来设计和提供的，缺乏对游客个性化需求的关注。而人工智能技术则能够通过对游客行为和偏好的数据分析，为游客提供个性化推荐和定制化服务。例如，人工智能技术可以通过游客搜索信息的关键词和时间等数据来自动生成相关的游览路线，避免游客浪费时间和精力。还可以通过智能语音交互系统与游客进行交流，了解游客的兴趣和偏好，为其提供更加符合其需求的旅游服务。最后，大数据技术能够为乡村文旅产业提供更为精准的市场营销和管理决策。借助大数据技术，乡村旅游从业者可以对游客的行

为数据和用户画像进行深入分析，了解游客的兴趣和需求，从而调整旅游产品和服务定位。同时，大数据技术还能够为乡村旅游业者提供更为科学、精准的管理决策，如资源配置、人员管理等，从而实现企业的高效运营。引入先进的技术手段可以提升乡村文旅产业的竞争力。随着智慧旅游、人工智能、大数据技术的不断发展和推广，乡村文旅产业开发主体应当积极探索和应用这些技术手段，更好地为游客提供优质、个性化的旅游体验，从而赢得市场竞争的主动权。

四、创新乡村文旅产品可以提高游客的参与度

如今，乡村文旅产业越来越受到关注，各地也在积极推进乡村旅游的发展。然而，仅仅依靠传统的乡村游览和观光并不能给游客留下深刻的印象。因此，创新乡村文旅产品和服务成为关键。这一方面可以提高游客的参与度，另一方面可以增加乡村文旅产业的吸引力和影响力。首先，乡村文旅产业需要体现特色与品质。独具特色的民宿、农家乐等乡村文旅产品可以让游客体验当地的人文艺术、生态环境和民俗活动，感受不一样的文化氛围。而品质则是保证了乡村文旅产品的安全、卫生和优质的服务体验。乡村文旅产品的独特性和品质将带给游客更深刻的印象和体验，从而提高游客参与度。其次，乡村文旅产业需要推广一些文化体验性活动。这些活动可以包括农业体验、手工制作等，让游客体验到乡村生活的方方面面。例如，安排游客参与农作物采收体验活动，让他们亲手摘取果实，或是尝试灌溉作业等，使游客深入了解当地的劳作方式和工具，加强对乡村文旅产业的理解。而在手工制作方面，可以教游客学习编织、陶艺等工艺技能，并让游客根据自己的创造力完成一件有特色的手工艺品，提高游客的文化享受程度。创新乡村文旅产品和服务并不是一时之需，而是乡村旅游可持续发展的基石。乡村文旅产业要紧跟时代发展步伐，注重特色、品质、体验，以此来吸引更多游客，提高他们的参与度，增加乡村文旅产业的影响力和商业价值。各地应该整合优质乡村旅游资源，注重创新和发展乡村文旅产品、服务，实现可持续发展。

五、营造温馨的软环境

乡村文旅产业的健康发展需要营造良好的软环境，其中规范管理和建立监督反馈机制是重要保障。规范管理能够保证文旅业的有序发展，提高服务质量和旅

游体验，建立监督反馈机制能够发现并及时纠正问题，从而加强管理和维护旅游市场秩序。规范乡村文旅产业管理是营造良好软环境的重要举措之一。管理的规范化涉及多个方面，如对旅游资源的保护和管理、旅游服务的标准化、旅游从业人员的素质提升等。在保护和管理旅游资源方面，可以通过制定旅游资源保护条例、加强旅游资源调研和监测、建立旅游资源保护基金等措施来加强管理。在提高旅游服务标准方面，可以通过制定旅游服务质量标准、加强对旅游从业人员的培训等方式来提升服务质量。同时，可以通过加强对旅游市场的监管，整治一些市场乱象，打击旅游市场不正当行为，营造良好的旅游市场秩序。通过建立监督反馈机制，可以及时发现并处理乡村文旅产业中存在的问题，提高管理效率和服务质量。监督反馈机制应当建立在完善的信息系统之上，信息系统可以通过建立网上投诉平台、电话投诉热线等方式，提高游客的反馈效率和管理的透明度。同时，应当加大监督力度，及时发现问题并采取措施，保障监管的权威性和有效性。

规范乡村文旅产业管理和建立监督反馈机制是营造温馨的软环境的重要措施。通过加强管理和监管，提高服务质量和旅游体验，能够提高游客满意度和忠诚度，促进乡村文旅产业的健康发展。

第二节　建议和展望

乡村振兴是当前我国重点推进的国家战略，而乡村文旅产业作为乡村经济的重要组成部分，其发展具有十分重要的意义。以下是针对乡村文旅产业发展规划研究的建议和展望。

一、注重实效性和长远性

在制定未来乡村文旅产业发展规划时，应注重实效性和长远性。实效性指的是规划必须具有可操作性，在实施过程中能够有效地达到预期目标，力戒为了短期政绩搞形象工程。长远性则意味着规划要立足未来，不能只考虑眼前的经济效益，还要考虑长期的经济效益、社会效益和环境效益的影响。

二、注重保护文化遗产和生态环境

在开发乡村文旅产业时，应当注重保护文化遗产和生态环境，遏制一些不合理开发、侵占资源、危害生态环境等行为，维护好乡村环境和生态环境。现在仍有一些地方为了眼前利益大拆大建，搞房地产开发，缺乏文物保护观念和发展旅游业的前瞻性。

三、规划开发要以村民为主体

在乡村文旅产业规划开发中，应当以村民为主体。政府和企业应当充分尊重和倾听村民的意见和需求，积极协商和合作，建立良好的工作机制和沟通渠道。同时，政府和企业还应当通过提供就业机会、增加收入、改善生活质量等方式，让村民成为乡村文旅产业的直接受益者和共同推动者。这不仅可以促进乡村经济的繁荣，让人民群众过上幸福生活，也可以推动乡村社会文明的进步和发展。

四、持续创新乡村文旅产品

为了满足不断变化的市场需求和客户体验，乡村文旅产业需要持续创新乡村文旅产品。企业和村民应当注重市场导向，提高市场敏感度，及时了解市场需求和反馈，创造更加符合客户需求的文旅产品。同时，企业也要不断加强技术创新和品牌建设，提升产品质量和核心竞争力。村民可以通过展现传统手工艺的制作魅力以及推广当地特色食品等方式，为文旅产品增加独特性和吸引力。政府和企业可以通过开展培训和交流活动等方式，提高村民的文旅产业意识和创新能力。

总之，未来乡村文旅产业将会拥有更加广阔的发展空间和前景，但在实现乡村振兴推进文旅产业发展的过程中，需要注重实效性和长远性，保护好自然环境和传承文化，以村民为主体，持续创新乡村文旅产品，促进乡村文旅产业健康可持续发展。

参考文献

[1] 马克思，恩格斯．马克思恩格斯全集（第 26 卷）[M]. 北京：人民出版社，1974.

[2] 马克思，恩格斯．马克思恩格斯文集（第 1 卷）[M]. 北京：人民出版社，2009.

[3] 马克思，恩格斯．马克思恩格斯文集（第 5 卷）[M]. 北京：人民出版社，2009.

[4] 马克思，恩格斯．马克思恩格斯文集（第 8 卷）[M]. 北京：人民出版社，2009.

[5] 伊格尔顿．马克思为什么是对的 [M]. 李扬，任文科，郑义，译．北京：新星出版社，2011.

[6] 中共中央 国务院关于全面推进乡村振兴加快农业农村现代化的意见 [M]. 北京：人民出版社，2021.

[7] 中共中央宣传部，中华人民共和国生态环境部．习近平生态文明思想学习纲要 [M]. 北京：学习出版社，2022.

[8] 王庆生．旅游规划与开发（第 2 版）[M]. 北京：中国铁道出版社，2016.

[9] 孙景淼，等．乡村振兴战略 [M]. 杭州：浙江人民出版社，2018.

[10] 方法林．社会嬗变下的旅游经典问题研究 [M]. 北京：中国旅游出版社，2018.

[11] 干永福，李卫宁．乡村旅游产品实务：乡村旅游案例百则 [M]. 北京：中国旅游出版社，2018.

[12] 杨琴，谢恒．乡村旅游业持续发展研究 [M]. 成都：西南财经大学出版社，2019.

[13] 张金岭，宋军令，王海．新乡建与乡村旅游[M]. 北京：中国旅游出版社，2019.

[14] 张锦．乡村振兴战略背景下的乡村旅游规划设计[M]. 太原：山西经济出版社，2021.

[15] 刘佳雪．文旅融合背景下的乡村旅游规划与乡村振兴发展[M]. 长春：吉林大学出版社，2022.

[16] 钟栎娜，李群，信宏业．中国文化与旅游产业发展大数据报告（2022）[M]. 北京：社会科学文献出版社，2022.

[17] 唐德荣．乡村旅游开发与管理[M]. 北京：中国农业出版社，2011.

[18] 费孝通．乡土中国 生育制度 乡土重建[M]. 北京：商务印书馆，2011.

[19] 何景明．乡村旅游发展及其影响研究[M]. 北京：知识产权出版社，2013.

[20] 黎兴强．协同性旅游规划：构筑职・住・游协同发展的旅游综合体[M]. 北京：人民出版社，2016.

[21] 谢春山，邹凯．旅游学[M]. 北京：北京理工大学出版社，2017.

[22] 韦飞．当代乡村旅游管理与规划设计研究[M]. 北京：北京工业大学出版社，2021.

[23] RADOSIAV R,BRANEA A M,DEMETRESCU B.Resolving Ecological Problems Through a Holistic Vision of Regional Urban Planning[J]. Journal of Environmental Protection and Ecology,2012,13(4)：2249-2256.

[24] CRADOCK-HENRY N A, FOUNTAIN J, BUELOW F. Transformations for Resilient Rural Futures：The Case of Kaikōura, Aotearoa-New Zealand[J]. Sustainability 2018, 10.

[25] RODRIGUEZ C, FLORIDO C, JACOB M. Circular Economy Contributions to the Tourism Sector：A Critical Literature Review[J]. Sustainability, 2020, 12（11）：1-27.

[26] Tsung Hung Lee a;Fen-Hauh Jan b;Jui-Tu Liu c.Developing an indicator framework for assessing sustainable tourism:Evidence from a Taiwan ecological resort[J]. Ecological Indicators, 2021,125（4）：107596.

[27] Đukanovi´c, Z.; Živkovi´c, J.;Radosavljevi´c, U.; Lalovi´c, K.;Jovanovi´c, P. Participatory Urban Design for Touristic Presentation of Cultural Heritage Sites: The Case of Negotinske Pivnice (Wine Cellars) in Serbia. Sustainability 2021, 13, 39.https://doi.org/10.3390/su131810039.

[28] NOEMI M, BORGES M.D.R., JAIME S, et al.Strategies for Creative Tourism Activities in Pandemic Contexts:The Case of the 'Sa í das de Mestre' Project[J].Sustainability, 2021, 13(19).

[29] VAISHAR A., MILADA Š, HILDA K.Moravian-Slovak Borderland:Possibilities for Rural Development[J].Sustainability, 2022, 14(6).

[30] ZEYNAB H, MASOUD B, ENAYAT A, et al.Tourism Development During the Pandemic of Coronavirus (COVID-19):Evidence From Iran[J].Frontiers in Public Health, 2022, 10.

[31] ALICE H, ANKE F, ANJA B, et al.Conservation in conversation: People's perspectives on a woodland with high conservation value—A qualitative study[J].People and Nature, 2022, 4(5).

[32] RANIAH A, AHMED A, RASHID M.Smarter Sustainable Tourism:Data-Driven Multi-Perspective Parameter Discovery for Autonomous Design and Operations[J].Sustainability, 2023, 15(5).

[33] 方中权，陈烈．区域规划理论的演进 [J]. 地理科学，2007（4）：480-485.

[34] 屈莉莉，彭建涛，刘磊．乡村文旅产业融合发展的对策研究 [J]. 成都工业学院学报，2022,25（4）：89-92.

[35] 尹罡，任国平，孙倩．创新扩散视角下乡村创客对乡村旅游发展的影响机理研究 [J]. 四川旅游学院学报，2023（1）：62-66.

[36] 王景盼．以文旅融合发展助推乡村振兴 [J]. 农业经济，2023（2）：143-144.

[37] 史云，刘畅，张书玮．乡村振兴视域下文旅产业高水平人才培养研究 [J]. 保定学院学报，2022，35（5）：90-96.

[38] 杨小冬．文旅融合赋能乡村振兴的机制与路径 [J]. 人民论坛，2022（24）：81–83.
[39] 贺小荣，徐海超．乡村数字文旅发展的动能、场景与路径 [J]. 南京社会科学，2022（11）：163–172.
[40] 龙井然，杜姗姗，张景秋．文旅融合导向下的乡村振兴发展机制与模式 [J]. 经济地理，2021，41（7）：222–230.
[41] 何璇．文旅融合与乡村振兴衔接问题研究 [J]. 中国行政管理，2021（5）：155–157.
[42] 耿松涛，张伸阳．乡村振兴背景下乡村旅游与文化产业协同发展研究 [J]. 南京农业大学学报（社会科学版），2021，21（2）：44–52.
[43] 孙镇，王茜．文旅融合背景下乡村旅游核心竞争力的形成与提升研究 [J]. 农业经济，2021（1）：55–57.
[44] 吴小霞．推动乡村旅游可持续发展 [J]. 人民论坛，2018（32）：84–85.
[45] 徐望．乡村振兴背景下引导与扩大农村文化消费的路径 [J]. 农业经济与管理，2020（2）：20–29.
[46] 张圆刚，郝亚梦，董晓婷，等．乡村旅游地居民回乡就业意愿的影响机制研究——基于政府信任的调节作用 [J]. 旅游学刊，2023，38（5）：102–114.
[47] 李玉霞．乡村旅游发展实践逻辑与产业发展路径反思 [J]. 西北农林科技大学学报（社会科学版），2023，23（3）：82–90.
[48] 王文棋，刘兆德，陈有川．乡村振兴背景下我国乡村旅游绿色发展路径探析——以资源型城市舞钢九龙茶乡 AAA 景区创建为例 [J]. 城市发展研究，2023，30（4）：114–120.
[49] 史亚莉．智慧旅游视角下我国乡村旅游发展新路径研究 [J]. 农业经济问题，2023（4）：145.
[50] 牛艺飞．乡村振兴的实践功能及法治保障——以乡村旅游为视角 [J]. 社会科学家，2022（9）：56–60；74.

后　　记

本书系淮阴工学院横向科研项目《乡村振兴战略背景下文旅产业发展策略研究》（Z421A23025）的阶段性研究成果。

本书参考了诸多文献资料，没有大家的成果，也很难完成书稿，在此感谢书中涉及的所有文献资料的作者！

感谢淮阴工学院马克思主义学院秦存强副教授、王红博士对本书思路框架的指导！

由于笔者学识有限，书中难免存在疏漏之处，敬请广大读者批评指正！